세계 전도

밀러 도법 축척 1:95,000,000

세계의
국기와 나라꽃

이상근 엮음

교육의 길잡이·학생의 동반자
(주)교학사

책을 펴내며

우리는 지구촌의 여러 나라 사람들과 더불어 살아가고 있습니다. 정보 통신 기술이 발달하면서 집 안에서도 실시간으로 세계의 사람들과 정보를 나누고, 교통의 발달로 세계와 더욱 가까워짐에 따라 다른 나라로 여행을 떠나는 일이 일상화되었습니다. 또 올림픽이나 월드컵 대회와 같은 국제 대회나 세계 박람회 등의 다양한 축제를 통해 세계 여러 나라와 문화 교류를 이루고 있습니다.

우리는 국제 대회나 행사 때에 여러 나라의 국기와 나라꽃을 접하게 됩니다. 국기는 한 나라의 권위와 존엄을 나타내는 상징으로서 그 나라의 전통과 이상을 담고 있어 한 나라를 이해하는 중요한 자료라고 할 수 있습니다. 나라꽃 또한 국기와 함께 국가를 대표하는 상징으로서, 각 나라의 자연과 민족의 혼을 담아 정해진 것입니다. 다양한 국기들은 우리로 하여금 국기에 담긴 의미, 국기에 얽힌 역사와 유래, 사용 방법 등에 대한 궁금증을 자아내게 합니다.

이 책은 이러한 궁금증을 해결해 줄 수 있도록 각 나라의 실제 비율에 맞는 국기 도판과 해설을 실었으며, 다른 책에서는 볼 수 없는 나라꽃 정보를 생생한 사진과 함께 소개하였습니다. 이와 더불어 각 나라의 역사와 산업, 지리적 특성, 올림픽과 월드컵 대회 개최지 등에 대한 최신 정보를 요약하여 실음으로써, 다른 나라를 여행할 때, 또는 올림픽이나 월드컵과 같은 국제 운동 경기 등을 볼 때 재미있고 유익하게 사용할 수 있도록 하였습니다.

이 책이 여러분에게 세계 각 나라를 이해하는 기회가 되고, 여행과 일상생활에 도움이 되기를 바랍니다. 더 나아가 오늘의 세계를 알고 미래를 여는 삶의 지혜를 얻어, 세계 시민으로서 보다 앞서 나갈 수 있는 경쟁력을 가질 수 있기를 기대합니다.

엮은이 이상근

이 책의 구성

세계 모든 독립국은 물론 기타 주요 지역 소개

2015년 현재 193개 유엔(UN) 가맹국을 비롯한 독립국, 자치 지역, 속령을 포함한 세계 240개 나라의 국기와 확인된 나라꽃을 소개하였습니다. 국명은 통칭 국명과 정식 국명을 영문 표기와 함께 찾아보기 쉽게 우리말 가나다 순으로 실었습니다. 각 나라의 해외 영토, 자치 지역 등 특수 지역은 뒤쪽에 별도로 실어 설명하였습니다.

선명한 국기 도판과 생생한 컬러 나라꽃 사진 수록

각 나라 국기는 실제 가로, 세로 비율을 지켜 실었으며, 나라꽃은 식물명, 과명, 학명, 영명, 꽃말 등 기본적인 사항을 정리하였습니다.

세계 여러 나라의 주요 도시, 자연 환경, 생활 모습 사진 소개

나라꽃이 지정되지 않았거나 확인되지 않은 나라는 그 나라를 상징하거나 대표하는 사진을 실어 나라에 대한 이해와 관심을 가지고 학습할 수 있도록 하였습니다.

세계 각 나라의 국기에 대한 이해와 특색, 여러 가지 정보를 꼼꼼히 수록

각 나라별 정보는 그 나라의 국기 형태, 뜻, 유래 및 나라의 특징, 산업을 설명하고, 수도, 면적, 인구 등 기본적인 사항을 요약, 정리하여 국제적 이해를 높이는 데 도움이 되도록 하였습니다. 각 나라마다 우리나라와의 정식 국교 수교일, 국기 채택일, 국제 연합 가맹일, 또한 역대 나라별 올림픽, 월드컵, 동계 올림픽 개최지, 개최 연도 등을 소개하였습니다.

세계 각 나라의 위치 관계를 알 수 있는 지역 지도와 대륙 지도 수록

모든 나라에 지역 지도와 대륙 지도를 넣어 그 나라의 위치나 인접 국가와의 접경 관계를 알도록 하였습니다.

국기에 대한 이해와 학습에 도움이 되는 자료 안내

책 앞머리에는 대륙별 지도와 현황을 실어 지리적 이해를 돕고, 태극기에 대한 설명과 게양 방법에 대해 실어 태극기에 대한 이해를 높였습니다. 부록으로, 국기에 대한 이해와 상식을 실어 각 나라의 국기에 대한 학습에 도움이 되도록 하였으며, 꽃에 대한 정보와 상식을 곁들여 재미를 더했습니다.

각 나라의 이름은 외교부 국가 정보 자료를 기초로 하여 국립국어원 국가명 표기를 따랐으며, 각 나라의 통계 자료는 외교부 「세계 각국 편람」, 유엔(UN) 「Demographic Yearbook」, 세계은행(World Bank)의 통계, 한국수출입은행 「세계 국가 편람」 등의 최신 자료를 참고하였습니다.

차 례

부 록

태극기의 이해

태극기 그리는 법

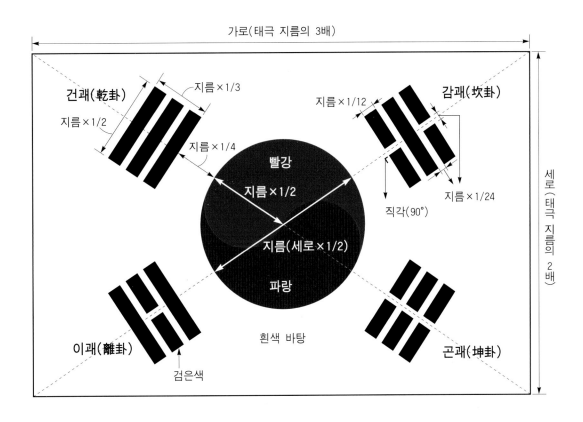

가로(태극 지름의 3배)

건괘(乾卦)
지름×1/3
지름×1/2
지름×1/4
빨강
지름×1/2
지름(세로×1/2)
파랑
이괘(離卦)
검은색
흰색 바탕

지름×1/12
감괘(坎卦)
지름×1/24
직각(90°)
곤괘(坤卦)

세로(태극 지름의 2배)

태극기의 유래

　세계 각국이 국기를 제정하여 사용하기 시작한 것은 근대 국가가 발전하면서부터였습니다. 우리나라의 국기 제정은 1882년(고종 19년) 5월 22일 체결된 조미 수호 통상 조약 조인식이 직접적인 계기가 되었습니다. 하지만 당시 조인식 때 게양된 국기의 형태에 대해서는 현재 정확한 기록이 남아 있지 않습니다. 다만 최근(2004년)에 발굴된 자료인 미국 해군부 항해국이 제작한 '해상 국가들의 깃발'에 실려 있는 이른바 'Ensign'기가 조인식 때 사용된 태극기의 원형이라는 주장이 있습니다.

　1882년 박영효가 고종의 명을 받아 특명 전권대신 겸 수신사로 일본에 다녀온 과정을 기록한 「사화기략」에 의하면, 그해 9월 박영효는 선상에서 태극 문양과 그 둘레에 8괘 대신 건곤감리 4괘를 그려 넣은 '태극 4괘 도안'의 기를 만들어 그달 25일부터 사용하였으며, 10월 3일 본국에 이 사실을 보고하였다는 기록이 있습니다. 고종은 다음 해인 1883년 3월 6일 왕명으로 이 '태극 4괘 도안'의 태극기를 국기로 제정, 공포하였으나 국기 제작 방법을 구체적으로 명시하지 않은 탓에 이후 다양한 형태의 국기가 사용되어 오다가 대한민국 임시 정부에서 1942년 6월 29일 국기 제작법을 일치시키기 위하여 「국기 통일 양식」을 제정, 공포하였지만 일반 국민들에게는 널리 알려지지 않았습니다.

　1948년 8월 15일 대한민국 정부가 수립되면서 태극기의 제작법을 통일할 필요성이 커짐에 따라, 정부는 1949년 1월 「국기 시정 위원회」를 구성하여 그해 10월 15일에 「국기 제작법 고시」를 확정, 발표하였습니다. 이후 국기에 관한 여러 가지 규정들을 제정, 시행해 오다가, 2007년 1월 「대한민국 국기법」을 제정하였고, 「대한민국 국기법 시행령」(2007년 7월)과 「국기의 게양, 관리 및 선양에 관한 규정」(국무총리 훈령, 2009년 9월)도 제정됨에 따라 국기를 체계적으로 관리하게 되었습니다.

태극기에 담긴 뜻

태극기는 흰색 바탕에 가운데 태극 문양과 네 모서리의 건곤감리 4괘로 구성되어 있습니다. 태극기의 흰색 바탕은 밝음과 순수, 그리고 전통적으로 평화를 사랑하는 우리의 민족성을 나타냅니다. 가운데의 태극 문양은 음(파란색)과 양(빨간색)의 조화를 상징하는 것으로, 우주 만물이 음양의 상호 작용에 의해 생성하고 발전한다는 대자연의 진리를 형상화한 것입니다. 네 모서리의 4괘는 음과 양이 서로 변화하고 발전하는 모습을 효(爻: 음 --, 양 —)의 조합을 통해 구체적으로 나타낸 것입니다. 그 가운데 건괘는 하늘, 곤괘는 땅, 감괘는 물, 이괘는 불을 상징합니다. 이들 4괘는 태극을 중심으로 통일의 조화를 이루고 있습니다. 이와 같이 예로부터 우리 선조들이 생활 속에서 즐겨 사용하던 태극 문양을 중심으로 만들어진 태극기는 우주와 더불어 끝없이 창조와 번영을 희구하는 한민족의 이상을 담고 있습니다.

국기 게양일

• 국경일 및 기념일: 삼일절(3월 1일), 제헌절(7월 17일), 광복절(8월 15일), 국군의 날(10월 1일), 개천절(10월 3일), 한글날(10월 9일)
• 조기 게양일: 현충일(6월 6일), 국장 기간
• 기타: 정부가 따로 지정하는 날, 지방 자치 단체가 조례 또는 지방 의회 의결로 정하는 날

연중 국기 게양 건물 및 장소

• 국기를 반드시 연중 게양해야 하는 기관: 국가와 지방 자치 단체, 공공 기관의 청사, 각급 학교와 군부대
• 가능한 한 국기를 연중 게양해야 하는 장소: 국제 공항, 항구, 호텔 등 국제적인 교류 장소. 대형 건물, 공원, 경기장 등 많은 사람이 출입하는 장소. 주요 정부 청사의 울타리, 많은 깃대가 함께 설치된 장소 및 시민 운동 단체, 사회 봉사 단체, 그 밖에 대통령령이 정하는 장소

국기 게양 및 하강 시간

• 국기는 매일 또는 24시간 게양할 수 있으나 야간에는 적절한 조명 시설을 하여야 한다.
• 학교나 군부대는 낮에만 게양한다. 3~10월에는 07:00에 게양하여 18:00에 내린다. 11~다음 해 2월까지는 07:00에 게양하여 17:00에 내린다.
• 국기가 심한 눈, 비, 바람 등으로 훼손이 우려되는 경우 게양하지 않는다.

국기와 다른 기의 게양 및 강하 방법

• 국기와 다른 기를 게양할 경우 다른 기는 국기와 동시에 게양하거나, 먼저 국기를 게양하고 다른 기는 그 이후에 게양한다.
• 강하할 때에는 국기와 다른 기를 동시에 강하하거나, 국기보다 다른 기를 먼저 강하한다.

국기 게양 방법

• 경축할 때: 깃봉에서 기폭 사이를 떼지 않고 단다.
• 조의를 표할 때: 깃봉에서 기폭만큼 내려서 단다. 깃대가 짧다면 깃대 한가운데에 달거나 깃봉 아래 검정 헝겊을 맨다.
• 단독 주택은 대문의 중앙 또는 왼쪽에 게양하며, 공동 주택은 앞쪽 베란다의 중앙 또는 왼쪽에 게양한다.
• 차량의 경우 전면에서 보았을 때 왼쪽에 게양한다.
• 태극기를 다른 기와 함께 게양할 때에는 태극기를 가장 윗자리에 게양한다.
• 태극기와 국제 연합기 및 외국 기를 함께 게양할 경우 국제 연합기, 태극기, 외국 기(알파벳 순서)의 순서로 가장 윗자리부터 차례로 게양한다.

국기의 관리

• 때가 묻거나 구겨진 경우에는 국기가 훼손되지 않는 범위에서 이를 세탁하거나 다려서 다시 사용할 수 있다.
• 국기가 훼손된 때에는 이를 함부로 버리거나 다른 용도로 사용해서는 안 되며, 즉시 소각 등 적절한 방법으로 폐기하여야 한다.
• 각종 행사나 집회 등에서 수기(手旗)를 사용하는 경우 주최 측에서는 안내 방송 등을 통해서 행사 후 국기가 함

국기 게양법

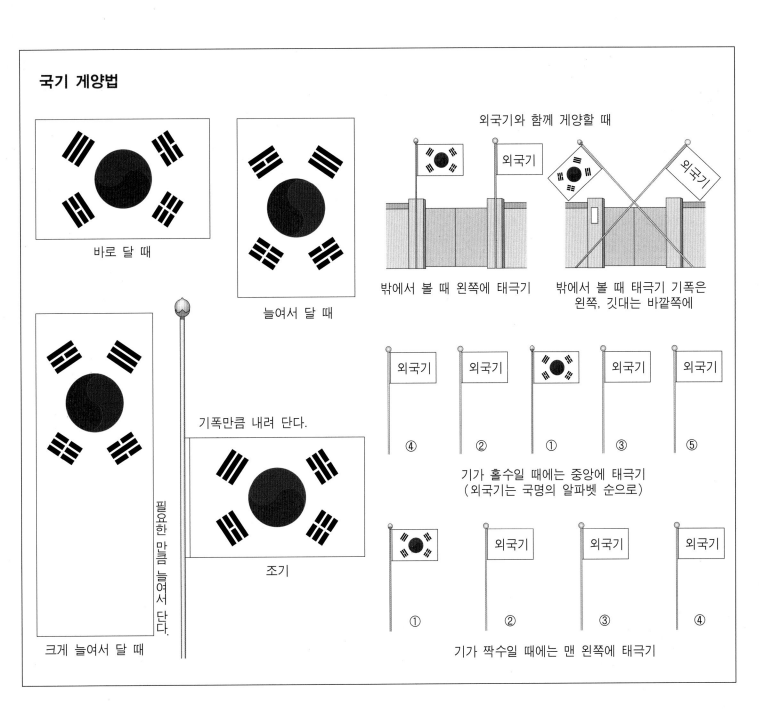

바로 달 때

늘여서 달 때

크게 늘여서 달 때

필요한 만큼 늘여서 단다.

기폭만큼 내려 단다.

조기

외국기와 함께 게양할 때

밖에서 볼 때 왼쪽에 태극기

밖에서 볼 때 태극기 기폭은 왼쪽, 깃대는 바깥쪽에

기가 홀수일 때에는 중앙에 태극기
(외국기는 국명의 알파벳 순으로)

기가 짝수일 때에는 맨 왼쪽에 태극기

부로 버려지지 않도록 해야 한다.

국기에 대한 경례

• 제복을 입지 않은 사람은 오른손을 펴서 왼쪽 가슴에 대고 국기를 향하여 주목한다.

• 제복을 입지 않은 사람 중 모자를 쓴 사람은 오른손으로 모자를 벗어 왼쪽 가슴에 대고 국기를 향하여 주목한다. 다만, 모자를 벗기 곤란한 경우에는 벗지 않을 수 있다.

• 군인·경찰관 등 제복을 입은 사람은 국기를 향하여 거수경례한다.

국기에 대한 맹세(2007년 7월 27일 제정)

나는 자랑스러운 태극기 앞에 자유롭고 정의로운 대한민국의 무궁한 영광을 위하여 충성을 다할 것을 굳게 다짐합니다.

무궁화의 꽃말과 유래

12

무궁화는 대한민국의 나라꽃입니다. 무궁화의 꽃말과 그 유래를 알아보기로 합니다. 오래전 중국에 뛰어난 미모로 글과 노래를 잘해 주위 사람들의 귀여움을 독차지한 젊은 여인이 살았습니다. 이 여인에게는 사랑하는 장님 남편이 있었는데, 그녀의 남편은 비록 장님이었지만 두뇌가 명석하여 주위의 어떠한 유혹에도 빠지지 않았습니다. 그런데 이곳을 다스리던 성주가 이 아름다운 여인에게 반해 남편을 꾐에 빠뜨리려 하였지만 쉽지 않았습니다. 또 여인을 여러 가지 방법으로 구슬려 구애해 보기도 했지만 여인은 끝까지 정절을 지키려 하였습니다. 이에 화가 난 성주는 부하들을 보내 여인을 강제로 잡아들이고 복종을 강요했지만 끝내 말을 듣지 않자 급기야 여인을 죽여 버리고 말았습니다. 여인은 죽기 전 자신의 시신을 자기 집의 뜰에 묻어 달라는 유언을 남겼고, 유언에 따라 여인의 시신은 그녀의 집 뜰 주위에 묻혔습니다. 그 이후 그 자리에 이름 모를 꽃이 피어 그 집 주위를 빙 둘러쌌는데, 그 모양이 마치 여인이 그녀의 남편을 보호하듯 울타리 모양으로 미묘한 아름다움을 풍기며 곱게 피어났다고 합니다. 그 후 사람들은 그 꽃을 번리화-울타리꽃이라고 불렀으며, 꽃잎 속이 한결같이 붉은 것은 여인의 애틋한 일편단심을 내비친 것이라고 생각하였습니다. 이 꽃이 바로 무궁화(Rose of Sharon)이며, 꽃말 '일편단심'은 그 여인의 애절한 사랑에서 유래한다고 합니다.

대륙별 지도와 현황

아시아 ASIA

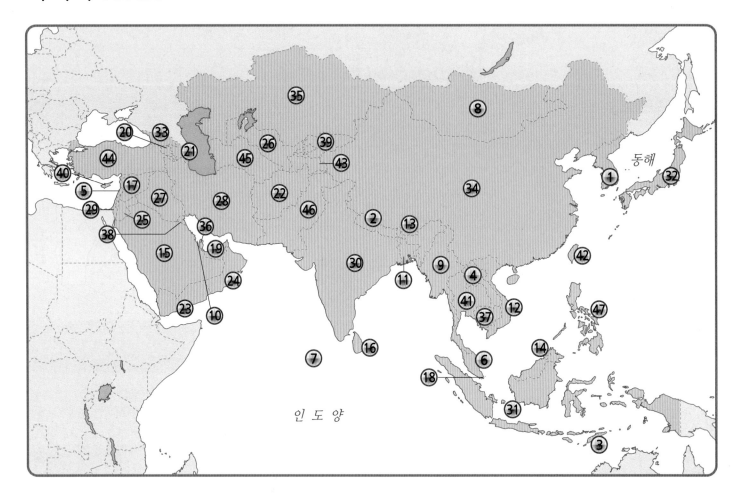

① 대한민국
② 네팔
③ 동티모르
④ 라오스
⑤ 레바논
⑥ 말레이시아
⑦ 몰디브
⑧ 몽골
⑨ 미얀마
⑩ 바레인
⑪ 방글라데시
⑫ 베트남
⑬ 부탄
⑭ 브루나이
⑮ 사우디아라비아
⑯ 스리랑카
⑰ 시리아
⑱ 싱가포르

⑲ 아랍 에미리트
⑳ 아르메니아
㉑ 아제르바이잔
㉒ 아프가니스탄
㉓ 예멘
㉔ 오만
㉕ 요르단
㉖ 우즈베키스탄
㉗ 이라크
㉘ 이란
㉙ 이스라엘
㉚ 인도
㉛ 인도네시아
㉜ 일본
㉝ 조지아
㉞ 중국
㉟ 카자흐스탄
㊱ 카타르

㊲ 캄보디아
㊳ 쿠웨이트
㊴ 키르기스스탄
㊵ 키프로스
㊶ 타이
㊷ 타이완
㊸ 타지키스탄

㊹ 터키
㊺ 투르크메니스탄
㊻ 파키스탄
㊼ 필리핀

아시아 대륙 현황

● 총면적: 3,192만㎢
● 총인구: 약 4,342백만 명
● 가장 큰 국가: 중국 약 960만㎢
● 가장 작은 국가: 몰디브 300㎢
● 가장 큰 섬: 보르네오 섬 74.6만㎢
● 가장 높은 산: 에베레스트 산 8,848m
● 가장 긴 강: 양쯔 강 6,380km

오세아니아 OCEANIA

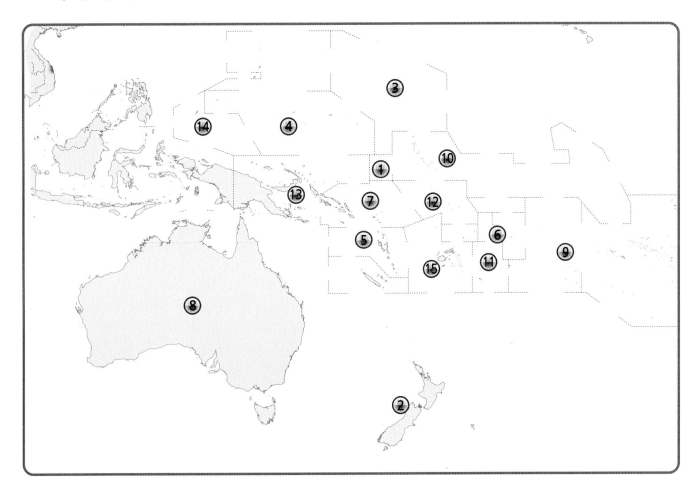

① 나우루
② 뉴질랜드
③ 마셜 제도
④ 미크로네시아
⑤ 바누아투
⑥ 사모아
⑦ 솔로몬 제도
⑧ 오스트레일리아
⑨ 쿡 제도
⑩ 키리바시
⑪ 통가
⑫ 투발루
⑬ 파푸아 뉴기니
⑭ 팔라우
⑮ 피지

오세아니아 대륙 현황

● 총면적: 856만㎢
● 총인구: 약 39백만 명
● 가장 큰 국가: 오스트레일리아 769만㎢
● 가장 작은 국가: 나우루 공화국 20㎢
● 가장 큰 섬: 뉴질랜드 남섬 15.1만㎢
● 가장 높은 산: 쿡 산 3,754m
● 가장 긴 강: 머리 달링 강 3,750km

유럽 EUROPE

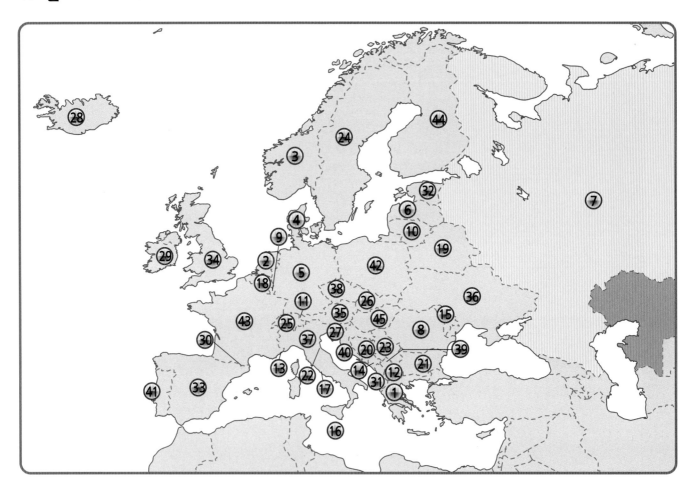

① 그리스
② 네덜란드
③ 노르웨이
④ 덴마크
⑤ 독일
⑥ 라트비아
⑦ 러시아
⑧ 루마니아
⑨ 룩셈부르크
⑩ 리투아니아
⑪ 리히텐슈타인
⑫ 마케도니아
⑬ 모나코
⑭ 몬테네그로
⑮ 몰도바
⑯ 몰타
⑰ 바티칸 시국
⑱ 벨기에

⑲ 벨라루스
⑳ 보스니아 헤르체고비나
㉑ 불가리아
㉒ 산마리노
㉓ 세르비아
㉔ 스웨덴
㉕ 스위스
㉖ 슬로바키아
㉗ 슬로베니아
㉘ 아이슬란드
㉙ 아일랜드
㉚ 안도라
㉛ 알바니아
㉜ 에스토니아
㉝ 에스파냐
㉞ 영국
㉟ 오스트리아
㊱ 우크라이나

㊲ 이탈리아
㊳ 체코
㊴ 크로아티아
㊵ 포르투갈
㊶ 폴란드
㊷ 프랑스
㊸ 핀란드
㊹ 헝가리

유럽 대륙 현황

● 총면적: 2,305만㎢
● 총인구: 약 743백만 명
● 가장 큰 국가: 러시아 1,709만㎢
● 가장 작은 국가: 바티칸 시국 0.44㎢
● 가장 큰 섬: 그레이트브리튼 섬 21.8만㎢
● 가장 높은 산: 엘브루스 산 5,642m
● 가장 긴 강: 볼가 강 3,688km

북아메리카 NORTH AMERICA

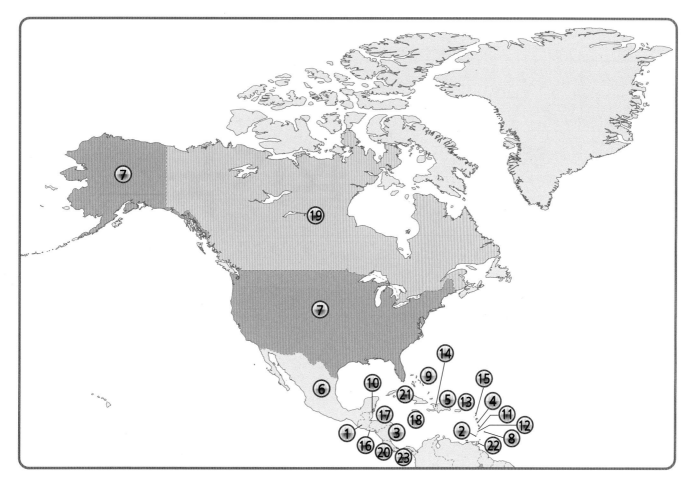

① 과테말라
② 그레나다
③ 니카라과
④ 도미니카
⑤ 도미니카 공화국
⑥ 멕시코
⑦ 미국
⑧ 바베이도스
⑨ 바하마
⑩ 벨리즈
⑪ 세인트루시아
⑫ 세인트빈센트 그레나딘
⑬ 세인트키츠 네비스
⑭ 아이티
⑮ 앤티가 바부다
⑯ 엘살바도르
⑰ 온두라스
⑱ 자메이카

⑲ 캐나다
⑳ 코스타리카
㉑ 쿠바
㉒ 트리니다드 토바고
㉓ 파나마

북아메리카 대륙 현황

● 총면적: 2,449만㎢
● 총인구: 약 571백만 명
● 가장 큰 국가: 캐나다 998만㎢
● 가장 작은 국가: 세인트키츠 네비스 262㎢
● 가장 큰 섬: 그린란드 섬 217.6만㎢
● 가장 높은 산: 매킨리 산 6,194m
● 가장 긴 강: 미시시피-미주리 강 6,020km

남아메리카 SOUTH AMERICA

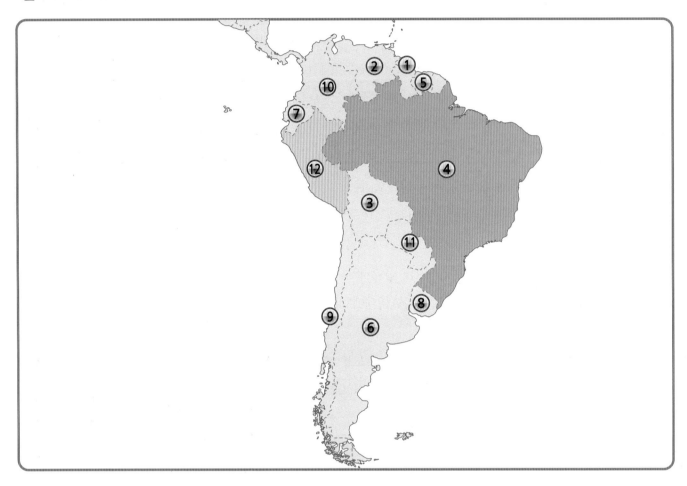

① 가이아나
② 베네수엘라 볼리바르
③ 볼리비아
④ 브라질
⑤ 수리남
⑥ 아르헨티나
⑦ 에콰도르
⑧ 우루과이
⑨ 칠레
⑩ 콜롬비아
⑪ 파라과이
⑫ 페루

남아메리카 대륙 현황

● 총면적: 1,783만㎢
● 총인구: 약 411백만 명
● 가장 큰 국가: 브라질 852만㎢
● 가장 작은 국가: 수리남 16만㎢
● 가장 큰 호수: 티티카카 호 8,290㎢
● 가장 높은 산: 아콩카과 산 6,960m
● 가장 긴 강: 아마존 강 6,516km

아프리카 AFRICA

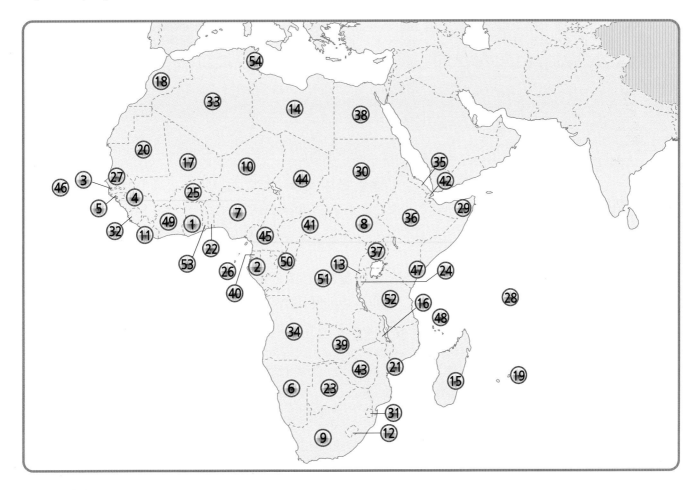

① 가나
② 가봉
③ 감비아
④ 기니
⑤ 기니비사우
⑥ 나미비아
⑦ 나이지리아
⑧ 남수단
⑨ 남아프리카 공화국
⑩ 니제르
⑪ 라이베리아
⑫ 레소토
⑬ 르완다
⑭ 리비아
⑮ 마다가스카르
⑯ 말라위
⑰ 말리
⑱ 모로코

⑲ 모리셔스
⑳ 모리타니
㉑ 모잠비크
㉒ 베냉
㉓ 보츠와나
㉔ 부룬디
㉕ 부르키나파소
㉖ 상투메 프린시페
㉗ 세네갈
㉘ 세이셸
㉙ 소말리아
㉚ 수단
㉛ 스와질란드
㉜ 시에라리온
㉝ 알제리
㉞ 앙골라
㉟ 에리트레아
㊱ 에티오피아

㊲ 우간다
㊳ 이집트
㊴ 잠비아
㊵ 적도 기니
㊶ 중앙아프리카 공화국
㊷ 지부티
㊸ 짐바브웨
㊹ 차드
㊺ 카메룬
㊻ 카보베르데
㊼ 케냐
㊽ 코모로
㊾ 코트디부아르
㊿ 콩고
51 콩고 민주 공화국
52 탄자니아
53 토고
54 튀니지

아프리카 대륙 현황

● 총면적: 3,031만㎢
● 총인구: 약 1,138백만 명
● 가장 큰 국가: 수단 186만㎢
● 가장 작은 국가: 세이셸 460㎢
● 가장 큰 섬: 마다가스카르 섬 58.7만㎢
● 가장 높은 산: 킬리만자로 산 5,859m
● 가장 긴 강: 나일 강 6,695km

가나 가나 공화국
Republic of Ghana

· 공식적 국기 채택일: 1957.03.06(독립일)
· 한국과 국교 수교일: 1977.11.14
· 국제 연합 가맹일: 1957.03.08

3:2

- **위치**: 서부 아프리카 대서양 연안
- **수도**: 아크라(Accra, 227만 명)
- **면적**: 238,533㎢(한반도와 거의 동일)
- **기후**: 열대성(남부: 고온 다습, 북부: 고온 건조)
- **인구**: 2,590만 명
- **민족**: 흑인 99.8%(아칸족, 몰다그바니족, 에웨족 등)
- **언어**: 영어(공용어) 70%, 부족어(판티어, 튀어 등)
- **종교**: 기독교 69%, 이슬람교 16%, 토속 종교 9%
- **통화**: 세디(Cedi)
- **1인당 GDP**: $1,858
- **정부 형태**: 공화제(대통령 중심제)
- **주요 수출품**: 금, 다이아몬드, 목재, 코코아

나라꽃: 대추야자
과명: 종려나무과
학명: *Phoenix dactylifera* Linn
영명: Date Palm
꽃말: 부활, 승리

🌐 **국기** 빨간색 · 노란색 · 초록색이 가로로 배열된 3색기로, 중앙에 검은 별이 있다. 노란색은 황금 또는 번영을, 빨간색은 독립 투쟁에서 흘린 피를, 초록색은 농업과 삼림을, 별은 아프리카의 자유와 통일을 상징한다. 아프리카 대륙의 다른 나라의 국기 디자인에 많은 영향을 미쳤다.

🌐 **국가** 영국으로부터 100여 년 간 지배를 받다가 1957년 독립하였다. 이후 공화국이 되었으나 여러 차례 쿠데타를 겪었으며 최근에는 안정을 찾고 있다. 망간, 금, 다이아몬드, 목재 등 천연자원이 많고, 주요 산업은 공업, 제련, 식품 가공업이다.

아프리카

가봉 가봉 공화국
Gabonese Republic

· 공식적 국기 채택일: 1960.08.09
· 한국과 국교 수교일: 1962.10.01
· 국제 연합 가맹일: 1960.09.20

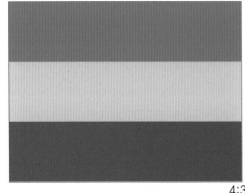

4:3

- **위치**: 아프리카 대륙 중서부, 콩고 서부 접경
- **수도**: 리브르빌(Libreville, 75만 명)
- **면적**: 238,533㎢(한반도의 1.2배)
- **기후**: 열대성 기후, 고온 다습(연평균 기온 27℃)
- **인구**: 167만 명
- **민족**: 팡족, 바코타족 등 40여 종족
- **언어**: 프랑스어(공용어), 토착어
- **종교**: 기독교(가톨릭 포함) 75%, 이슬람교, 토착 종교
- **통화**: 세파 프랑(CFA Franc)
- **1인당 GDP**: $11,571
- **정부 형태**: 공화제(대통령 중심제)
- **주요 수출품**: 석유, 목재, 금속 광물

나라꽃: 아프리카 튤립나무(불꽃나무)
과명: 능소화과
학명: *Spathodea campanulata*
영명: Flame Tree
꽃말: 정열, 격정, 열정

🌐 **국기** 초록색 · 노란색 · 파란색이 가로로 배열된 3색기이다. 초록색은 울창한 밀림과 토지, 노란색은 태양과 적도, 파란색은 바다를 상징한다. 프랑스로부터 독립하기 1년 전인 1959년에 제정한 국기에는 깃대 쪽 윗부분에 프랑스 국기가 있었으나, 1960년 현재의 국기로 변경되었다.

🌐 **국가** 1960년 프랑스로부터 독립하였다. 국토 대부분이 오구에 강 유역으로, 열대 우림 지대에 속한다. 목재, 망간, 석유 등 광물 자원이 풍부하고, 아프리카 국가들 중 소득 수준이 높아 경제가 비교적 안정되어 있다.

아프리카

가이아나 가이아나 협동 공화국
Cooperative Republic of Guyana

· 공식적 국기 채택일: 1966.05.26(독립일)
· 한국과 국교 수교일: 1968.06.13
· 국제 연합 가맹일: 1966.09.20

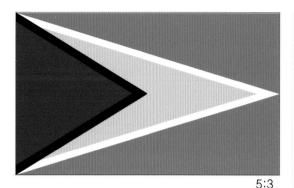

5:3

- **위치**: 남아메리카 대륙 동북부
- **수도**: 조지타운(Georgetown, 19만 명)
- **면적**: 214,969㎢(한반도 크기)
- **기후**: 열대성 기후
- **인구**: 80만 명
- **민족**: 인도계 49%, 흑인 및 혼혈 44%, 기타
- **언어**: 영어(공용어), 힌디어
- **종교**: 기독교 57%, 힌두교 33%, 이슬람교 9%, 기타
- **통화**: 가이아나 달러(Guyana Dollar)
- **1인당 GDP**: $3,739
- **정부 형태**: 공화제(대통령제)
- **주요 수출품**: 설탕, 금, 새우, 쌀, 목재

나라꽃: 큰가시연꽃
과명: 수련과
학명: *Victoria regia*
영명: Water Lily
꽃말: 행운

🌐 **국기** 초록색 바탕에 흰색 테두리의 노랑 화살촉 모양의 문양이 오른쪽을 향해 있고, 왼쪽에는 검정 테두리를 두른 빨간색 삼각형이 있다. 화살촉은 찬란한 미래를 암시하고, 초록색은 비옥한 농지와 삼림, 노란색은 광물 자원과 추진력, 빨간색은 국가 건설의 열의와 원동력, 흰색은 풍요로운 수자원, 검은색은 인내를 나타낸다.

🌐 **국가** 19세기 영국 식민지 때 인도로부터 사탕수수 농장에서 일할 대량의 노동자들이 이입됨으로써 현재 다양한 인종 구성을 이루고 있다. 주요 농산물로 쌀, 설탕이 있으며 보크사이트, 구리, 금 등 광물 자원이 풍부하다.

남아메리카

감비아 감비아 공화국
Republic of the Gambia

· 공식적 국기 채택일: 1965.02.18(독립일)
· 한국과 국교 수교일: 1965.04.21
· 국제 연합 가맹일: 1965.09.21

3:2

- **위치**: 북서 아프리카 대서양 연안, 세네갈 남부 접경
- **수도**: 반줄(Banjul, 3.4만 명)
- **면적**: 11,295㎢(한반도의 1/20)
- **기후**: 아열대성 사바나 기후
- **인구**: 184만 명
- **민족**: 만딩고족, 풀라니족, 월로프족 등
- **언어**: 영어(공용어), 월로프어
- **종교**: 이슬람교 90%, 기독교 9%, 토속 신앙 1%
- **통화**: 달라시(Dalasi)
- **1인당 GDP**: $488
- **정부 형태**: 공화제(대통령 중심제)
- **주요 수출품**: 땅콩 제품

감비아 세네갈 강 정글 숲

🌐 **국기** 위로부터 빨간색 · 파란색 · 초록색이 가로로 배열되고, 파란색 부분 위아래에 흰색 가로 띠가 있다. 빨간색은 이웃과 좋은 관계를 유지하는 것과 높이 솟은 태양, 초록색은 농업과 국토, 파란색은 나라 전체를 따라 흐르며 생활에 매우 중요한 감비아 강, 흰색은 감비아 강 양쪽 언덕의 주요 도로 또는 평화와 순수를 상징한다.

🌐 **국가** 1965년에 영국으로부터 독립하였으며, 세네갈 공화국에 둘러싸여 세네갈과 경제 결속이 강한 나라이다. 목축, 수산, 농업, 식품 가공이 주요 산업이며, 땅콩, 야자 등을 생산한다.

아프리카

과테말라 | 과테말라 공화국 Republic of Guatemala

· 공식적 국기 채택일: 1871.11.18
· 한국과 국교 수교일: 1962.10.24
· 국제 연합 가맹일: 1945.11.21

8:5

- **위치:** 중앙아메리카, 멕시코와 엘살바도르 사이
- **수도:** 과테말라시티(Guatemala City, 250만 명)
- **면적:** 108,889㎢(한반도의 1/2)
- **기후:** 열대 기후(해안), 온대 기후(고지)
- **인구:** 1,546만 명
- **민족:** 인디오 43%, 메스티소 50%, 백인 등 기타 7%
- **언어:** 에스파냐어
- **종교:** 가톨릭 70%, 개신교 30%
- **통화:** 케살(Quetzal)
- **1인당 GDP:** $3,477
- **정부 형태:** 공화제(대통령 중심제)
- **주요 수출품:** 의류, 섬유, 커피, 설탕, 바나나

나라꽃: 몬자 블랑카
과명: 난초과
학명: *Lycaste skinneri*
영명: White Nun Orchid
꽃말: 즐거움, 요정

🌐 **국기** 하늘색 · 흰색 · 하늘색이 세로로 배열되고, 가운데 국장이 그려져 있다. 하늘색은 태평양과 대서양을, 흰색은 평화에 대한 염원을 나타낸다. 문장에는 자유의 상징인 국조 '케살'이 있고, 중앙의 두루마리에는 '1821년 9월 15일 독립' 이라고 써어 있으며, 자유와 독립을 지키는 총과 정의 · 주권을 상징하는 칼이 그려져 있다. 2개의 월계수 가지는 승리와 영광을 상징한다.

🌐 **국가** 옛 마야 문명이 번영했던 지역으로, 300년 동안 에스파냐의 지배를 받다가 1821년 독립하여 1847년 공화국이 되었다. 관광, 방적, 식품 가공이 주요 산업이며, 목화, 커피 등을 생산한다.

북아메리카

그레나다 | Grenada

· 공식적 국기 채택일: 1974.02.07(독립일)
· 한국과 국교 수교일: 1974.08.01
· 국제 연합 가맹일: 1974.09.17

5:3

- **위치:** 중앙아메리카, 카리브 남부 해상의 화산섬
- **수도:** 세인트조지스(St.George's, 3만 5천 명)
- **면적:** 344 ㎢(한반도의 1/643)
- **기후:** 열대 해양성
- **인구:** 106,000명
- **민족:** 흑인 82%, 유색 혼혈, 남아시아계 및 유럽계
- **언어:** 영어(공용어), 크레올어
- **종교:** 가톨릭 53%, 성공회 13.8%, 기타 개신교 33%
- **통화:** 동 카리브 달러(East Caribbean Dollar)
- **1인당 GDP:** $7,890
- **정부 형태:** 입헌 군주제(내각 책임제)
- **주요 수출품:** 육두구, 바나나, 코코아, 의류

나라꽃: 부겐빌레아
과명: 분꽃과
학명: *Bougainvillea spectabilis*
영명: Paper Flower
꽃말: 정열, 환상, 영원한 사랑

🌐 **국기** 빨간색 사각 둘레와 그 안 중앙에는 사각형이 2개의 대각선에 의해 노란색과 초록색으로 나누어져 있다. 중앙의 빨간색 원 안에는 노란색 별이 있고, 빨간색 사각 둘레 안에 6개의 노란색 별이 있다. 7개의 별은 행정상 7개 지방을 상징하는 동시에 희망을, 빨간색은 용기와 독립을, 노란색은 태양을, 초록색은 국토를, 노란색 별은 지혜를 뜻한다. 초록색 바탕 안의 도안은 육두구 나무 열매이다.

🌐 **국가** 1974년 영국으로부터 독립하였다. '육두구' 라는 향신료 생산국으로 유명하다. 주요 자원으로 바나나, 사탕수수, 목재 등이 있다.

북아메리카

그리스 | 그리스 공화국
The Hellenic Republic

· 공식적 국기 채택일: 1978.12.22
· 한국과 국교 수교일: 1961.04.05
· 국제 연합 가맹일: 1945.10.25

3:2

- **위치**: 유럽 동남부, 발칸 반도 남단
- **수도**: 아테네(Athens, 370만 명)
- **면적**: 131,957㎢(본토 81%, 도서 19%, 한반도의 2/3)
- **기후**: 지중해성 기후
- **인구**: 1,112만 명
- **민족**: 그리스인 97%, 터키계 슬라브인 등 기타 3%
- **언어**: 그리스어
- **종교**: 그리스 정교(국교) 98%, 이슬람교 1.3%
- **통화**: 유로(Euro)
- **1인당 GDP**: $21,956
- **정부 형태**: 공화제(대통령제를 가미한 의원 내각제)
- **주요 수출품**: 식품, 공업 용품, 광물유

나라꽃: 향제비꽃
과명: 제비꽃과
학명: Viola odorata L.
영명: Sweet Violet
꽃말: 순진무구한 사랑

🌐 **국기** 흰색과 파란색의 가로줄 9개가 교대로 배치되어 있고, 깃대 쪽 윗부분에는 파란색 직사각형에 흰색 십자가가 그려져 있다. 파란색은 바다와 하늘, 흰색은 평화, 십자가는 이슬람·터키에 대한 그리스 정교의 독립을 상징한다. 9개의 가로줄은 9년 간의 독립 전쟁과 '자유냐 죽음이냐' 라는 그리스어 투쟁 구호의 9음절을 의미한다.

🌐 **국가** 고대 서양 문명과 올림픽의 발상지이다. 기원전 388년 마케도니아의 지배를 받다가 1830년 오스만 투르크로부터 독립하였다. 관광, 섬유, 화학, 해운, 식품 가공업이 주요 산업이다.

• 제1회 올림픽 개최지 아테네(1896) • 제28회 올림픽 개최지 아테네(2004)

유럽

기니 | 기니 공화국
Republic of Guinea

· 공식적 국기 채택일: 1958.11.10
· 한국과 국교 수교일: 2006.08.28
· 국제 연합 가맹일: 1958.12.12

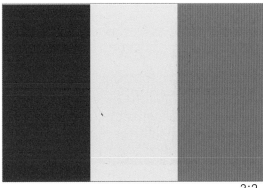

3:2

- **위치**: 서아프리카 대서양 연안, 세네갈 남동쪽 접경
- **수도**: 코나크리(Conakry, 110만 명)
- **면적**: 245,857㎢(한반도 크기)
- **기후**: 열대 우림 기후(해안 평야), 고원 기후(내륙)
- **인구**: 1,174만 명
- **민족**: 풀라니족 40%, 말링케족 30%, 수수족 20% 등
- **언어**: 프랑스어(공용어), 수수어, 말링케어
- **종교**: 이슬람교 90%, 기독교 3%
- **통화**: 기니 프랑(Guinea Franc)
- **1인당 GDP**: $523
- **정부 형태**: 공화제(대통령 중심제)
- **주요 수출품**: 보크사이트, 다이아몬드, 금

코나크리 그랜드 모스크, 서부 아프리카에서 가장 큰 사원 중 하나

🌐 **국기** 빨간색·노란색·초록색이 세로 줄무늬를 이루는 3색기이다. 빨간색은 독립 투쟁에서 흘린 피, 노란색은 황금과 태양, 초록색은 농업, 삼림, 희망과 번영을 나타낸다. 기니 국기의 좌우 배열을 반대로 하면 말리 공화국의 국기가 된다.

🌐 **국가** 프랑스의 식민지였다가 1958년 독립하였다. 1984년 쿠데타로 자유주의 노선을 택하면서 기니 공화국으로 새롭게 출발하였다. 철광석, 다이아몬드, 보크사이트 등 자원은 많으나 저개발 국가이다. 농업이 주요 산업이며 커피, 코코아 등을 생산한다.

아프리카

기니비사우 <small>기니비사우 공화국</small>
Republic of Guinea-Bissau

· 공식적 국기 채택일: 1973.09.24(독립일)
· 한국과 국교 수교일: 1983.12.22
· 국제 연합 가맹일: 1974.09.17

2:1

- **위치**: 아프리카 북서부, 기니 서북쪽 접경
- **수도**: 비사우(Bissau, 25만 명)
- **면적**: 36,125㎢(한반도의 1/7)
- **기후**: 열대 몬순 기후
- **인구**: 170만 명
- **민족**: 발란테족, 풀라니족, 만딩고족, 마란케족
- **언어**: 포르투갈어(공용어), 크레올어, 발란테어
- **종교**: 이슬람교 30%, 기독교 5%, 토착 종교 65%
- **통화**: 세파 프랑(CFA Franc)
- **1인당 GDP**: $563
- **정부 형태**: 공화제(대통령 중심제)
- **주요 수출품**: 어류, 새우, 캐슈넛, 면화

국민들이 사는 짚으로 지은 집

🌐 **국기** 왼쪽에는 빨간색, 오른쪽에는 노란색과 초록색이 위아래로 배열되고, 빨간색 바탕에는 검은색 별이 그려져 있다. 빨간색은 순교자의 피와 수도 비사우를, 초록색은 미래에의 희망과 남부 삼림 지대를, 노란색은 부와 태양, 풍요와 북부 사바나를, 검은색 별은 아프리카의 상징이자 국민과 존엄성을 나타낸다.

🌐 **국가** 1446년 포르투갈의 노예 무역 중계지로 번성하였으며, 1885년 포르투갈의 식민지가 되었다. 1973년 독립을 선언하고, 이듬해 정식으로 독립하였다. 국민들은 짚으로 지은 집에 살며, 농업이 주요 산업으로 캐슈넛, 쌀 등을 생산한다.

아프리카

나미비아 <small>나미비아 공화국</small>
Republic of Namibia

· 공식적 국기 채택일: 1990.03.21
· 한국과 국교 수교일: 1990.03.21
· 국제 연합 가맹일: 1990.04.23

3:2

- **위치**: 아프리카 남서부, 남아공, 보츠와나와 접경
- **수도**: 빈트후크(Windhoek, 32만 명)
- **면적**: 824,292㎢(한반도의 3.7배)
- **기후**: 아열대, 사막성 건조 기후
- **인구**: 230만 명
- **민족**: 오밤보족 50%, 카방고족 9%, 헤레로족
- **언어**: 영어(공용어), 아프리칸스어, 독일어
- **종교**: 기독교 90%, 토착 신앙 10%
- **통화**: 나미비아 달러(Namibian Dollar)
- **1인당 GDP**: $5,693
- **정부 형태**: 공화제(대통령 중심제)
- **주요 수출품**: 다이아몬드, 수산물, 광물 자원, 아연

나미비아의 수도 빈트후크

🌐 **국기** 흰색 테두리의 빨간색 사선을 중심으로 왼쪽에는 파란색, 오른쪽에는 초록색 삼각형이 배열되어 있다. 파란색 삼각형 바탕에는 황금색 태양이 그려져 있는데, 파란색은 하늘과 대서양 및 수자원과 비, 빨간색은 독립을 위해 흘린 피와 국민, 초록색은 농업, 흰색은 평화와 단합을 상징한다. 황금색 태양은 나미브 사막과 광물 자원을 나타내고, 12개의 빛은 이 나라의 종족을 뜻한다.

🌐 **국가** 1990년 아프리카 대륙의 식민 국가 중 마지막으로 독립한 국가이다. 다이아몬드 등의 광물 자원이 풍부하며, 관광 사업이 발전하였다.

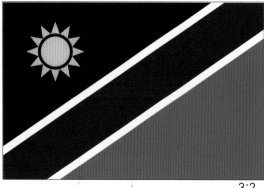

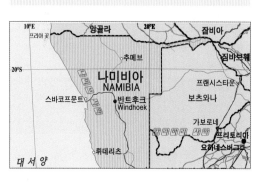

아프리카

나우루 나우루 공화국
Republic of Nauru

· 공식적 국기 채택일: 1968.01.31
· 한국과 국교 수교일: 1979.08.20
· 국제 연합 가맹일: 1999.09.14

- **위치:** 오스트레일리아 동북방 1,300마일 섬나라
- **수도:** 야렌(Yaren, 1,100명)
- **면적:** 21㎢(한반도의 1/10000)
- **기후:** 열대 해양성
- **인구:** 1만 명
- **민족:** 폴리네시아인
- **언어:** 영어, 나우루어
- **종교:** 개신교, 가톨릭
- **통화:** 오스트레일리아 달러(Australian Dollar)
- **1인당 GDP:** $12,022
- **정부 형태:** 공화제(의원 내각제)
- **주요 수출품:** 어패류, 인광석

나우루의 인산염 광산

● **국기** 파란색 바탕 중앙에 노란색 가로 띠가 있고, 아래 왼쪽에 흰색의 12각 별이 그려져 있다. 파란색은 태평양, 노란색 띠는 적도, 12개의 빛을 내는 별은 나우루 12부족의 단결을 나타낸다. 노란색 띠와 별은 적도 바로 아래에 있는 나라의 위치를 나타내기도 한다.

● **국가** 섬의 80%가 인광석으로 덮인 산호초 섬이다. 제2차 세계 대전 후 국제 연합 신탁 통치령에서 1968년 영연방 내의 공화국으로 독립하였으며, 세계에서 가장 작은 공화국이다. 인광석 수출로 소득 수준이 높았으나 고갈로 인한 어려움을 겪고 있다.

오세아니아

나이지리아 나이지리아 연방 공화국
Federal Republic of Nigeria

· 공식적 국기 채택일 1960.10.01
· 한국과 국교 수교일: 1980.02.22
· 국제 연합 가맹일: 1960.10.07

- **위치:** 아프리카 대륙 서부, 카메룬 서북 접경
- **수도:** 아부자(Abuja, 124만 명)
- **면적:** 924,000㎢(한반도의 4.2배)
- **기후:** 열대 우림성(남부), 사바나, 스텝성 기후(북부)
- **인구:** 1억 7,361만 명
- **민족:** 하우사-풀라니족, 요루바족 등 250여 종족
- **언어:** 영어(공용어), 하우사어 등 250여 부족어
- **종교:** 이슬람교 50%, 기독교 40%, 토속 신앙
- **통화:** 나이라(Naira)
- **1인당 GDP:** $3,005
- **정부 형태:** 연방 공화제
- **주요 수출품:** 원유, 천연가스, 카카오, 석유 제품

나라꽃: 코스투스 스펙타빌리스
과명: 코스투스과
학명: *Costus spectabilis*
영명: Costus
꽃말: —

● **국기** 왼쪽부터 배열된 초록색 · 흰색 · 초록색은 북부의 하우사족과 풀라니족, 남동부의 이보족, 남서부의 요루바족을 나타낸다. 초록색은 풍부한 농산물과 비옥한 농지, 흰색은 전 국민의 단결과 통일, 평화를 나타낸다.

● **국가** 1900년 이후 영국의 통치를 받다가 1960년 10월 영국 연방으로 독립하여 1963년 4개 주로 이루어진 연방 공화국이 되었다. 아프리카에서 인구가 가장 많고, 다민족 국가로 불안정한 나라이지만 농업이 발달되고, 세계적 원유 생산국이다. 주요 자원으로 천연가스, 철광석, 석탄, 고무 등이 있다.

아프리카

남수단 | 남수단 공화국
Republic of South Sudan

· 공식적 국기 채택일: 2005.07.09
· 한국과 국교 수교일: 2011.07.09
· 국제 연합 가맹일: 2011.07.14

2:1

· **위치:** 아프리카 동북부, 수단의 남쪽
· **수도:** 주바(Juba)
· **면적:** 644,329㎢(한반도의 3배)
· **기후:** 열대 대륙성 기후
· **인구:** 1,129만 명
· **민족:** 아프리카계(딩카, 누엘 등 다수 부족)
· **언어:** 영어(공식어), 토착어
· **종교:** 기독교, 토착 종교
· **통화:** 남수단 파운드(South Sudanese Pound)
· **1인당 GDP:** $1,045
· **정부 형태:** 대통령제
· **주요 수출품:** 원유

남수단의 수도 주바

● **국기** 왼쪽에는 파란색 삼각형이 있고 그 안에 노란색 별이 그려져 있으며, 오른쪽에는 위로부터 검은색 · 빨간색 · 초록색이 배열되어 있고 그 사이에 흰색 띠가 그려져 있다. 검은색은 흑인, 빨간색은 자유를 위해 흘린 피, 초록색은 국토, 흰색은 평화를 의미하며, 파란색 삼각형은 나일 강, 노란색 별은 베들레헴의 별, 남수단의 단결을 상징한다.

● **국가** 수단 북부는 이슬람교를 믿는 아랍계 민족, 남부는 토착 종교와 기독교를 믿는 아프리카계 흑인으로 구성되어 내전이 계속되다 2011년 남수단 독립 국민 투표를 실시하여 독립하였다. 백나일 강 유역의 농업이 발달하였으며, 철, 구리, 목재 등 자원이 풍부하다.

아프리카

남아프리카 공화국 | Republic of South Africa

· 공식적 국기 채택일: 1994.04.27
· 한국과 국교 수교일: 1992.12.01
· 국제 연합 가맹일: 1945.11.07

3:2

· **위치:** 아프리카 대륙 남단
· **수도:** 프리토리아(Pretoria, 120만 명)
· **면적:** 1,221,037㎢(한반도의 5.5배)
· **기후:** 온화한 아열대 해양성 기후
· **인구:** 5,277만 명
· **민족:** 흑인 79.2%, 백인 8.9%, 아시아계, 혼혈
· **언어:** 영어, 아프리칸스, 9개 부족어 등 11개 공용어
· **종교:** 개신교 72%, 가톨릭 8%, 유대교, 토착 신앙
· **통화:** 랜드(South African Rand)
· **1인당 GDP:** $6,617
· **정부 형태:** 공화제(대통령 중심제)
· **주요 수출품:** 금, 광물 연료, 귀금속, 화학 제품

나라꽃: 프로테아(용왕꽃)
과명: 프로테아과
학명: *Protea cynaroides*
영명: King Protea
꽃말: 고운 마음, 순결

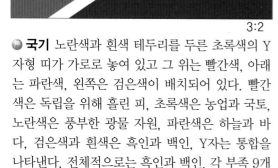

● **국기** 노란색과 흰색 테두리를 두른 초록색의 Y자형 띠가 가로로 놓여 있고 그 위는 빨간색, 아래는 파란색, 왼쪽은 검은색이 배치되어 있다. 빨간색은 독립을 위해 흘린 피, 초록색은 농업과 국토, 노란색은 풍부한 광물 자원, 파란색은 하늘과 바다, 검은색과 흰색은 흑인과 백인, Y자는 통합을 나타낸다. 전체적으로는 흑인과 백인, 각 부족 9개 주의 화합을 상징한다.

● **국가** 1961년 영국 연방을 탈퇴하고 독립하였다. 세계 최대의 광물 자원국으로 광산업, 금융, 유통, 철강, 자동차 산업이 발달하였다.

아프리카

· 제19회 월드컵 개최국(2010)

네덜란드 | 네덜란드 왕국
Kingdom of the Netherlands

· 공식적 국기 채택일: 1937.02.19
· 한국과 국교 수교일: 1961.04.04
· 국제 연합 가맹일: 1945.12.10

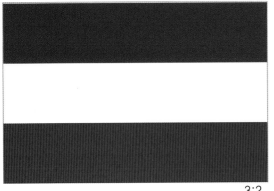

3:2

· 제9회 올림픽 개최지 암스테르담(1928)

- **위치**: 유럽 북서부, 벨기에, 독일과 접경
- **수도**: 암스테르담(Amsterdam, 77만 명)
- **면적**: 41,526㎢(내해 수면 제외 시 37,305㎢)
- **기후**: 온대 해양성
- **인구**: 1,675만 명
- **민족**: 네덜란드인 87%
- **언어**: 네덜란드어(공용어)
- **종교**: 가톨릭 30%, 네덜란드 개신교 14%, 이슬람교
- **통화**: 유로(Euro)
- **1인당 GDP**: $50,793
- **정부 형태**: 입헌 군주제
- **주요 수출품**: 석유, 식품, 기계, 화학 제품, 자동차

나라꽃: 튤립
과명: 백합과
학명: *Tulipa gesneriana*
영명: Tulip
꽃말: 사랑의 고백, 명예, 명성

유럽

🌐 **국기** 위로부터 빨간색 · 흰색 · 파란색이 가로로 배열된 3색기이다. 빨간색은 국민의 용기, 흰색은 신의 축복을 기원하는 신앙심, 파란색은 조국에 대한 충성과 애국심을 나타낸다.

🌐 **국가** 국토의 25%가 해수면보다 낮아 간척지가 많다. 1515년 에스파냐령이 되었다가, 1648년 연방 공화국으로 독립하였다. 1815년 왕국이 되고, 1960년 베네룩스 3국 경제 동맹을 맺었으며, 북대서양 조약 기구(NATO)와 유럽 경제 공동체(EU)의 창립국이다. 세계적인 해운국이며, 화훼 재배와 낙농업이 발달하였다.

네팔 | 네팔 연방 민주 공화국
Federal Democratic Republic of Nepal

· 공식적 국기 채택일: 1962.12.16
· 한국과 국교 수교일: 1974.05.15
· 국제 연합 가맹일: 1955.12.14

4:5

- **위치**: 서남아시아의 인도 및 중국(티베트)와 접경
- **수도**: 카트만두(Kathmandu, 99만 명)
- **면적**: 14.7만㎢(한반도의 2/3)
- **기후**: 우기와 건기로 구분되는 아열대 몬순 기후
- **인구**: 2,779만 명
- **민족**: 아리안족 80%, 티베트, 몽골족 17%
- **언어**: 네팔어(공통어) 외 10여 개 소수 부족어
- **종교**: 힌두교(국교), 불교, 이슬람교
- **통화**: 네팔 루피(Nepal Rupees)
- **1인당 GDP**: $694
- **정부 형태**: 연방 민주 공화제
- **주요 수출품**: 카펫, 의류, 홍차, 공업 제품, 채소

나라꽃: 붉은만병초
과명: 진달래과
학명: *Rhododendron arboreum*
영명: Lali Guras
꽃말: 사랑의 즐거움

아시아

🌐 **국기** 두 개의 삼각형을 겹쳐 놓은 형태로, 빨간색 바탕에 흰색 초승달과 태양이 그려져 있다. 파란색 테두리는 히말라야의 높은 하늘과 세계, 빨간색은 전쟁의 승리와 행운, 달은 왕실과 평화, 태양은 재상 일가와 힘을 나타내며, 달과 태양은 이 나라가 힌두교 국가임을 뜻한다.

🌐 **국가** 히말라야 산맥에 위치하며, 1769년 구르카 왕조가 통일 왕국을 건설하였다. 2007년 왕정이 종식되고, 2008년 공화국으로 바뀌었다. 짐꾼 '셰르파'와 석가 탄생지 '룸비니'로 알려진 산악 국가로, 히말라야 등반 기지로 유명하다.

노르웨이 | 노르웨이 왕국
The Kingdom of Norway

· 공식적 국기 채택일: 1898.12.10
· 한국과 국교 수교일: 1959.03.02
· 국제 연합 가맹일: 1945.11.27

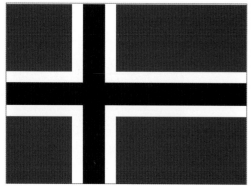

11:8

● **국기** 빨간색 바탕의 흰색 스칸디나비아 십자가 안에 파란색 스칸디나비아 십자가가 그려져 있다. 독립 후 정식 국기로 정해졌으며, 빨간색·흰색·파란색은 자유를 상징한다.

● **국가** 14세기 말부터 1814년까지 덴마크의 지배를 받아 오다 1814년 이후부터 스웨덴에 흡수되었다가 1905년 분리, 독립하였다. 바이킹의 후손, 세계적 해운국으로 아문센, 난센 등의 탐험가를 배출하였다. 스웨덴과 함께 세계에서 사회 보장 제도가 앞선 나라이다. 세계에서 가장 큰 어획량을 가진 나라 중 하나로 연어, 청어가 많이 잡힌다.

· **위치:** 북유럽 스칸디나비아 반도 북서부
· **수도:** 오슬로(Oslo, 58만 명)
· **면적:** 324,000㎢(한반도의 1.7배)
· **기후:** 남·서해안은 온화, 내륙은 한랭
· **인구:** 504만 명
· **민족:** 북게르만족, 랩족
· **언어:** 노르웨이어, 덴마크어
· **종교:** 루터교 94%
· **통화:** 노르웨이 크로네(Norwegian Krone)
· **1인당 GDP:** $100,818
· **정부 형태:** 입헌 군주제
· **주요 수출품:** 원유, 가스, 석유 제품, 알루미늄, 수산물

· 제6회 동계 올림픽 개최지 오슬로(1952) · 제17회 동계 올림픽 개최지 릴레함메르(1994)

나라꽃: 칼루나 불가리스
과명: 진달래과
학명: *Calluna vulgaris*
영명: Purple Heather
꽃말: 보호성

유럽

뉴질랜드 | New Zealand

· 공식적 국기 채택일: 1902.06.12
· 한국과 국교 수교일: 1962.03.26
· 국제 연합 가맹일: 1945.10.24

2:1

● **국기** 진한 파란색 바탕의 왼쪽 위에 있는 유니언 잭은 영국 연방의 일원임을 나타낸다. 흰색 테두리의 빨간색 별 4개는 남십자성이며, 파란색은 남태평양을 나타내고, 별들의 위치는 남태평양에서의 뉴질랜드의 위치를 나타낸다. 영국의 상선에 게양하는 기를 기본으로 제정하였다.

● **국가** 1840년 영국 직할 식민지가 된 후 1907년 자치령을 얻어 독립하였다. 1893년에 세계 최초로 여성이 정치에 참여할 권리를 인정한 나라이다. 우수한 복지 국가로, 농·목축업이 발달한 선진국이다.

· **위치:** 남서 태평양
· **수도:** 웰링턴(Wellington, 20만 명)
· **면적:** 27만㎢(한반도의 1.2배)
· **기후:** 해양성 기후
· **인구:** 450만 명
· **민족:** 유럽계 72%, 마오리족 14%, 기타 18%
· **언어:** 영어, 마오리어
· **종교:** 기독교(성공회, 장로교, 가톨릭)
· **통화:** 뉴질랜드 달러(New Zealand Dollar)
· **1인당 GDP:** $41,555
· **정부 형태:** 입헌 군주제(의원 내각제)
· **주요 수출품:** 목재, 낙농 제품, 육류, 채소, 수산물

나라꽃: 코와이
과명: 콩과
학명: *Sophora tetraptera* var. *grandiflora*
영명: Kowhai
꽃말: 영원, 견고한, 영구한

오세아니아

니제르 니제르 공화국 Republic of Niger

· 공식적 국기 채택일: 1959.11.23
· 한국과 국교 수교일: 1961.07.27
· 국제 연합 가맹일: 1960.09.20

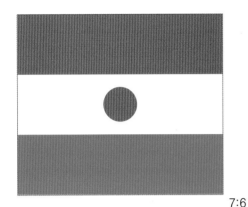

7:6

니제르 강가의 소 무리

- **위치**: 서아프리카 내륙 나이지리아 북동 접경
- **수도**: 니아메(Niamey, 77만 명)
- **면적**: 1,267,000 ㎢(한반도의 6배)
- **기후**: 고온 건조한 열대 기후
- **인구**: 1,783만 명
- **민족**: 하우사족 56%, 풀라니족 등 8개 부족
- **언어**: 프랑스어(공용어)
- **종교**: 이슬람교, 토착 종교
- **통화**: 세파 프랑(CFA Franc)
- **1인당 GDP**: $415
- **정부 형태**: 공화제(대통령 중심제)
- **주요 수출품**: 금, 축산물, 우라늄, 콩

🌐 **국기** 주황색 · 흰색 · 초록색이 가로로 배열된 3색기로, 중앙에 주황색 원이 있다. 주황색은 독립 혁명 및 사하라 사막, 흰색은 평화 · 순결 · 희망 및 사바나 지역, 초록색은 발전과 번영 및 남쪽 · 서쪽의 푸른 초원과 그것을 유지하게 해 주는 니제르 강을 의미하며, 주황색 원은 국민의 권리 수호를 위한 결의를 상징하는 태양이다.

🌐 **국가** 1960년 프랑스령 서아프리카로부터 독립하였다. 국토의 70%가 사하라 사막이고, 남부는 사바나 지대로 목축업이 주요 산업이다. 철광석, 텅스텐 등이 나며, 세계적인 우라늄 생산국이다.

아프리카

니카라과 니카라과 공화국 Republic of Nicaragua

· 공식적 국기 채택일: 1908.09.04
· 한국과 국교 수교일: 1962.01.26
· 국제 연합 가맹일: 1945.10.24

5:3

나라꽃: 플루메리아
과명: 협죽도과
학명: *Plumeria alba*
영명: May Flower
꽃말: 희생, 존경

- **위치**: 중앙아메리카 중부, 온두라스 남부 접경
- **수도**: 마나과(Managua, 140만 명)
- **면적**: 130,000 ㎢(한반도의 3/5)
- **기후**: 사바나 기후, 널리 열대 우림 분포, 습도 85%
- **인구**: 608만 명
- **민족**: 메스티소 69%, 백인 17%, 흑인 9%, 인디오 5%
- **언어**: 에스파냐어, 수모미스키토어, 영어
- **종교**: 가톨릭 94%, 개신교 3%
- **통화**: 코르도바(Cordoba)
- **1인당 GDP**: $1,851
- **정부 형태**: 공화제(대통령 중심제)
- **주요 수출품**: 금, 커피, 육류, 설탕

🌐 **국기** 파란색 · 흰색 · 파란색이 가로로 배열되고, 중앙의 흰색 바탕에 국장이 있다. 흰색은 국토, 정의와 조국의 순수성, 파란색은 이 나라가 2개의 대양에 둘러싸인 것을 나타낸다. 국장에는 연방 5개국을 나타내는 5개의 화산과 '자유의 모자', 바다, 햇살, 무지개 등이 정삼각형 안에 있고, '중앙아메리카 니카라과 공화국'이라는 문자로 둘러싸여 있다. 삼각형은 평등을 상징한다.

🌐 **국가** 에스파냐의 지배를 받다가 1838년 독립하여 공화국이 되었다. 1909년 이후 미국에 점령당하고 내전이 계속되다 1990년 끝이 났다. 농업 국가로 커피, 면화 등을 재배하며, 목축업이 성하다.

북아메리카

대한민국 | Republic of Korea

· 공식적 국기 채택일: 1950.01.25
· 국제 연합 가맹일: 1991.09.17

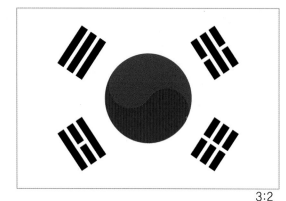

3:2

· 위치: 동북아시아 한반도 남쪽
· 수도: 서울(Seoul, 1,038만 명)
· 면적: 100,148㎢
· 기후: 온대성 기후, 사계절 뚜렷
· 인구: 4,926만 명
· 민족: 한민족
· 언어: 한국어
· 종교: 기독교, 불교, 유교, 가톨릭 등
· 통화: 원(Won)
· 1인당 GDP: $25,977
· 정부 형태: 공화제(대통령 중심제)
· 주요 수출품: 전자 제품, 자동차, 철강, 기계, 선박

나라꽃: 무궁화(근화)
과명: 아욱과
학명: *Hibiscus syriacus* L.
영명: Rose of Sharon
꽃말: 일편단심, 한 뜻, 섬세한 미

🔵 **국기** 흰색 바탕 가운데 태극 문양이 있고, 네 모서리에 건곤감리 4괘가 그려져 있다. 흰색 바탕은 백의민족의 순수성을, 태극 문양은 음(파란색)과 양(빨간색)의 조화를 상징하며, 우주 만물이 음양의 상호 작용에 의해 생성, 발전한다는 대자연의 진리를 형상화하였다. 건은 하늘, 곤은 땅, 감은 달과 물, 이는 해와 불을 상징한다.

🔵 **국가** 기원전 2333년 고조선이 세워진 이후 독자적인 문화를 키워 왔으며, 가공 무역을 바탕으로 빠른 경제 성장을 이루었다. 주요 산업은 조선, 전자, 반도체, 자동차, 정보 통신이다.

아시아

• 제24회 올림픽 개최지 서울(1988) • 제23회 동계 올림픽 개최지 평창(2018) • 제17회 월드컵 개최국(한-일 공동 개최, 2002)

덴마크 | 덴마크 왕국 Kingdom of Denmark

· 공식적 국기 채택일: 1625.10.02
· 한국과 국교 수교일: 1959.03.11
· 국제 연합 가맹일: 1945.10.24

37:28

· 위치: 유럽 북부, 북해 연안(유틀란트 반도)
· 수도: 코펜하겐(Copenhagen, 121만 명)
· 면적: 43,094㎢(한반도의 1/5)
· 기후: 온화한 기후, 냉량 습윤한 해양성 기후
· 인구: 561만 명
· 민족: 북게르만계 데인족 96%, 고트족
· 언어: 덴마크어
· 종교: 덴마크 루터복음교(국교) 95%, 이슬람교, 가톨릭
· 통화: 덴마크 크로네(Danish Krone)
· 1인당 GDP: $59,831
· 정부 형태: 입헌 군주제(내각 책임제)
· 주요 수출품: 원유, 수산품, 의약품

나라꽃: 붉은 토끼풀
과명: 콩과
학명: *Trifolium pratense*
영명: Red Clover
꽃말: 명랑한 마음, 행운, 평화

🔵 **국기** 빨간색 바탕에 흰색 스칸디나비아 십자가 그려져 있다. 1219년 에스토니아와의 전쟁에서 고전하고 있을 때 갑자기 하늘에서 빨간색 바탕에 흰색 십자가 그려진 깃발이 내려오면서 승리하였다는 전설에서 유래하며, '덴마크의 힘'이라는 뜻의 '단네브로'로 불린다. 현존하는 국기 중 가장 오래되었으며, 십자가는 기독교를 상징한다.

🔵 **국가** 10세기에 바이킹 왕국을 건설하였으며, 1849년 입헌 군주제가 되었다. 1979년부터 자치제를 실시하였으며, 사회 복지가 잘되어 있다. 낙농업과 철강, 화학, 기계 공업 등이 발달하였다.

유럽

도미니카 | Commonwealth of Dominica

· 공식적 국기 채택일: 1978.11.03(독립일)
· 한국과 국교 수교일: 1978.11.03
· 국제 연합 가맹일: 1978.12.18

2:1

🌐 **국기** 초록색 바탕에 노란색 · 검은색 · 흰색의 3색 십자가가 그려져 있고, 노란 테두리의 초록색 별 10개와 앵무가 그려진 빨간색 원이 있다. 초록색은 국토, 검은색은 흑인, 흰색은 맑은 냇물과 국민의 순수성, 노란색은 카리브 인디언 및 농산물과 태양을 상징한다. 3색의 십자는 삼위일체의 신앙, 빨간색 원은 사회주의, 10개의 별은 행정 구역을 뜻한다. 중앙의 새는 국조이다.

🌐 **국가** 도미니카는 라틴어로 '일요일'을 뜻하는데, 1493년 콜럼버스가 이 지역을 발견한 날이 일요일이었기 때문에 붙여진 이름이다. 1805년부터 영국의 식민지였다가 1978년 독립하였다. 바나나, 코코넛 생산이 많고 목재, 수력이 주요 자원이다.

- **위치:** 동부 카리브 해
- **수도:** 로조(Roseau, 14,000명)
- **면적:** 751㎢(한반도의 1/294)
- **기후:** 열대성 몬순 해양 기후(연평균 27℃)
- **인구:** 7만 2천 명
- **민족:** 흑인 87%, 카리브계 인디언, 인도계 및 백인계
- **언어:** 영어(공용어), 프랑스어 방언
- **종교:** 가톨릭 61.4%, 개신교 등
- **통화:** 동 카리브 달러(East Caribbean Dollar)
- **1인당 GDP:** $7,175
- **정부 형태:** 공화제(의원 내각제)
- **주요 수출품:** 바나나, 비누, 과일류, 연료

나라꽃: 카리브 트리
과명: 콩과
학명: *Poitea carinalis*
영명: Caribwood
꽃말: ―

도미니카 공화국 | Dominican Republic

· 공식적 국기 채택일: 1844.02.27
· 한국과 국교 수교일: 1962.06.06
· 국제 연합 가맹일: 1945.10.24

8:5

🌐 **국기** 흰색 십자가를 중심으로 위에는 파란색과 빨간색, 아래는 빨간색과 파란색이 그려져 있으며, 중앙에 국장이 있다. 파란색은 신과 평화, 빨간색은 조국을 위해 흘린 피와 불, 흰색은 자유와 희생, 흰색 십자는 순결을 나타낸다. 국장은 성경, 금색 십자가, 2개의 창, 4개의 깃발이 방패 모양을 이루며 올리브 가지와 야자수로 장식되어 있다. 위쪽 리본에는 '신 · 조국 · 자유', 아래쪽 리본에는 '도미니카 공화국'이라는 국호가 씌어 있다.

🌐 **국가** 에스파냐 식민지였으며, 1844년 아이티로부터 독립하였으나 또다시 에스파냐의 지배를 받았다. 관광, 제당, 섬유가 주요 산업이다.

- **위치:** 중앙아메리카, 카리브 해상 북부, 아이티 접경
- **수도:** 산토도밍고(Santo Domingo, 213만 명)
- **면적:** 48,192㎢(한반도의 1/4)
- **기후:** 북동 무역풍대 열대 해양성 기후
- **인구:** 1,040만 명
- **민족:** 물라토 73%, 백인 16%, 흑인 11%
- **언어:** 에스파냐어(공용어)
- **종교:** 가톨릭 95%
- **통화:** 도미니카 페소(Dominican Peso)
- **1인당 GDP:** $5,879
- **정부 형태:** 공화제(대통령 중심제)
- **주요 수출품:** 설탕, 커피, 전기 부품, 페로니켈

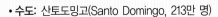

나라꽃: 마호가니
과명: 단향과
학명: *Swietenia mahogani*
영명: Mahogany
꽃말: 고결, 순수, 합심

북아메리카

독일 | 독일 연방 공화국
The Federal Republic of Germany

· 공식적 국기 채택일: 1949.05.23
· 한국과 국교 수교일: 1883.11.26
· 국제 연합 가맹일: 1973.09.18

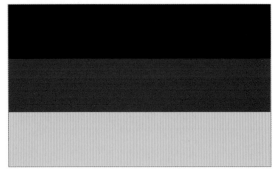

5:3

- **위치**: 유럽 중부, 덴마크 남부 폴란드 서부 접경
- **수도**: 베를린(Berlin, 340만 명)
- **면적**: 357,137㎢(한반도의 1.6배)
- **기후**: 동부 대륙성 기후, 서부 온화·다습
- **인구**: 8,272만 명
- **민족**: 게르만족 91.5%, 터키계, 이탈리아계, 기타
- **언어**: 독일어
- **종교**: 개신교 30.8%, 가톨릭 31.5%, 이슬람교, 기타
- **통화**: 유로(Euro)
- **1인당 GDP**: $46,268
- **정부 형태**: 연방 공화제(내각 책임제)
- **주요 수출품**: 자동차, 기계, 전자 기기

나라꽃: 수레국화
과명: 국화과
학명: *Centaurea cyanus*
영명: Cornflower
꽃말: 행복, 황제의 꽃, 유쾌

● **국기** 검은색 · 빨간색 · 노란색이 가로로 배열된 3색기이다. 19세기 독일을 통일한 프로이센 왕국의 군복, 견장, 금빛 단추색에서 유래한 배색으로, 검은색은 근면과 힘, 빨간색은 열정의 피, 노란색은 금으로 명예를 표시한다.

● **국가** 라인 강 유역 루루 공업 지대가 형성되어 2차 세계 대전 후 라인 강의 기적을 이룬 경제 대국으로, 1990년 10월 3일 베를린 장벽을 허물고 동독과 서독이 통일되었다. 철광석 등 천연자원이 많고 보리, 밀, 사탕무 등이 나며, 철강, 시멘트, 기계, 화학, 자동차 산업이 발전한 국가이다.

유럽

• 제11회 올림픽 개최지 베를린(1936) • 제20회 올림픽 개최지 뮌헨(1972) • 제4회 동계 올림픽 개최지 가르미슈파르텐키르헨(1936) • 제10회 월드컵 개최국(당시 서독, 1974) • 제18회 월드컵 개최국(2006)

동티모르 | 동티모르 민주 공화국
Democratic Republic of Timor-Leste

· 공식적 국기 채택일: 2002.05.20
· 한국과 국교 수교일: 2002.05.20
· 국제 연합 가맹일: 2002.09.27

2:1

- **위치**: 남중국해와 인도양 사이, 티모르 섬 동부
- **수도**: 딜리(Dili, 20만 명)
- **면적**: 14,919㎢(한국의 강원도 크기)
- **기후**: 몬순 기후(연평균 27℃~30℃)
- **인구**: 113만 명
- **민족**: 말레이족, 파푸안족, 테툼족 등 30여 개 부족
- **언어**: 포르투갈어, 테툼어
- **종교**: 가톨릭 80.3%, 개신교 18%, 이슬람교 0.3% 등
- **통화**: 미국 달러(US Dollar)
- **1인당 GDP**: $1,105
- **정부 형태**: 공화제(의원 내각제)
- **주요 수출품**: 커피

동티모르 딜리의 크리스토 레이 동상

● **국기** 빨간색 바탕에 깃대 쪽으로 노란색 테두리를 두른 검은색 삼각형이 있으며, 검은색 삼각형 안에는 흰색 별이 그려져 있다. 빨간색은 독립을 위한 투쟁, 노란색은 동티모르 역사의 식민지 통치의 흔적, 검은색은 극복해야 할 장애, 별은 어둠 속의 빛, 흰색은 평화를 상징한다.

● **국가** 16세기 포르투갈 식민지였으며, 1975년 인도네시아가 병합, 통치하였다. 오랜 독립 항쟁 끝에 1999년 유엔 감시 아래 실시된 국민 투표에 따라 21세기 첫 독립 국가가 되었다. 국민의 대부분이 농사를 지으며, 주요 농산물로 커피, 쌀, 옥수수가 있다.

아시아

라오스 | 라오 인민 민주 공화국
Lao People's Democratic Republic

· 공식적 국기 채택일: 1975.12.02
· 한국과 국교 수교일: 1995.10.25
· 국제 연합 가맹일: 1955.12.14

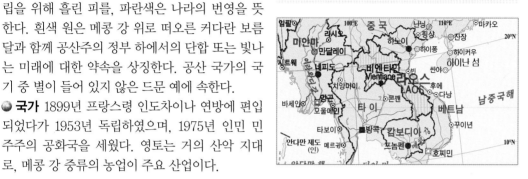

3:2

- **위치**: 동남아시아, 인도차이나 반도 중앙 내륙
- **수도**: 비엔티안(Vientiane, 75만 명)
- **면적**: 236,800㎢(한반도의 1.1배)
- **기후**: 고온 다습한 열대 몬순 기후
- **인구**: 677만 명
- **민족**: 라오룸족 50%, 라오퉁족 30%, 라오숭족 등
- **언어**: 라오스어(공용어), 프랑스어
- **종교**: 남방 불교 95%, 개신교, 가톨릭
- **통화**: 킵(Kip)
- **1인당 GDP**: $1,660
- **정부 형태**: 인민 민주 공화제(일당 독재)
- **주요 수출품**: 전력, 광물, 의류, 농산품

나라꽃: 플루메리아(참파)
과명: 협죽도과
학명: *Plumeria rubra*
영명: Frangipani
꽃말: 희생, 존경, 축복받은 사람

● **국기** 빨간색 · 파란색 · 빨간색 가로 줄무늬 바탕 가운데에 흰색 원이 그려져 있다. 빨간색은 독립을 위해 흘린 피를, 파란색은 나라의 번영을 뜻한다. 흰색 원은 메콩 강 위로 떠오른 커다란 보름달과 함께 공산주의 정부 하에서의 단합 또는 빛나는 미래에 대한 약속을 상징한다. 공산 국가의 국기 중 별이 들어 있지 않은 드문 예에 속한다.
● **국가** 1899년 프랑스령 인도차이나 연방에 편입되었다가 1953년 독립하였으며, 1975년 인민 민주주의 공화국을 세웠다. 영토는 거의 산악 지대로, 메콩 강 중류의 농업이 주요 산업이다.

아시아

라이베리아 | 라이베리아 공화국
Republic of Liberia

· 공식적 국기 채택일: 1847.08.24
· 한국과 국교 수교일: 1964.03.18
· 국제 연합 가맹일: 1945.11.02

19:10

- **위치**: 아프리카 대륙 서부, 기니 남쪽 접경
- **수도**: 몬로비아(Monrovia, 88만 명)
- **면적**: 111,369㎢(한반도의 1/2)
- **기후**: 열대 우림 기후, 연중 고온 다습
- **인구**: 429만 명
- **민족**: 크펠레족, 바사족 등 16개 부족
- **언어**: 영어(공용어), 16개 토착어
- **종교**: 기독교 85.6%, 이슬람교 12.2%
- **통화**: 라이베리아 달러(Liberian Dollar)
- **1인당 GDP**: $454
- **정부 형태**: 공화제(대통령 중심제)
- **주요 수출품**: 철광석, 금, 천연 고무, 목재

나라꽃: 후추나무
과명: 후추과
학명: *Piper nigrum*
영명: Black Pepper
꽃말: 끈기, 지성

● **국기** 빨간색 · 흰색 순으로 11개의 가로 줄무늬가 바탕을 이루고, 왼쪽 위에는 파란색 바탕에 5각의 흰 별이 그려져 있다. 미국의 성조기를 본떠 만들었다. 11개의 가로줄은 독립 선언서와 헌법에 서명한 11명의 사람을 나타내고, 파란색은 아프리카 대륙과 성실과 충성을, 빨간색은 용기를, 흰색은 순수를, 1개의 별은 독립 당시에 이 나라가 아프리카에서 유일한 흑인 독립 국가였음을 나타낸다.
● **국가** 1822년 미국에서 해방된 노예들의 정착을 위해 설립한 국가로, '라이베리아'는 자유의 땅을 의미한다. 농업이 주요 산업이며, 주요 자원으로는 고무, 철광석, 목재, 커피, 코코아 등이 있다.

아프리카

라트비아 라트비아 공화국
Republic of Latvia

· 공식적 국기 채택일: 1990.02.27
· 한국과 국교 수교일: 1991.10.22
· 국제 연합 가맹일: 1991.09.17

2:1

🌐 **국기** 위아래 진한 갈색 가로 줄무늬가 있고 가운데에 흰색 가로줄이 그려져 있다. 흰색은 자유로운 시민의 권리와 명예 또는 진실·정의·자유를, 진한 갈색은 전투에서 흘린 국민의 피와 국가 수호에 대한 단호한 결의를 상징한다.

🌐 **국가** 폴란드, 스웨덴, 제정 러시아의 지배를 거쳐 1920년 독립하였으나, 다시 소련의 지배를 받다 소련의 해체로 1991년 독립하였다. 발트 3국(에스토니아·라트비아·리투아니아) 중 하나로, 공업과 축산업이 발달하고 이탄, 백운석, 석고, 목재 등이 주요 자원이다.

- **위치:** 유럽 북동부 발트 해 연안
- **수도:** 리가(Riga, 74만 명)
- **면적:** 64,562㎢(한반도의 1/4)
- **기후:** 해양성 기후, 습윤한 대륙성 기후
- **인구:** 205만 명
- **민족:** 라트비아인 60%, 러시아인 27%, 벨라루스인 등
- **언어:** 라트비아어(공용어), 러시아어
- **종교:** 루터교, 가톨릭, 러시아 정교 등
- **통화:** 유로(Euro)
- **1인당 GDP:** $15,375
- **정부 형태:** 공화제(내각 책임제)
- **주요 수출품:** 석유, 석유 제품, 목재, 철, 섬유

나라꽃: 옥스아이데이지
과명: 국화과
학명: *Leucanthemum vulgare*
영명: Ox-eye Daisy
꽃말: 희망, 평화

유럽

러시아 러시아 연방
Russian Federation

· 공식적 국기 채택일: 2000.12.25
· 한국과 국교 수교일: 1990.09.30
· 국제 연합 가맹일: 1945.10.24

3:2

🌐 **국기** 흰색·파란색·빨간색이 가로로 배열된 3색기이다. 흰색은 진실·자유·독립, 파란색은 정직·충성, 빨간색은 용기·사랑·자기 희생을 나타낸다. 1705년 표트르 대제가 네덜란드 국기를 참작하여 만든 국기로, 1917년 러시아 혁명 후 폐지되었다가 1991년 소련 붕괴 후 부활되었다.

🌐 **국가** 세계에서 가장 영토 면적이 넓은 국가로, 1991년 12월 소비에트 연방이 해체되면서 러시아를 중심으로 소련을 구성했던 다른 공화국들과 연합하여 독립 국가 연합을 구성하였다. 석탄, 석유, 천연가스 생산량과 매장량은 세계 수준이다.

- **위치:** 북유라시아
- **수도:** 모스크바(Moskva, 1,151만 명)
- **면적:** 1,709만㎢(세계 최대 면적의 나라)
- **기후:** 대륙성 기후
- **인구:** 1억 4,283만 명
- **민족:** 러시아인 80%, 우크라이나인, 타타르인, 기타
- **언어:** 러시아어
- **종교:** 러시아 정교
- **통화:** 루블(Rouble)
- **1인당 GDP:** $14,611
- **정부 형태:** 공화국 연방(대통령제)
- **주요 수출품:** 석유, 천연가스, 철강, 석유 제품

나라꽃: 해바라기
과명: 국화과
학명: *Helianthus annuus* L.
영명: Sunflower
꽃말: 동경, 믿음, 의지

유럽

· 제22회 올림픽 개최지 모스크바(1980)   · 제22회 동계 올림픽 개최지 소치(2014)   · 제21회 월드컵 개최국(2018)

레바논 | 레바논 공화국
Republic of Lebanon

· 공식적 국기 채택일: 1943.12.07
· 한국과 국교 수교일: 1981.02.12
· 국제 연합 가맹일: 1945.10.24

3:2

- **위치**: 중동 지역 시리아, 이스라엘 접경
- **수도**: 베이루트(Beirut)
- **면적**: 10,452㎢(경기도와 비슷)
- **기후**: 해양성, 열대 사막성 고온 기후
- **인구**: 482만 명
- **민족**: 아랍인 95%, 아르메니안 4%, 기타 1%
- **언어**: 아랍어(공용어), 프랑스어, 영어
- **종교**: 이슬람교 65%, 기독교 34%, 기타 1%
- **통화**: 레바논 파운드(Lebanese Pound)
- **1인당 GDP**: $9,928
- **정부 형태**: 공화제(대통령 중심제)
- **주요 수출품**: 보석 · 귀금속, 기계, 피혁, 비금속 광물

🌐 **국기** 빨간색 · 흰색 · 빨간색 가로 줄무늬 바탕 가운데에 초록색으로 삼나무가 그려져 있다. 빨간색은 외세로부터 국가를 지킨 순교자의 희생과 용기를, 흰색은 평화와 순수 또는 눈으로 덮인 산들을, 삼나무는 국가의 상징으로 힘과 신성, 평화와 고결함, 나라의 불멸성을 상징한다.

🌐 **국가** 1943년 프랑스로부터 독립하였으며, 고대에는 항해 민족 페니키아인의 거점이었다. 다종교 국가로서 이슬람교의 시아파와 수니파 그리고 기독교 간의 종교 대립이 심하다. 주요 산물은 포도, 사과, 열대성 과일, 채소류 등의 농산물이다.

나라꽃: 레바논삼나무
과명: 소나무과
학명: *Cedrus libani*
영명: Cedar of Lebanon
꽃말: 인내, 장엄

아시아

레소토 | 레소토 왕국
Kingdom of Lesotho

· 공식적 국기 채택일: 2006.10.04
· 한국과 국교 수교일: 1966.12.07
· 국제 연합 가맹일: 1966.10.17

3:2

- **위치**: 아프리카 대륙 남단, 남아공 중동부 내륙국
- **수도**: 마세루(Maseru, 24만 명)
- **면적**: 30,355㎢(한반도의 1/7)
- **기후**: 온화한 아열대성 기후
- **인구**: 207만 명
- **민족**: 소토족 99.7%, 기타
- **언어**: 세소토어, 영어(공용어)
- **종교**: 기독교 80%, 토착 신앙 20%
- **통화**: 로티(Loti)
- **1인당 GDP**: $1,125
- **정부 형태**: 입헌 군주제(내각 책임제)
- **주요 수출품**: 의류, 신발, 식료품, 다이아몬드

🌐 **국기** 파란색 · 흰색 · 초록색이 가로로 배열된 삼색기로, 흰색 바탕 중앙에 검은색 레소토 모자가 그려져 있다. 파란색은 비 · 물 · 하늘을, 흰색은 평화와 깨끗함을, 초록색은 국토와 풍요로움을 상징한다. 레소토 모자는 전통 문화와 민족을, 검은색은 레소토의 과거를 의미한다.

🌐 **국가** 1868년 영국의 보호령이 되었다가 남아프리카 공화국의 병합 요구를 거부하고 1966년 독립하였다. 영토 대부분이 해발 1,600m 이상의 고원으로 이루어져 있으며, 주요 자원은 섬유, 식료품, 가축 등이다.

나라꽃: 알로에 폴리필라
과명: 크산토로에아과
학명: *Aloe polyphylla*
영명: Spiral Aloe
꽃말: ―

아프리카

루마니아 | Romania

· 공식적 국기 채택일: 1989.12.27
· 한국과 국교 수교일: 1990.03.30
· 국제 연합 가맹일: 1955.12.14

3:2

● **국기** 파란색 · 노란색 · 빨간색이 세로로 배열된 3색기이다. 파란색은 하늘과 자유, 빨간색은 국가를 위해 희생한 애국자들의 피, 노란색은 풍요를 상징한다. 3색은 예로부터 이 나라의 전통적인 깃발 색으로 이용되어 왔다.

● **국가** 1879년 오스만 제국으로부터 독립하여 왕국과 인민 공화국을 거쳐 1965년 사회주의 공화국이 되었으나, 1989년 민주 혁명이 일어나 공산 정권이 붕괴되고 국명이 루마니아로 바뀌었다. 사회 보장 제도가 잘되어 있고 천연자원이 풍부하다. 밀, 옥수수, 특히 포도 생산은 세계적이다.

- **위치:** 유럽 발칸 반도 동북부
- **수도:** 부쿠레슈티(Bucuresti, 193만 명)
- **면적:** 237,500㎢(한반도의 1.1배)
- **기후:** 대륙성 기후, 사계절이 뚜렷함.
- **인구:** 2,169만 명
- **민족:** 루마니아인 90.6%, 헝가리인 6.7%, 집시 1.3%
- **언어:** 루마니아어(공용어), 헝가리어, 독일어
- **종교:** 루마니아 정교 85.9%, 가톨릭, 개신교
- **통화:** 뉴 레우(New Leu)
- **1인당 GDP:** $9,499
- **정부 형태:** 공화제(대통령 중심제)
- **주요 수출품:** 자동차, 담배, 기계류, 농산물

나라꽃: 개장미
과명: 장미과
학명: *Rosa canina*
영명: Dog Rose
꽃말: 순수, 존경, 행복한 사랑

유럽

룩셈부르크 | 룩셈부르크 대공국 Grand Duchy of Luxembourg

· 공식적 국기 채택일: 1972.06.23
· 한국과 국교 수교일: 1962.03.16
· 국제 연합 가맹일: 1945.10.24

5:3

● **국기** 빨간색 · 흰색 · 파란색이 가로로 배열된 3색기이다. 세 가지 색은 룩셈부르크 왕가의 전통적 문장에 들어 있는 색에서 유래하며, 18세기경부터 사용되었다. 네덜란드 국기와 매우 비슷하여, 배나 항공기에 게양할 때는 예전의 문장기를 사용하고 있다.

● **국가** 베네룩스 3국의 하나로, 14세기 말 공국이 되었다. 1815년 네덜란드와 합병되었다가, 1890년 분리, 독립되고 두 차례의 세계 대전에서 독일에 점령되었다. 경제적으로 매우 윤택한 나라이며, 금융이 발달되어 세계적인 국제 금융 센터로 이름이 나 있고, 철강업의 비중이 높다.

- **위치:** 유럽 서부, 프랑스 · 독일과 벨기에 사이
- **수도:** 룩셈부르크(Luxembourg)
- **면적:** 2,586㎢(제주도의 2배)
- **기후:** 온대 · 대륙성 기후
- **인구:** 53만 명
- **민족:** 룩셈부르크인, 프랑스인, 독일인 등
- **언어:** 룩셈부르크어, 프랑스어, 독일어
- **종교:** 가톨릭 87%, 기타 13%
- **통화:** 유로(Euro)
- **1인당 GDP:** $110,697
- **정부 형태:** 입헌 군주제
- **주요 수출품:** 금속, 광물, 기계류, 화학 제품

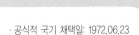

나라꽃: 장미
과명: 장미과
학명: *Rosa hybrida* Hort.
영명: Rose
꽃말: 아름다움, 사랑, 애정, 정절, 순결

유럽

르완다 | 르완다 공화국
Republic of Rwanda

· 공식적 국기 채택일: 2001.10.25
· 한국과 국교 수교일: 1963.03.21
· 국제 연합 가맹일: 1962.09.18

3:2

- **위치**: 아프리카 중동부, 적도 이남 내륙
- **수도**: 키갈리(Kigali, 75만 명)
- **면적**: 26,388㎢(한반도의 1/10)
- **기후**: 열대성 기후
- **인구**: 1,177만 명
- **민족**: 후투족 85%, 투치족 14%, 트와족 1%
- **언어**: 프랑스어, 킨야르완다어, 영어
- **종교**: 가톨릭 65%, 기독교 9%, 이슬람교, 토착 종교
- **통화**: 르완다 프랑(Rwanda Franc)
- **1인당 GDP**: $638
- **정부 형태**: 공화제(대통령 중심제)
- **주요 수출품**: 커피, 차, 은, 피혁, 주석

나라꽃: 장미
과명: 장미과
학명: *Rosa* spp.
영명: Rose
꽃말: 사랑, 아름다움, 열렬한 사랑

🌐 **국기** 파란색·노란색·초록색이 가로로 배열되어 있고, 파란색 오른쪽에 24개의 햇살을 지닌 노란색 태양이 그려져 있다. 2001년 새로 제정된 국기로, 파란색은 사랑과 평화, 노란색은 경제 발전, 초록색은 번영과 희망, 태양과 햇살은 국민의 계몽을 상징한다.

🌐 **국가** 19세기 말 독일의 지배를 받다가, 1919년 벨기에의 위임 통치와 신탁 통치를 거쳐 1962년 독립하였다. 이후 1990년 내전으로 1994년 새로운 정권이 들어섰다. 주요 산업은 농목업이며, 주석, 텅스텐이 나고 커피, 차 등의 재배가 성하다.

아프리카

리비아 | 리비아국
State of Libya

· 공식적 국기 채택일: 2011.02.27
· 한국과 국교 수교일: 1980.12.29
· 국제 연합 가맹일: 1955.12.14

2:1

- **위치**: 북아프리카 중앙 지중해 연안
- **수도**: 트리폴리(Tripoli, 170만 명)
- **면적**: 1,759,540㎢(한반도의 8배)
- **기후**: 사막 기후(남부), 지중해성 기후(북부)
- **인구**: 620만 명
- **민족**: 아랍인, 베르베르인, 투아레그족
- **언어**: 아랍어
- **종교**: 이슬람교(국교, 수니파 97%)
- **통화**: 리비아 디나르(Libyan Dinar)
- **1인당 GDP**: $11,964
- **정부 형태**: 임시 정부(온건 이슬람주의 표방), 헌법 제정 및 정치 체제 확정 예정
- **주요 수출품**: 석유, 석유 제품

나라꽃: 석류나무꽃
과명: 부처꽃과
학명: *Punica granatum*
영명: Pomegranate blossom
꽃말: 원숙한 아름다움

🌐 **국기** 빨간색·검은색·초록색이 가로로 배열된 3색기로, 검은색 바탕 중앙에 흰색 초승달과 별이 그려져 있다. 빨간색은 이탈리아 통치하에 죽은 리비아 사람들의 피를, 검은 바탕의 흰색 초승달과 별은 옛 킨레나이카의 에미리트 국기에서 따온 것으로 이슬람교를 상징하며, 초록색은 독립·자유와 리비아의 새로운 시작을 의미한다.

🌐 **국가** 1951년 이탈리아로부터 독립하였으며, 1969년 카다피 군사 쿠데타로 공화국이 되었다. 지중해 연안을 제외하고 대부분 사막 지대이다. 본래 농업국이었으나, 1959년에 대유전이 발견되어 세계적인 산유국이 되었다. 주요 자원으로 석유, 천연가스가 있다.

아프리카

리투아니아 리투아니아 공화국 Republic of Lithuania

공식적 국기 채택일: 1989.03.20
· 한국과 국교 수교일: 1991.10.14
· 국제 연합 가맹일: 1991.09.17

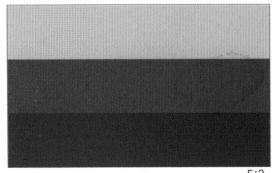

5:3

- **위치**: 러시아 북서부 발트 해 연안
- **수도**: 빌뉴스(Vilnius, 58만 명)
- **면적**: 65,300㎢(한반도의 1/3)
- **기후**: 해양성 및 대륙성 기후
- **인구**: 301만 명
- **민족**: 리투아니아인 84%, 러시아인, 폴란드인 등
- **언어**: 리투아니아어
- **종교**: 가톨릭 79%, 러시아 정교 4.1%, 개신교 1.6%
- **통화**: 유로(Euro)
- **1인당 GDP**: $15,537
- **정부 형태**: 공화제(대통령 중심제)
- **주요 수출품**: 석유 제품, 전기 기기, 기계류, 자동차

나라꽃: 운향
과명: 운향과
학명: Ruta graveolens L.
영명: Herb-of-grace
꽃말: 덕과 자비

🌐 **국기** 노란색 · 초록색 · 빨간색이 가로로 배열된 3색기이다. 노란색은 광명과 태양 또는 농업과 빈곤으로부터의 해방을, 초록색은 리투아니아의 산림 등 자연과 희망을, 빨간색은 활력과 애국자의 피 또는 대지의 빛깔을 상징한다.

🌐 **국가** 에스토니아, 라트비아와 함께 발트 3국에 속하며, 그중 영토가 가장 넓다. 1569년 폴란드와 연합 왕국이 되었으나, 18세기에 폴란드 분할로 러시아 지배를 받다 1990년 소련의 해체로 독립하였다. 강과 크고 작은 호수가 많다. 주요 산업으로는 정밀 기계 공업, 금속 가공, 낙농업 등이 있다.

유럽

리히텐슈타인 리히텐슈타인 공국 Principality of Liechtenstein

공식적 국기 채택일: 1937.06.24
· 한국과 국교 수교일: 1993.03.01
· 국제 연합 가맹일: 1990.09.18

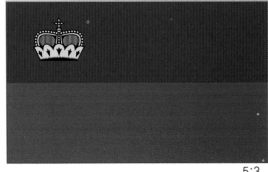

5:3

- **위치**: 유럽 중부, 스위스와 오스트리아 접경
- **수도**: 파두츠(Vaduz, 5천 명)
- **면적**: 160㎢(국경선 길이 76㎞)
- **기후**: 대륙성 기후
- **인구**: 3만 7천 명
- **민족**: 독일계 88%, 이탈리아계 및 기타 12%
- **언어**: 독일어(공용어)
- **종교**: 가톨릭 87%, 개신교 7.2%, 기타
- **통화**: 스위스 프랑(Swiss Franc)
- **1인당 GDP**: $158,977
- **정부 형태**: 입헌 군주제
- **주요 수출품**: 정밀 기계, 금속, 기계

나라꽃: 노란백합
과명: 백합과
학명: Lilium longiflorum
영명: Yellow Lily
꽃말: 유쾌

🌐 **국기** 파란색과 빨간색의 2색기로, 파란색 바탕 깃대 쪽에 금색 왕관이 그려져 있다. 파란색은 빛나는 하늘을, 빨간색은 불을, 금색은 국민과 국가와 왕실의 정신적인 단합을, 왕관은 통치자인 공작의 지위를 나타낸다.

🌐 **국가** 1719년 공국으로 성립한 뒤 독일과 오스트리아의 지배를 거쳐 1919년 독립하였다. 협소한 국토와 빈약한 자원, 적은 인구에도 불구하고 대외 개방 정책으로 경제적으로 부유한 나라이다. 주요 산업은 금속 가공업, 직물, 화학, 낙농, 우편, 제지업이다.

유럽

마다가스카르 | 마다가스카르 공화국
Republic of Madagascar

· 공식적 국기 채택일: 1958.10.14
· 한국과 국교 수교일: 1993.05.19
· 국제 연합 가맹일: 1960.09.20

3:2

- **위치:** 아프리카 남동쪽 인도양
- **수도:** 안타나나리보(Antananarivo)
- **면적:** 587,295 km²(한반도의 2.7배)
- **기후:** 열대성 기후, 고지대는 고산 기후
- **인구:** 2,292만 명
- **민족:** 메리나족, 베치미사라카족, 베칠레오족
- **언어:** 프랑스어, 말라가시어
- **종교:** 기독교 48%, 토착 신앙 47%
- **통화:** 말라가시 아리아리(Malagasy Ariary)
- **1인당 GDP:** $463
- **정부 형태:** 공화제(대통령 중심제)
- **주요 수출품:** 커피, 수산물, 향료, 섬유, 과일

나라꽃: 델로닉스레기아(봉황목)
과명: 콩과
학명: *Delonix regia*
영명: Flamboyant, Royal Poinciana
꽃말: ―

🌐 **국기** 흰색·빨간색·초록색이 배열된 3색기로 각각의 색깔은 자유, 애국, 진보를 상징한다. 빨간색과 흰색은 19세기에 이 지방을 지배하던 말레이계 메리나 왕국의 기에서 유래하고, 초록색은 주로 농업에 종사하던 동부 해안 주민들을 나타낸다.

🌐 **국가** 1960년 프랑스로부터 독립하였으며, 주민은 말레이계가 대부분으로 아시아계에 가깝다. 세계에서 4번째로 큰 섬으로, 지리적으로 희귀한 고유 동식물이 많은 나라이다. 주요 자원으로는 커피, 바닐라, 새우 등이 있다.

아프리카

마셜 제도 | 마셜 제도 공화국
Republic of the Marshall Islands

· 공식적 국기 채택일: 1979.05.01
· 한국과 국교 수교일: 1991.04.05
· 국제 연합 가맹일: 1991.09.17

19:10

- **위치:** 태평양 중서부 미크로네시아 동쪽
- **수도:** 마주로(Majuro)
- **면적:** 181 km²(30여 섬으로 구성)
- **기후:** 열대성 기후(연평균 기온 28℃)
- **인구:** 5만 3천 명
- **민족:** 미크로네시아인
- **언어:** 영어, 마셜어
- **종교:** 기독교
- **통화:** 미국 달러(US Dollar)
- **1인당 GDP:** $3,627
- **정부 형태:** 공화제
- **주요 수출품:** 수산물, 코코넛 기름

나라꽃(비공식): 플루메리아
과명: 협죽도과
학명: *Plumeria*
영명: Champa Flower
꽃말: 희생, 존경, 축복 받을 사람

🌐 **국기** 태평양을 나타내는 파란색 바탕에 깃대 위쪽으로 24개의 빛을 가진 흰색 별이 그려져 있다. 24개의 빛은 24개 행정 구역 수를, 4개의 긴 빛은 마셜 제도를 구성하는 4개의 큰 섬을 의미한다. 또 깃대 왼쪽 아래로부터 오른쪽 위로 뻗은 주황색과 흰색의 대각선은 적도, 일몰과 일출을 뜻한다. 주황색은 용기를, 흰색은 평화를 뜻하기도 한다.

🌐 **국가** 1668년 에스파냐령이 되었다가 독일·일본의 지배를 거쳐 1947년 미국 신탁 통치령이 되었다. 1982년 미국과 자유 연합 협정 체결로 독립하였다. 주요 산업은 수산업과 코코넛 재배이다.

오세아니아

마케도니아 | 마케도니아 공화국
Republic of Macedonia

· 공식적 국기 채택일: 1995.10.05
· 국제 연합 가맹일: 1993.04.08

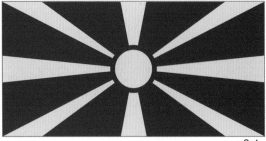

2:1

● **국기** 빨간색 바탕에 8줄기의 빛을 내는 태양이 있으며, 대각선 · 수평 · 수직으로 뻗은 빛은 가장자리로 갈수록 두꺼워지는 모습이다. 8줄기 빛의 금색 태양은 알렉산드로스 대왕의 아버지인 필리포스 2세의 황금관 문양에서 유래한다.

● **국가** 구 유고슬라비아 연방 내 공화국이었으나 1991년 독립하였다. 내륙국으로서 영토 대부분이 산악 지형이며 깊은 계곡과 분지, 호수가 많다. 농업이 주요 산업이며, 주요 자원으로 철광석, 구리, 납, 아연 등이 있다.

- **위치:** 유럽 동남부, 발칸 반도 북부
- **수도:** 스코페(Skopje, 50만 명)
- **면적:** 25,713㎢(한반도의 1/10)
- **기후:** 지중해성 기후, 대륙성 기후
- **인구:** 210만 명
- **민족:** 마케도니아인 64%, 알바니아인 21%, 터키인 등
- **언어:** 마케도니아어, 알바니아어
- **종교:** 마케도니아 정교 64.7%, 이슬람교 33.3%
- **통화:** 데나르(Denar)
- **1인당 GDP:** $4,838
- **정부 형태:** 의회 민주제(단원제)
- **주요 수출품:** 섬유 제품, 연료, 식품, 담배

나라꽃: 양귀비
과명: 양귀비과
학명: *Papaver somniferum*
영명: Opium Poppy
꽃말: 위로, 망각

유럽

말라위 | 말라위 공화국
Republic of Malawi

· 공식적 국기 채택일: 1964.07.06
· 한국과 국교 수교일: 1965.03.09
· 국제 연합 가맹일: 1964.12.01

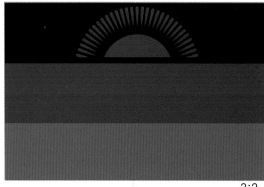

3:2

● **국기** 아프리카 고유의 색 검은색 · 빨간색 · 초록색이 배열된 3색기로, 검은색 바탕 중앙에 떠오르는 붉은 태양이 그려져 있다. 검은색은 아프리카인을, 빨간색은 자유를 위하여 흘린 피를, 초록색은 풍요로운 자연을 나타낸다. 떠오르는 태양은 아프리카의 희망과 자유의 여명을 상징한다.

● **국가** 1964년 영국으로부터 독립하였으며, 세계에서 열 번째로 큰 호수이자 아프리카에서 세 번째로 큰 호수인 말라위 호수가 있다. 세계적인 빈국에 속하며, 주요 산업은 농업이다. 주요 자원으로는 담배, 차, 면화 등이 있다.

- **위치:** 아프리카 남동부 모잠비크 접경
- **수도:** 릴롱궤(Lilongwe, 82만 명)
- **면적:** 118,484㎢(한반도의 1/2)
- **기후:** 아열대 기후(건기: 5~10월, 우기: 11월~4월)
- **인구:** 1,636만 명
- **민족:** 체와족, 야오족, 치포카족, 통가족, 톰부카족
- **언어:** 영어, 치체와어
- **종교:** 기독교 83%, 이슬람교 13%
- **통화:** 말라위 콰차(Malawian Kwacha)
- **1인당 GDP:** $266
- **정부 형태:** 공화제(대통령 중심제)
- **주요 수출품:** 담배, 차, 면화, 석면, 보크사이트, 흑연

나라꽃(비공식): 연꽃
과명: 수련과
학명: *Nelumbo nucifera* Gaeltner
영명: Lotus
꽃말: 순결, 청정

아프리카

말레이시아 | Malaysia

· 공식적 국기 채택일: 1963.09.16
· 한국과 국교 수교일: 1960.02.23
· 국제 연합 가맹일: 1957.09.17

- **위치**: 동남아시아, 말레이 반도 및 보루네오 섬
- **수도**: 쿠알라룸푸르(Kuala Lumpur, 160만 명)
- **면적**: 329,750㎢(한반도의 약 1.5배)
- **기후**: 고온 다습의 열대성, 연평균 27℃
- **인구**: 2,971만 명
- **민족**: 말레이계 60%, 중국계 25%, 인도계 8%, 기타
- **언어**: 말레이어, 중국어, 영어, 타밀어
- **종교**: 이슬람교 53%, 불교 17%, 유교(종교 자유국)
- **통화**: 말레이시아 링깃(Malaysia Ringgit)
- **1인당 GDP**: $10,538
- **정부 형태**: 입헌 군주제(의원 내각제)
- **주요 수출품**: 원유, 석유 제품, 화학 제품, 팜유

나라꽃: 붕가 라야(중국 히비스커스)
과명: 아욱과
학명: *Hibiscus rosa-sinensis*
영명: Chinese Hibiscus
꽃말: 당신을 믿습니다.

🌐 **국기** 왼쪽 위 파란색 직사각형 안에 노란색 달과 해가 그려져 있고 오른쪽에 14개의 빨간색과 흰색의 가로줄이 있다. 달과 별은 이슬람교를, 노란색은 왕실을, 별의 빛살과 줄무늬의 수는 연방을 이룬 14주를, 파란색 직사각형은 국민 간의 단합 또는 이 나라가 영국 연방에 속함을 나타낸다.

🌐 **국가** 말레이 반도와 보루네오 섬 북부로 이루어져 있다. 1948년 영국과의 협정에 따라 14개 주로 이루어진 연방 국가가 되었으나, 1965년 싱가포르가 분리, 독립하였다. 사라와크로 천연고무, 목재, 주석광, 야자유 등이 생산된다.

아시아

말리 | 말리 공화국
Republic of Mali

· 공식적 국기 채택일: 1961.03.01
· 한국과 국교 수교일: 1990.09.27
· 국제 연합 가맹일: 1960.09.28

말리 젠비 마을의 시장 상인들

- **위치**: 북서 아프리카 내륙, 세네갈 등 7개국과 접경
- **수도**: 바마코(Bamaco, 1,494천 명)
- **면적**: 1,240,192㎢(한반도의 5.6배)
- **기후**: 열대 기후(우기 6~9월, 건기 10~5월)
- **인구**: 1,530만 명
- **민족**: 밤바라, 펠, 카송케, 세누포
- **언어**: 프랑스어(공용어), 아랍어, 밤바라어
- **종교**: 이슬람교 90%, 토속 신앙 9%
- **통화**: 세파 프랑(CFA Franc)
- **1인당 GDP**: $715
- **정부 형태**: 공화제(대통령 중심제)
- **주요 수출품**: 면화, 금, 가축

🌐 **국기** 초록색 · 노란색 · 빨간색의 3색기로, 프랑스의 3색기에서 영향을 받았다. 초록색은 자연과 농업, 노란색은 순결과 풍부한 천연자원, 빨간색은 독립을 위하여 흘린 피와 용기를 나타낸다.

🌐 **국가** 1892년 프랑스 지배 유럽의 노예 무역 기지였으며, 1959년 세네갈과 말리 연방을 결성했으나, 1960년 세네갈의 이탈로 단독 독립하였다. 농업 개혁을 중점 정책으로 하며, 주요 산업은 농업, 목축업, 식품 가공이다. 주요 자원은 금, 철강, 다이아몬드, 우라늄 등이다.

아프리카

멕시코 | 멕시코 합중국
United Mexican States

· 공식적 국기 채택일: 1968.12.16
· 한국과 국교 수교일: 1962.01.26
· 국제 연합 가맹일: 1945.11.07

7:4

- **위치**: 북쪽으로 미국 접경, 남쪽으로 과테말라 접경
- **수도**: 멕시코시티(Mexico City, 2천만 명)
- **면적**: 1,958,201㎢(한반도의 약 9배)
- **기후**: 저지대는 고온 다습, 고지대는 온난
- **인구**: 1억 2,233만 명
- **민족**: 메스티소 60%, 인디오 30%, 백인계 9%, 기타
- **언어**: 에스파냐어
- **종교**: 가톨릭 76.5%, 기독교 6.3%
- **통화**: 멕시코 페소(Mexican Peso)
- **1인당 GDP**: $10,307
- **정부 형태**: 연방 공화제(대통령 중심제)
- **주요 수출품**: 원유, 자동차, 전기·전자 기기, 기계류

나라꽃: 달리아
과명: 국화과
학명: *Dahlia hybrida*
영명: Dahlia
꽃말: 정열, 화려, 감사

🔵 **국기** 초록색·흰색·빨간색이 세로로 배열된 3색기로, 중앙 흰색 바탕에 문장이 그려져 있다. 초록색은 독립과 희망, 흰색은 종교의 순수성, 빨간색은 민족의 통합을 나타낸다. 문장에는 "독수리가 뱀을 물고 앉아 있는 호숫가의 선인장이 있는 곳에 도읍을 세워라."라는 아스텍의 건국 전설이 그려져 있다.

🔵 **국가** 고대 마야 문명과 아스텍 문명이 번창했던 나라이다. 16세기 에스파냐의 식민지였다가, 1810년 독립하였다. 국토의 대부분이 고원과 산지이다. 주요 자원으로 원유, 은, 천연가스, 철광석 등이 있다.

북아메리카

· 제19회 올림픽 개최지 멕시코시티(1968)　· 제9회 월드컵 개최국(1970)　· 제13회 월드컵 개최국(1986)

모나코 | 모나코 공국
Principality of Monaco

· 공식적 국기 채택일: 1881.04.04
· 한국과 국교 수교일: 2007.03.20
· 국제 연합 가맹일: 1993.05.28

5:4

- **위치**: 유럽 남부, 프랑스 남단 지중해 연안
- **수도**: 모나코(Monaco)
- **면적**: 1.96㎢
- **기후**: 지중해 연안·해양성 온대 기후
- **인구**: 3만 8천 명
- **민족**: 프랑스인 47%, 이탈리아인 16%, 모나코인 16%
- **언어**: 프랑스어
- **종교**: 가톨릭(국교)
- **통화**: 유로(Euro)
- **1인당 GDP**: $85,500
- **정부 형태**: 입헌 군주제
- **주요 수출품**: ―

나라꽃: 카네이션
과명: 석죽과
학명: *Dianthus caryophyllus*
영명: Carnation
꽃말: 순정, 사랑, 감사, 열렬한 사랑

🔵 **국기** 빨간색과 흰색이 가로로 배열된 2색기이다. 빨간색과 흰색은 이탈리아 제노바의 명문 '그리말디 왕가'의 전통적인 빛깔로, 17세기에는 빨간색과 흰색의 마름모꼴 문장기가 사용되기도 했다. 인도네시아 국기와 비율만 다를 뿐 배색과 배열이 동일하다.

🔵 **국가** 세계에서 두 번째 작은 나라로, 독립국이지만 프랑스의 보호를 받고 있다. 세계적 관광 휴양지이며, 카지노, 관광, 부동산 수입으로 재정을 감당하고 있다. 자동차 경주(모나코 그랑프리)가 유명하다.

유럽

모로코 | 모로코 왕국
Kingdom of Morocco

· 공식적 국기 채택일: 1915.11.17
· 한국과 국교 수교일: 1962.07.06
· 국제 연합 가맹일: 1956.11.12

3:2

- **위치**: 아프리카 북서단
- **수도**: 라바트(Rabat, 64만 명)
- **면적**: 447,000㎢(한반도의 2배)
- **기후**: 북부와 중부는 지중해성, 남부는 사막성
- **인구**: 3,300만 명
- **민족**: 아랍인 60%, 베르베르인 36%, 흑인, 유대인
- **언어**: 아랍어, 베르베르어, 프랑스어
- **종교**: 이슬람교(수니파)
- **통화**: 디르함(Moroccan Dirham)
- **1인당 GDP**: $3,092
- **정부 형태**: 입헌 군주제
- **주요 수출품**: 전자 부품, 의류, 인산 화합물, 수산물

나라꽃: 장미
과명: 장미과
학명: *Rosa hybrida* Hort.
영명: Rose
꽃말: 애정, 아름다움, 사랑, 정절

🌐 **국기** 빨간색 바탕 중앙에 초록색 별 모양이 그려져 있다. 빨간색은 모로코 국민의 조상인 알라위트 가문의 깃발 색에서 유래하며, 순교자의 피와 왕실을 의미하고, 초록색은 평화와 자연을 의미한다. 초록색 별 모양은 '술레이만의 별'로 신의 가호를 상징한다.

🌐 **국가** 1956년 프랑스로부터 독립하였다. 대서양 근해로 수산업이 발전하였다. 세계적인 정어리 어획국이며, 인광석의 매장량이 세계 매장량의 2/3를 차지한다.

아프리카

모리셔스 | 모리셔스 공화국
Republic of Mauritius

· 공식적 국기 채택일: 1968.03.12
· 한국과 국교 수교일: 1971.07.03
· 국제 연합 가맹일: 1968.04.24

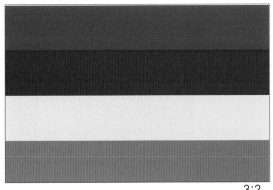

3:2

- **위치**: 인도양 해상 마다가스카르 동쪽 800㎞
- **수도**: 포트루이스(Port Louis, 14만 명)
- **면적**: 2,040㎢(제주도와 비슷한 크기)
- **기후**: 아열대 해양성 기후
- **인구**: 124만 명
- **민족**: 인도인 68%, 크레올족 27%, 기타 백인계
- **언어**: 영어(공용), 프랑스어, 크레올어
- **종교**: 힌두교 52%, 가톨릭 28%, 이슬람교 17%
- **통화**: 모리셔스 루피(Mauritius Rupee)
- **1인당 GDP**: $9,202
- **정부 형태**: 공화제(의원 내각제)
- **주요 수출품**: 섬유, 의류, 설탕

나라꽃: 귀걸이나무
과명: 아욱과
학명: *Trochetia boutoniana*
영명: Earring Tree
원명: Boucle d'Oreille

🌐 **국기** 빨간색 · 파란색 · 노란색 · 초록색이 가로로 배열된 4색기이다. 빨간색은 독립을 위해 흘린 피, 파란색은 인도양, 노란색은 자유와 태양, 초록색은 농업과 푸른 국토를 나타낸다. 4개의 가로줄은 국민을 이루는 인도인, 유럽인, 아프리카인, 중국인의 협력과 번영을 기원하는 의미이다.

🌐 **국가** 모리셔스 섬과 그 주변의 섬들로 이루어져 있다. 네덜란드, 프랑스, 영국의 식민 지배를 받다가 1968년 영연방 자치국으로 독립하였다. 농수산업과 보세 가공업이 발달하고, 해변 휴양지로 알려져 있다.

아프리카

모리타니 | 모리타니 이슬람 공화국
Islamic Republic of Mauritania

· 공식적 국기 채택일: 1959.04.01
· 한국과 국교 수교일: 1963.07.30
· 국제 연합 가맹일: 1961.10.27

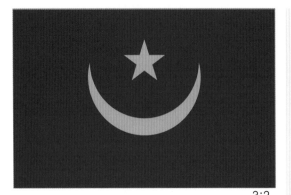

3:2

모리타니의 수도 누악쇼트의 모스크

- **위치:** 아프리카 북서부 대서양 연안, 말리 서부 접경
- **수도:** 누악쇼트(Nouakchott, 84만 명)
- **면적:** 1,030,700㎢(한반도의 4.7배)
- **기후:** 고온 건조 사하라 사막성 기후
- **인구:** 389만 명
- **민족:** 무어족 70%, 흑인계 30%
- **언어:** 아랍어, 프랑스어, 아프리카어
- **종교:** 이슬람교(수니파)
- **통화:** 우기야(Ouguiya)
- **1인당 GDP:** $1,069
- **정부 형태:** 공화제(대통령 중심제)
- **주요 수출품:** 원유, 철광석, 어패류, 구리

아프리카

● **국기** 초록색 바탕 중앙에 노란색 초승달과 별이 있다. 초승달과 별은 이슬람교를, 초록색은 사하라 사막을 푸른 들판으로 만들겠다는 희망, 번영을 의미한다. 국기의 전체적인 의미는 아프리카에서의 위치, 이슬람교에 대한 신앙, 모리타니 이슬람 공화국이라는 국가명이다.

● **국가** 국토의 대부분이 사하라 사막과 건조 지대이다. 포르투갈, 영국의 지배를 거쳐 프랑스 보호령이 되었으며, 1960년 독립하였다. 서쪽 대서양 연안은 세계적인 어장으로, 어업이 발전하였다.

모잠비크 | 모잠비크 공화국
Republic of Mozambique

· 공식적 국기 채택일: 1983.05.01
· 한국과 국교 수교일: 1993.08.11
· 국제 연합 가맹일: 1975.09.16

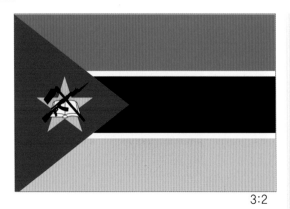

3:2

모잠비크 수도 마푸트의 시청

- **위치:** 아프리카 대륙 동남부, 탄자니아 남부 접경
- **수도:** 마푸투(Maputo, 109만 명)
- **면적:** 802,000㎢
- **기후:** 열대 기후
- **인구:** 2,583만 명
- **민족:** 마쿠아롬웨족, 마콘데족 등 반투계, 백인
- **언어:** 포르투갈어, 영어
- **종교:** 토착 신앙 60%, 기독교 30%, 이슬람교 10%
- **통화:** 메티칼(Metical)
- **1인당 GDP:** $605
- **정부 형태:** 공화제
- **주요 수출품:** 다이아몬드, 무연탄, 천연가스, 전력

아프리카

● **국기** 초록색 · 검은색 · 노란색 가로줄 사이로 흰색 띠가 있으며 깃대 쪽에 문장이 그려져 있다. 노란색은 광물 자원, 검은색은 국민, 빨간색은 독립을 위해 흘린 피, 초록색은 국토와 삼림을 나타낸다. 빨간색 삼각형 문장의 노란색 별은 독립, 책은 지시 계급과 교육, 총은 병사와 국방, 괭이는 농민과 생산을 나타낸다.

● **국가** 1620년부터 포르투갈의 식민지였으며, 1975년 독립하였다. 농업이 주요 산업이며, 사탕수수, 면화, 캐슈넛 등을 재배한다. 석탄, 천연가스, 다이아몬드, 금 등의 자원을 보유하고 있다.

몬테네그로 │Montenegro

공식적 국기 채택일: 2004.07.13
· 한국과 국교 수교일: 2006.09.04
· 국제 연합 가맹일: 2006.06.28

2:1

● **국기** 니콜라 1세(1860~1917)의 왕실기를 바탕으로 제정되었다. 노란색 띠를 두른 빨간색 바탕 중앙에 독수리 문장이 있다. 독수리는 2개 머리 위에 왕관을 쓰고 두 발로 칼과 십자가를 잡고 있으며, 파란색 가슴에 사자 문장이 들어 있다. 문장은 독립과 독립 국가의 부활을 의미한다.

● **국가** 1946년 구 유고슬라비아 연방 공화국이었다가 1992년 유고 해체 시 세르비아와 신 유고 연방을 결성하였고, 다시 2006년 6월 5일 신 유고 연방으로부터 독립했다. 국토의 대부분이 산지 · 고원 지형이며, '몬테네그로'는 이탈리아어로 '검은 산'이라는 뜻으로 로브첸 산을 가리킨다. 주요 산업은 광업, 수력 발전, 목축업 등이다.

- **위치**: 남동부 유럽의 발칸 반도 남서부
- **수도**: 포드고리차(Podgorica, 19만 명)
- **면적**: 13,812㎢(남한 면적의 1/7)
- **기후**: 해양성 기후
- **인구**: 621,081명
- **민족**: 몬테네그로계, 세르비아계, 보스니아계 등
- **언어**: 몬테네그로어
- **종교**: 정교 69%, 이슬람교 19%, 가톨릭 4.4%, 기타
- **통화**: 유로(Euro)
- **1인당 GDP**: $7,106
- **정부 형태**: 의원 내각제(대통령 직선)
- **주요 수출품**: 비철금속, 금속, 전력, 음료

몬테네그로 지중해 섬에 있는 전통적인 건물들

유럽

몰도바 │몰도바 공화국 Republic of Moldova

공식적 국기 채택일: 1990.04.27
· 한국과 국교 수교일: 1992.01.31
· 국제 연합 가맹일: 1992.03.02

2:1

● **국기** 파란색 · 노란색 · 빨간색의 3색기로 노란색 바탕에 몰도바 국장이 그려져 있다. 국장에 있는 독수리는 노란색 십자가를 물고 있고, 오른쪽 발톱에는 올리브 가지를, 왼쪽 발톱에는 노란색 홀을 쥐고 있다. 독수리 가슴에 있는 빨간색, 파란색 바탕의 방패에는 태양, 꽃, 초승달이 있고 중앙에는 황소 머리가 그려져 있다.

● **국가** 14세기에 몰다비아 공국이 세워졌으나 후에 오스만 제국과 제정 러시아의 지배를 받았으며, 1991년 소비에트 연방 해체 후 독립하였다. 농업 중심의 나라로, 특히 포도주 생산이 유명하다.

- **위치**: 유럽 동부, 우크라이나, 루마니아와 접경
- **수도**: 키시너우(Kishinev, 66만 명)
- **면적**: 34,000㎢
- **기후**: 따뜻한 대륙성 기후
- **인구**: 348만 명
- **민족**: 몰도바인, 우크라이나인, 러시아인
- **언어**: 몰도바어, 루마니아어(공용어), 러시아어
- **종교**: 동방정교, 유대교
- **통화**: 레우(Moldovan Leu)
- **1인당 GDP**: $2,239
- **정부 형태**: 공화제(대통령제)
- **주요 수출품**: 섬유, 기계, 담배, 식료품, 신발

몰도바 수도 키시너우의 몰도바 개선 아치

유럽

몰디브 몰디브 공화국
Republic of Maldives

· 공식적 국기 채택일: 1965.07.25
· 한국과 국교 수교일: 1967.11.30
· 국제 연합 가맹일: 1965.09.21

3:2

● **국기** 빨간색 바탕 중앙에 초록색 직사각형이 있고 그 안에 흰 초승달이 그려져 있다. 흰 초승달은 이슬람교의 신앙을, 빨간색은 자유를 위하여 흘린 피를, 초록색은 이슬람의 전통색으로 자유와 진보, 번영과 이 나라의 생명의 원천인 야자나무를 나타낸다.

● **국가** 약 2,000여 개의 산호섬으로 이루어진 해양 국가이다. 1965년 영국으로부터 독립하였으며, 이후 1968년에 공화국이 되었다. 관광과 어업이 주요 산업이다.

- **위치**: 스리랑카 서남방 670 km, 인도양 해상 군도
- **수도**: 말레(Male, 10만 명)
- **면적**: 300 km²(한반도의 1/700)
- **기후**: 열대성 기후(연평균 27 ℃)
- **인구**: 35만 명
- **민족**: 몰디브족(싱할라계, 드라비다계 등)
- **언어**: 디베히어
- **종교**: 이슬람교(수니파, 국교)
- **통화**: 루피아(Rufiyaa)
- **1인당 GDP**: $6,665
- **정부 형태**: 공화제(대통령 중심제)
- **주요 수출품**: 어패류, 장식품

나라꽃: 장미(분홍)
과명: 장미과
학명: *Rosa hybrida* Hort.
영명: Pink Rose
꽃말: 사랑, 애정, 행복한 사랑

아시아

몰타 몰타 공화국
Republic of Malta

· 공식적 국기 채택일: 1964.09.21
· 한국과 국교 수교일: 1965.04.02
· 국제 연합 가맹일: 1964.12.01

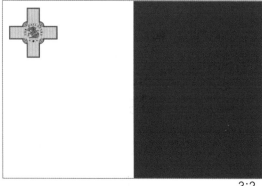

3:2

● **국기** 빨간색과 흰색을 세로로 2등분 배열한 2색기로, 왼쪽 흰색 바탕 위쪽에 세인트 조지 훈장이 있다. 훈장은 제2차 세계 대전 때 몰타 국민이 연합군에 가세하여 싸운 업적으로, 영국 국왕이 수여한 것이다. 빨간색은 몰타인의 정열을, 흰색은 순수, 정의, 평화를 나타낸다.

● **국가** 예로부터 유럽과 아프리카를 연결하는 해상의 요지였다. 1814년 영국령이 되었고, 1964년 영국 연방 내의 공화국으로 독립하였다. 역사 유적과 해안의 휴양지 등이 관광 자원이며, 관광, 중계 무역, 조선업이 성하다.

- **위치**: 남지중해 시칠리 섬 남쪽, 북아프리카 연안
- **수도**: 발레타(Valleta)
- **면적**: 316 km²(제주도의 1/6)
- **기후**: 지중해성 기후(여름: 22.6 ℃, 겨울: 13.7 ℃)
- **인구**: 42만 명
- **민족**: 몰타인
- **언어**: 영어, 몰타어
- **종교**: 가톨릭(국교)
- **통화**: 유로(Euro)
- **1인당 GDP**: $22,779
- **정부 형태**: 공화제(의원 내각제)
- **주요 수출품**: 기계류, 광물 연료, 가공품, 약품

나라꽃: 몰타 바위
과명: 국화과
학명: *Cheirolophus crassifolius*
영명: Maltese Centaury
꽃말: 행복, 행복감

유럽

몽골 | Mongolia

· 공식적 국기 채택일: 1992.02.12
· 한국과 국교 수교일: 1990.03.26
· 국제 연합 가맹일: 1961.10.27

2:1

● **국기** 빨간색 · 파란색 · 빨간색을 세로로 배열한 3색기로, 깃대 쪽에 몽골을 상징하는 국장이 그려져 있다. 빨간색은 환희와 승리, 파란색은 충성과 헌신, 국장은 자유와 주권을 상징한다. 불꽃은 번영, 태양과 달은 몽골 전 민족, 삼각형은 화살, 2개의 직사각형은 성실과 봉사, 두 마리의 물고기는 경계심, 양쪽의 직사각형은 요새와 성벽을 의미한다.

● **국가** 13세기 칭기즈 칸이 아시아와 유럽에 걸친 대제국을 세웠으나, 그 후 쇠퇴하여 중국의 지배를 받아 오다가 러시아의 지원으로 1924년 공화국으로 독립하였고, 시장 경제로 전환하였다. 목축업, 농업, 축산 가공업이 발전하였다.

- **위치**: 중앙아시아 고원 지대 북방
- **수도**: 울란바토르(Ulaanbaatar, 108만 명)
- **면적**: 1,565,000㎢(한반도의 7.4배)
- **기후**: 건성 냉대 기후
- **인구**: 283만 명
- **민족**: 할흐 몽골족 90%, 카자흐족 6%, 브리야트 2%
- **언어**: 할흐 몽골어
- **종교**: 라마교, 이슬람교
- **통화**: 투그리크(Tugrik)
- **1인당 GDP**: $4,056
- **정부 형태**: 민주 공화제
- **주요 수출품**: 원유, 목축산품, 광물 자원, 양모

나라꽃: 연꽃
과명: 수련과
학명: *Nelumbo nucifera* Gaertner
영명: Lotus
꽃말: 순결, 청정

아시아

미국 | United States of America
미합중국

· 공식적 국기 채택일: 1960.07.04
· 한국과 국교 수교일: 1882.05.22
· 국제 연합 가맹일: 1945.10.24

19:10

● **국기** 왼쪽 위 파란색 바탕에 50개의 흰색 별이 있고, 바탕에는 13개의 빨간색과 흰색의 가로줄이 번갈아 그려져 있다. '성조기'라고도 하며, 13개의 줄은 독립 당시 13개 주를 표시하고, 50개의 별은 현재의 미합중국을 구성하는 50개 주를 나타낸다. 처음에 13개의 별에서 시작하여 주가 증가할 때마다 별의 수가 늘어나서 오늘에 이르렀다.

● **국가** 1776년 영국으로부터 독립하였으며, 50개의 주와 1개의 특별구, 해외 속령을 보유하고 있다. 세계 최대의 경제 규모를 가지고 있으며, 옥수수, 콩의 세계 최대 생산국이다. 주요 자원으로는 석탄, 석유, 천연가스, 동, 철강, 목재 등이 있다.

- **위치**: 북아메리카, 캐나다와 멕시코 사이
- **수도**: 워싱턴(Washington D.C., 60만 명)
- **면적**: 9,629,091㎢(한반도의 45배)
- **기후**: 온대 대륙성 기후, 지역에 따른 기온차가 큼.
- **인구**: 3억 2,005만 명
- **민족**: 백인 79.9%, 흑인 12.9%, 아시아계, 원주민 등
- **언어**: 영어
- **종교**: 개신교 51.3%, 가톨릭 23.9%, 몰몬, 유대교 등
- **통화**: 미국 달러(US Dollar)
- **1인당 GDP**: $53,042
- **정부 형태**: 연방 공화제(대통령 중심제)
- **주요 수출품**: 자동차, 항공기, 반도체, 곡물, 화학 약품

나라꽃: 장미
과명: 장미과
학명: *Rosa hybrida* Hort.
영명: Rose
꽃말: 사랑, 아름다움

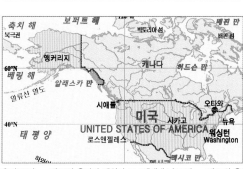

북아메리카

· 제3회 올림픽 개최지 세인트 루이스(1904) · 제10회 올림픽 개최지 로스앤젤레스(1932) · 제23회 올림픽 개최지 로스앤젤레스(1984) · 제26회 올림픽 개최지 애틀랜타(1996) · 제3회 동계 올림픽 개최지 레이크플래시드(1932) · 제8회 동계 올림픽 개최지 스쿼밸리(1960) · 제13회 동계 올림픽 개최지 레이크플래시드(1980) · 제19회 동계 올림픽 개최지 솔트레이크시티(2002) · 제15회 월드컵 개최지(1994) **47**

미얀마 | 미얀마 연방 공화국
Republic of Union of Myanmar

· 공식적 국기 채택일: 2010.10.21
· 한국과 국교 수교일: 1975.05.16
· 국제 연합 가맹일: 1948.04.19

3:2

- **위치**: 인도차이나 반도 북서부
- **수도**: 네피도(Naypyidaw, 99만 명)
- **면적**: 678,528㎢(한반도의 3.5배)
- **기후**: 열대성 몬순 기후
- **인구**: 5,325만 명
- **민족**: 미얀마족 70%, 소수 민족 25%, 기타 5%
- **언어**: 미얀마어(공용어), 영어, 중국어
- **종교**: 불교 89.4%, 이슬람교 4%, 가톨릭 4.9%
- **통화**: 차트(Kyat)
- **1인당 GDP**: $1,270
- **정부 형태**: 공화제(대통령 중심제)
- **주요 수출품**: 천연가스, 목재, 콩류, 비취, 쌀

나라꽃: 사라수
과명: 이엽시과
학명: *Shorea robusta*
영명: Shala Tree
꽃말: 부부의 사랑, 결혼, 강건한

💮 **국기** 노란색 · 초록색 · 빨간색 3색 바탕 중앙에 흰색 큰 별이 있다. 노란색은 단결, 초록색은 평화, 빨간색은 용기, 흰색 별은 연방의 영원함을 나타낸다.

💮 **국가** 1989년 국명을 버마에서 미얀마로 바꾸었다. 19세기 초부터 영국의 지배를 받았으며, 1948년 버마 연방 공화국으로 독립하였다. 공업화는 미미한 편이며, 주요 자원으로는 원유, 천연가스, 구리, 납, 아연, 텅스텐 등이 있다.

아시아

미크로네시아 | 미크로네시아 연방국
Federated States of Micronesia

· 공식적 국기 채택일: 1978.11.30
· 한국과 국교 수교일: 1991.04.05
· 국제 연합 가맹일: 1991.09.17

19:10

- **위치**: 태평양 중서부
- **수도**: 팔리키르(Palikir, 6천 명)
- **면적**: 702㎢(주요 도서 40여 개)
- **기후**: 열대 우림 기후
- **인구**: 10만 4천 명
- **민족**: 미크로네시아인
- **언어**: 영어, 미크로네시아어
- **종교**: 가톨릭
- **통화**: 미국 달러(US Dollar)
- **1인당 GDP**: $3,054
- **정부 형태**: 공화제(대통령 중심제)
- **주요 수출품**: 어패류, 코코넛 기름, 바나나

나라꽃(비공식): 비터
과명: 쇠비름과
학명: *Lewisia rediviva* Punsh
영명: Bitterroot
꽃말: —

💮 **국기** 푸른 물색 바탕에 남십자성을 상징하는 4개의 흰색 별이 있다. 파란색은 태평양과 국제 연합 통치의 역사를 표시하고, 4개의 별은 이 나라의 4개 주(4개의 섬)를 나타내는데, 별 4개를 이으면 십자가가 되어 기독교 국가임을 상징한다.

💮 **국가** 수백 개의 산호초와 화산섬으로 구성되어 있다. 19세기 말까지 에스파냐의 지배를 받다가 독일, 일본의 통치를 거쳐 1947년부터 미국의 통치령이 되었다. 그 후 1986년 미국과 자유 연합 협정을 체결하고 독립하였다. 주요 산업은 수산업이며, 코코넛, 사탕수수, 타로감자 등을 재배한다.

오세아니아

바누아투 | 바누아투 공화국
Republic of Vanuatu

· 공식적 국기 채택일: 1980.02.18
· 한국과 국교 수교일: 1980.11.05
· 국제 연합 가맹일: 1981.09.15

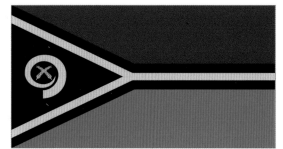

36:19

- **위치:** 남태평양 오스트레일리아 동방 약 2,550 ㎞
- **수도:** 포트빌라(Port Vila, 3만 명)
- **면적:** 12,189 ㎢(한반도의 1/15)
- **기후:** 고온 다습, 열대성 기후
- **인구:** 25만 명
- **민족:** 멜라네시아인 94%, 유럽인 4%, 기타
- **언어:** 비슬라마어, 영어, 프랑스어
- **종교:** 기독교 80%
- **통화:** 바투(Vatu)
- **1인당 GDP:** $3,276
- **정부 형태:** 공화제(의원 내각제)
- **주요 수출품:** 코프라, 목재, 카카오, 육류

나라꽃: 플루메리아
과명: 협죽도과
학명: *Plumeria rubra* var. *acutifolia*
영명: Plumeria
꽃말: 희생, 존경

🌐 **국기** 노란색과 검은색의 Y자 도안 왼쪽에 국장이 있고, 위아래 각각 빨간색과 초록색 바탕이 배치되어 있다. 빨간색은 태양과 용기, 검은색은 국민인 멜라네시아인, 초록색은 풍부한 자연 환경과 독립에 대한 희망을 나타낸다. Y자 도안은 뉴헤브리디스 제도의 모습을 나타내며, 노란색은 기독교를 상징한다. 왼쪽 문양에는 번영의 상징인 멧돼지의 송곳니가 있고, 그 안에 평화를 상징하는 고사리 잎이 그려져 있다.

🌐 **국가** 1980년 영국과 프랑스의 공동 통치령에서 독립하였다. 4개의 큰 섬과 기타 부속 섬들이 Y자형으로 펼쳐져 있다. 주요 자원으로는 목재, 육류, 코프라, 수산물 등이 있다.

오세아니아

바레인 | 바레인 왕국
Kingdom of Bahrain

· 공식적 국기 채택일: 2002.02.14
· 한국과 국교 수교일: 1976.04.17
· 국제 연합 가맹일: 1971.09.21

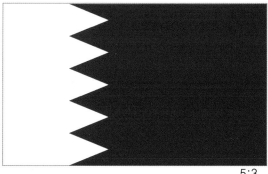

5:3

- **위치:** 사우디아라비아 동부, 카타르 북부 걸프만 중앙
- **수도:** 마나마(Manama, 16만 명)
- **면적:** 767 ㎢(한국 강화도의 약 2배)
- **기후:** 고온 다습, 아열대 해양성 사막 기후
- **인구:** 133만 명
- **민족:** 아랍족(이란계 25%)
- **언어:** 아랍어(공용어), 영어
- **종교:** 이슬람교(수니파 40%, 시아파 60%)
- **통화:** 바레인 디나르(Bahraini Dinar)
- **1인당 GDP:** $24,689
- **정부 형태:** 입헌 군주제
- **주요 수출품:** 알루미늄, 석유 화학 제품, 철강

바레인의 수도 마나마

🌐 **국기** 빨간색과 흰색이 5개의 톱니로 나뉘어 있다. 빨간색은 아랍 민족의 색으로 피와 자유를, 흰색은 이슬람교와 평화를 상징한다. 흰 띠의 톱니 개수는 5개로, 이슬람교에서의 5개 기둥을 나타낸다. 이전의 국기는 톱니가 8개였는데, 2002년 바레인 왕국이 되면서 수를 5개로 줄였다.

🌐 **국가** 크고 작은 30여 개의 섬으로 이루어져 있다. 1930년대 유전의 발견으로 근대화가 된 나라로, 1971년 8월 14일 칼리파가를 국가 원수로 하여 독립하였다. 주요 산업은 석유 산업으로, 국가 재정의 대부분을 차지한다.

아시아

바베이도스 | Barbados

· 공식적 국기 채택일: 1966.11.30(독립일)
· 한국과 국교 수교일: 1977.11.15
· 국제 연합 가맹일: 1966.12.09

3:2

- **위치**: 동부 카리브 해
- **수도**: 브리지타운(Bridgetown, 14만 명)
- **면적**: 430㎢(한국 거제도보다 약간 큼.)
- **기후**: 열대성 기후, 우기와 건기가 뚜렷함.
- **인구**: 28만 명
- **민족**: 아프리카인 90%, 혼혈 및 아시아계 6%, 백인 4%
- **언어**: 영어(공용어)
- **종교**: 기독교 67%, 가톨릭 4%, 무교 17%, 기타 12%
- **통화**: 바베이도스 달러(Barbados Dollar)
- **1인당 GDP**: $14,917
- **정부 형태**: 입헌 군주제(내각 책임제)
- **주요 수출품**: 설탕, 당밀, 럼

나라꽃: 공작화
과명: 콩과
학명: *Caesalpinia pulcherrima*
영명: Pride of Barbados
용도: 식용, 약용, 장식

🌐 **국기** 파란색 · 노란색 · 파란색이 세로로 3등분 되고 가운데 노란색 바탕에 검은색 삼지창이 있다. 파란색은 하늘과 카리브 해, 대서양을, 노란색은 이 나라의 비옥한 국토, 해안의 모래와 부를 상징한다. 삼지창은 고대 로마 신화의 바다 신 넵투누스의 창으로, 손잡이를 없애 영국의 속박에서 벗어났음을 나타냈다.

🌐 **국가** '바베이도스' 국명은 1536년 이곳을 처음 발견한 포르투갈인이 무화과나무의 털을 보고 '수염' 이라는 뜻의 이름을 붙인 것이다. 1626년 이후 영국의 지배를 받다가 1966년 독립하였다.

북아메리카

바하마 | The Commonwealth of Bahamas

· 공식적 국기 채택일: 1973.07.10(독립일)
· 한국과 국교 수교일: 1985.07.08
· 국제 연합 가맹일: 1973.09.18

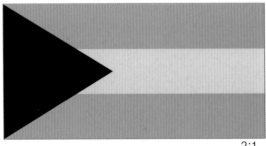

2:1

- **위치**: 플로리다 주 하단, 쿠바 및 아이티 북단
- **수도**: 나소(Nassau, 24만 명)
- **면적**: 13,942㎢(한반도의 1/16)
- **기후**: 고온 다습
- **인구**: 37만 명
- **민족**: 흑인 85%, 백인 12%, 혼혈 3%
- **언어**: 영어
- **종교**: 침례교, 성공회, 가톨릭, 감리교
- **통화**: 바하마 달러(Bahamian Dollar)
- **1인당 GDP**: $22,312
- **정부 형태**: 입헌 군주국(내각 책임제)
- **주요 수출품**: 시멘트, 의약품, 럼주, 과일

나라꽃: 노란트럼펫꽃나무
과명: 능소화과
학명: *Tecoma stans* Griseb.
영명: Yellow Elder
꽃말: ─

🌐 **국기** 깃대 쪽 검은색 삼각형 오른쪽으로 파란색 · 노란색 · 파란색의 가로줄이 있다. 검은색은 흑인 국민의 단결과 결의, 파란색은 카리브 해와 대서양 바다, 노란색은 육지로, 자원 개발을 바라는 민족의 의욕과 결의를 상징한다.

🌐 **국가** 대서양 서부 3,000여 개의 섬으로 구성된 섬나라로, 산호초와 암초로 이루어져 있는 세계적 휴양지이다. 동부 산살바도르 섬은 1492년 콜럼버스의 신대륙 발견 첫 기착지로 알려져 있다. 에스파냐의 지배를 받다가 1783년 영국령이 되었으나, 1973년 독립하였다. 소금, 목재, 아라고나이트 등이 주요 자원이다.

북아메리카

방글라데시 | 방글라데시 인민 공화국
People's Republic of Bangladesh

· 공식적 국기 채택일: 1972.01.17
· 한국과 국교 수교일: 1973.12.18
· 국제 연합 가맹일: 1974.09.17

5:3

🌐 **국기** 짙은 초록색 바탕 중앙에서 약간 깃대 쪽으로 빨간색 원이 그려져 있다. 이슬람교의 전통색인 초록색은 젊은이의 의기와 푸른 벵골 지방을, 빨간색은 피로써 쟁취한 자유의 태양과 독립을 얻기 위해 국민이 치른 희생을 나타낸다.

🌐 **국가** 갠지스 강과 브라마푸트라 강이 합류하는 세계 최대의 삼각주 지대에 위치한다. 영국의 지배를 벗어나 동파키스탄의 일부가 되었으나, 1971년 분리, 독립하였다. 쌀, 황마가 특산물이다. 천연가스, 고령토, 피혁, 석회석이 주요 자원이며, 주요 산업은 농업, 섬유 산업, 식품 가공업이다.

- **위치**: 인도, 미얀마와 접경
- **수도**: 다카(Dacca, 1,500만 명)
- **면적**: 147,570㎢(한반도의 2/3)
- **기후**: 열대성 몬순 기후
- **인구**: 1억 5,659만 명
- **민족**: 벵골인 98%
- **언어**: 벵골어, 영어, 힌두어
- **종교**: 이슬람교 88.3%, 힌두교 10.5%, 기타
- **통화**: 타카(Taka)
- **1인당 GDP**: $957
- **정부 형태**: 공화제(내각 책임제)
- **주요 수출품**: 의류, 수산물, 식료품, 황마, 피혁

나라꽃: 수련
과명: 수련과
학명: *Nymphaea nouchali*
영명: Water Lily
꽃말: 청순한 마음

아시아

베냉 | 베냉 공화국
Republic of Benin

· 공식적 국기 채택일: 1990.08.01
· 한국과 국교 수교일: 1961.08.01
· 국제 연합 가맹일: 1960.09.20

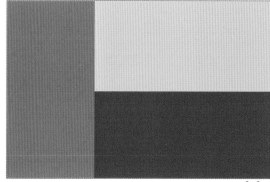

3:2

🌐 **국기** 초록색 · 노란색 · 빨간색이 3등분으로 배열되어 있다. 초록색은 풍부한 농업, 산림, 희망과 부흥, 노란색은 북부 사바나의 비옥한 토지와 미래, 빨간색은 독립을 위해 흘린 피와 조상들의 용기를 나타낸다.

🌐 **국가** 1960년 8월 1일 프랑스로부터 독립하여 1989년에 베냉 공화국이 되어 개방 경제 체제로 전환하였다. 경제 사정이 매우 나쁜 편이다. 주요 산업은 농업으로 코코아, 면화, 야자유 등을 생산한다.

- **위치**: 서아프리카 대서양 연안 나이지리아 서쪽 접경
- **수도**: 포르토노보(Porto Novo, 15만 명)
- **면적**: 114,763㎢(한반도의 1/2)
- **기후**: 열대성 기후
- **인구**: 1,032만 명
- **민족**: 폰족, 아자족, 요루바족 등 40여 종족
- **언어**: 프랑스어(공용어), 토착 부족어
- **종교**: 가톨릭 27%, 이슬람교 25%, 부두교, 개신교 등
- **통화**: 세파 프랑(CFA Franc)
- **1인당 GDP**: $804
- **정부 형태**: 공화제(대통령 중심제)
- **주요 수출품**: 면화

베냉의 수도 포르토노보의 의회 건물

아프리카

베네수엘라 볼리바르

베네수엘라 볼리바르 공화국
Bolivarian Republic of Venezuela

· 공식적 국기 채택일: 2006.03.12
· 한국과 국교 수교일: 1965.04.29
· 국제 연합 가맹일: 1945.11.15

3:2

나라꽃: 카틀레야
과명: 난초과
학명: *Cattleya mossiae*
영명: May Flower
꽃말: 당신은 아름답습니다.

- **위치:** 남아메리카 북부, 콜롬비아 서북부 접경
- **수도:** 카라카스(Caracas, 400만 명)
- **면적:** 912,050㎢(한반도의 4.5배)
- **기후:** 열대 기후(저지대), 한국의 늦봄 기후(고지대)
- **인구:** 3,040만 명
- **민족:** 메스티소 67%, 백인 21%, 흑인 10%, 인디오
- **언어:** 에스파냐어
- **종교:** 가톨릭 95%, 개신교 2%
- **통화:** 볼리바르 푸에르테(Bolivar Fuerte)
- **1인당 GDP:** $14,414
- **정부 형태:** 연방 공화제(대통령 중심제)
- **주요 수출품:** 원유, 석유 제품, 철광석, 철강

국기 노란색 · 파란색 · 빨간색의 3색기로, 중앙 파란색 바탕에 흰색 5각별 8개가 반원을 그리며 배치되어 있다. 노란색은 신대륙의 황금과 부, 파란색은 카리브 해, 빨간색은 독립을 위해 흘린 피, 8개의 별은 독립 선언에 서명하였던 7개 주와 가이아나 지방을 나타낸다.

국가 1819년 에스파냐로부터 독립하여 콜롬비아, 에콰도르와 대 콜롬비아 공화국으로 되었다가 1830년에 분리, 독립하였다. 남아메리카 제일의 산유 지대가 있으며 석탄, 천연가스, 알루미늄, 구리, 금, 철광석 등의 자원을 보유하고 있다.

남아메리카

베트남

베트남 사회주의 공화국
Socialist Republic of Vietnam

· 공식적 국기 채택일: 1955.11.30
· 한국과 국교 수교일: 1992.12.22
· 국제 연합 가맹일: 1977.09.20

3:2

나라꽃: 연꽃
과명: 수련과
학명: *Nelumbo nucifera*
영명: Lotus Flower
꽃말: 청정, 순결, 웅변

- **위치:** 동남아시아 인도차이나반도 동부
- **수도:** 하노이(Hanoi, 656만 명)
- **면적:** 330,957㎢(한반도의 1.5배)
- **기후:** 아열대성(북부), 열대 몬순(남부)
- **인구:** 9,168만 명
- **민족:** 베트남족 89% 외 54개 소수 민족
- **언어:** 베트남어(공용어)
- **종교:** 불교 12%, 가톨릭 7% 등
- **통화:** 동(Dong)
- **1인당 GDP:** $1,910
- **정부 형태:** 사회주의 공화제(공산당 일당 체제)
- **주요 수출품:** 원유, 컴퓨터, 전자 기기, 쌀, 의류

국기 빨간색 바탕 중앙에 노란색 5각 별이 있다. 빨간색은 혁명의 피와 조국의 정신을, 노란색 별 5개의 모서리는 노동자 · 농민 · 지식인 · 청년 · 군인을 나타내며 민족의 단결을 상징한다.

국가 프랑스의 식민지였다가 독립 후 남북으로 분단되어 전쟁을 치르고 북베트남이 승리하여 공산주의 국가를 수립하였다. 메콩 강이 남중국해로 이어지는 삼각주 지대로 농업, 수공업, 목축업이 주요 산업이다. 주요 자원으로 석유, 무연탄, 철광석, 주석 등이 있다.

아시아

벨기에 | 벨기에 왕국
Kingdom of Belgium

· 공식적 국기 채택일: 1831.01.23
· 한국과 국교 수교일: 1901.03.23
· 국제 연합 가맹일: 1945.12.27

15:13

● **국기** 검은색·노란색·빨간색이 세로로 3등분 배열되어 있다. 프랑스의 3색기를 바탕으로 만든 것으로서 이 나라 왕가의 상징색이다. 검은색은 힘, 노란색은 원숙과 충실, 빨간색은 승리를 뜻하는 것으로, 벨기에 독립 혁명기 브라반트의 기에서 유래한다.

● **국가** 교통이 편리한 지리적인 위치 때문에 '유럽의 십자'로 불린다. 1830년 8월 혁명으로 1831년 7월 21일 독립에 성공하여 왕국이 되었다. 다이아몬드와 카펫의 최대 수출국이다.

- **위치**: 유럽 서부, 프랑스 동북방 접경
- **수도**: 브뤼셀(Brussels, 100만 명)
- **면적**: 32,545㎢(경상도 크기)
- **기후**: 온화한 해양성 기후
- **인구**: 1,110만 명
- **민족**: 플라망족 58%, 왈롱족 31%, 라틴족 혼혈 11%
- **언어**: 네덜란드어, 프랑스어, 독일어
- **종교**: 가톨릭 75%, 개신교, 이슬람교, 유대교
- **통화**: 유로(Euro)
- **1인당 GDP**: $46,878
- **정부 형태**: 입헌 군주제(내각 책임제)
- **주요 수출품**: 의약품, 석유 제품, 자동차

· 제7회 올림픽 개최지 안트베르펀(1920)

나라꽃: 개양귀비
과명: 양귀비과
학명: *Papaver rhoeas*
영명: Red Poppy
꽃말: 덧없는 사랑

유럽

벨라루스 | 벨라루스 공화국
Republic of Belarus

· 공식적 국기 채택일: 1995.06.07
· 한국과 국교 수교일: 1992.02.10
· 국제 연합 가맹일: 1945.10.24

2:1

● **국기** 빨간색과 초록색으로 구성된 가로줄이 2:1 비율로 배치되어 있으며, 깃대 쪽에는 하얀 띠 바탕에 빨간색으로 벨라루스의 전통 문양이 그려져 있다. 빨간색은 옛 백러시아 시대의 영광을, 초록색은 미래, 희망, 봄, 부흥, 산림을 상징하며, 전통 문양은 풍부한 문화적 유산과 그것의 정신적인 계승, 국민의 단합을 나타낸다.

● **국가** 옛 백러시아 연합 공화국으로, 1991년 소련의 붕괴로 공화국으로 독립하였다. 농업, 석유 가공, 화학, 자동차 등이 주요 산업이며, 주요 농산물은 보리, 감자, 사탕무, 호밀, 옥수수 등이다. 철광석, 알루미늄, 이탄 등의 자원을 보유하고 있다.

- **위치**: 유럽 동부
- **수도**: 민스크(Minsk, 180만 명)
- **면적**: 207,600㎢(한반도 면적과 유사)
- **기후**: 온화한 대륙성 기후
- **인구**: 935만 명
- **민족**: 벨라루스계 81%, 러시아계 11%, 폴란드계 4%
- **언어**: 벨라루스어, 러시아어
- **종교**: 러시아 정교 80%, 가톨릭
- **통화**: 벨라루스 루블(Belarusian Ruble)
- **1인당 GDP**: $7,575
- **정부 형태**: 공화제(대통령제)
- **주요 수출품**: 기계, 화학, 식료품, 수송 장비

나라꽃: 야생 블루 아마
과명: 아마과
학명: *Linum lewisii*
영명: Wild Blue Flax
꽃말: —

유럽

벨리즈 | Belize

· 공식적 국기 채택일: 1981.09.21
· 한국과 국교 수교일: 1987.04.14
· 국제 연합 가맹일: 1981.09.25

3:2

- **위치:** 중앙아메리카 과테말라 동북부 접경
- **수도:** 벨모판(Belmopan, 14,000명)
- **면적:** 22,966㎢(한반도의 1/10)
- **기후:** 아열대 해양성 기후
- **인구:** 33만 명
- **민족:** 메스티소 48.7%, 크레올 24.9%, 마야족 10.6%
- **언어:** 영어(공용어), 에스파냐어
- **종교:** 가톨릭 49.6%, 개신교 27%, 기타 14%
- **통화:** 벨리즈 달러(Belize Dollar)
- **1인당 GDP:** $4,893
- **정부 형태:** 입헌 군주제(의원 내각제)
- **주요 수출품:** 의류, 연료, 설탕, 바나나

🔵 **국기** 위아래로 좁은 빨간색 띠가 있고, 카리브 해를 나타내는 파란색 바탕 중앙의 흰색 원 안에 벨리즈의 국장이 그려져 있다. 빨간색 띠는 독립과 결의, 흰색은 평화, 50개의 마호가니 잎은 벨리즈의 옛 국명 온두라스가 독립 운동을 시작한 해인 1950년을 나타낸다. 아래쪽에는 '산림과 함께 번영한다.'라는 글이 씌어 있다.

🔵 **국가** 1981년 영국 연방으로부터 독립하였다. 국토 대부분이 열대림이며, 고대 마야 문명이 시작된 나라이다. 석탄, 철 등이 많이 난다.

나라꽃: 흑난초
과명: 난초과
학명: *Prosthechea cochleata*
영명: Black Orchid
꽃말: —

북아메리카

보스니아 헤르체고비나 | Bosnia and Herzegovina

· 공식적 국기 채택일: 1998.02.04
· 한국과 국교 수교일: 1995.12.15
· 국제 연합 가맹일: 1992.05.22

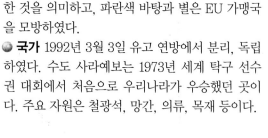

2:1

- **위치:** 유럽 동남부, 아드리아 해 동부 내륙
- **수도:** 사라예보(Sarajevo, 39만 명)
- **면적:** 51,209㎢(한반도의 약 1/4)
- **기후:** 온화한 대륙성 기후
- **인구:** 382만 명
- **민족:** 보스니아계, 세르비아계, 크로아티아계
- **언어:** 보스니아어, 세르비아어, 크로아티아어
- **종교:** 이슬람교, 세르비아 정교, 로마 가톨릭
- **통화:** 마르카(Convertible Marks)
- **1인당 GDP:** $4,661
- **정부 형태:** 대통령 중심제(3인이 순번제로 대통령위원회 의장직 수행)
- **주요 수출품:** 광물, 기계류, 화학 제품, 금속 제품

🔵 **국기** 오른쪽에 파란색 세로 띠가 있고 그 왼쪽으로 노란색 이등변 삼각형이 있다. 삼각형 밑변에는 7개의 흰색 별이 배치되어 있는데, 양 끝에 절반만 보이는 별 2개가 있다. 노란색 삼각형은 영토의 형태와 주변 세 민족을 통합하여 나라를 구성한 것을 의미하고, 파란색 바탕과 별은 EU 가맹국을 모방하였다.

🔵 **국가** 1992년 3월 3일 유고 연방에서 분리, 독립하였다. 수도 사라예보는 1973년 세계 탁구 선수권 대회에서 처음으로 우리나라가 우승했던 곳이다. 주요 자원은 철광석, 망간, 의류, 목재 등이다.

· 제14회 동계 올림픽 개최 사라예보(1984)

나라꽃: 보스니아 백합
과명: 백합과
학명: *Lilium bosniacum*
영명: Golden Lily
꽃말: 내리 사랑

유럽

보츠와나 | 보츠와나 공화국
Republic of Botswana

· 공식적 국기 채택일: 1966.09.30(독립일)
· 한국과 국교 수교일: 1968.04.18
· 국제 연합 가맹일: 1966.10.17

3:2

· **위치**: 남아프리카, 남아공·나미비아·짐바브웨 접경
· **수도**: 가보로네(Gaborone, 20만 명)
· **면적**: 582,000㎢(한반도의 2.7배)
· **기후**: 건조한 아열대성 기후, 연평균 기온 5~38℃
· **인구**: 202만 명
· **민족**: 바롤롱족, 발레테족, 방과케체족, 박가틀라족 등
· **언어**: 영어(공용어), 츠와나어(통용어)
· **종교**: 토착 신앙 50%, 기독교 50%
· **통화**: 풀라(Pula)
· **1인당 GDP**: $7,315
· **정부 형태**: 공화제(대통령 중심제)
· **주요 수출품**: 구리, 니켈, 다이아몬드, 섬유, 육류

나라꽃: 수수
과명: 벼과
학명: *Sorghum bicolor* Moench
영명: Grain Sorghum
꽃말: 끈기, 결실, 알찬

🌐 **국기** 하늘색 바탕 중앙에 흰색과 검은색 가로 띠가 배열되어 있다. 하늘색은 비, 공기, 물을 뜻하고 희망과 신념을 상징한다. 흰색과 검은색 띠는 국가 동물인 얼룩말에서 유래하며, 인구 대부분인 흑인의 검은색을 중앙에, 소수 백인을 흰 띠로 배열하여 흑·백 인종 간의 단결을 상징하였다.

🌐 **국가** 1966년 영국으로부터 독립하였다. 국토의 절반이 칼라하리 사막으로, 비와 물을 귀하게 여겨 화폐 단위도 비를 뜻하는 '풀라(Pula)'이다. 세계적인 다이아몬드 광산이 있으며 망간, 동, 석면, 니켈 등의 자원이 있고, 주요 농산물은 옥수수이다.

아프리카

볼리비아 | 볼리비아 다민족국 공화국
Plurinational State of Bolivia

· 공식적 국기 채택일: 1851.10.31
· 한국과 국교 수교일: 1965.04.25
· 국제 연합 가맹일: 1945.11.14

22:15

· **위치**: 남아메리카 대륙 중동부 내륙국
· **수도**: 라파스(Lapaz, 150만 명, 행정 수도)
· **면적**: 1,098,581㎢(한반도의 5배)
· **기후**: 지리적으로 열대에 속하나 고도에 따라 다양
· **인구**: 1,067만 명
· **민족**: 백인 15%, 혼혈족 30%, 토착 원주민 55%
· **언어**: 에스파냐어(공용어), 케추아어, 아이마라어
· **종교**: 로마 가톨릭 95%
· **통화**: 볼리비아노(Boliviano)
· **1인당 GDP**: $2,867
· **정부 형태**: 공화제(대통령 중심제)
· **주요 수출품**: 천연가스, 금, 은, 아연

나라꽃: 칸투아 또는 헬리코니아
과명: 꽃고비과
학명: *Cantua buxifolia*
영명: Cantua
꽃말: —

🌐 **국기** 빨간색·노란색·초록색의 3색기로, 중앙에 문장이 있다. 빨간색은 볼리비아 용사, 노란색은 광물, 초록색은 비옥한 국토와 식물의 각 자원을 표시한다. 방패 모양의 가운데 문장에는 콘도르, 알파카, 빵나무, 포토시의 구릉, 9개 지방을 나타내는 9개의 별, 태양 등이 있다.

🌐 **국가** 잉카 제국의 일부였으며, 오랫동안 에스파냐의 지배를 받다가 1825년 독립하였다. 천연가스와 풍부한 광물 자원이 있으나 정세 불안으로 경제가 불안정하다.

남아메리카

부룬디 | 부룬디 공화국
Republic of Burundi

· 공식적 국기 채택일: 1967.06.28
· 한국과 국교 수교일: 1991.10.03
· 국제 연합 가맹일: 1962.09.18

5:3

● **국기** 두 개의 흰색 대각선이 엇갈려 위아래로 빨간색 칸과 양옆으로 초록색 칸을 만들었다. 중앙에 있는 흰색 바탕에 초록 테두리의 빨간색 6각별 3개는 국가 표어인 '단결·노력·진보'와 후투족, 투치족, 트와족의 3개 민족을 나타낸다. 빨간색은 독립을 위한 고난과 투쟁, 초록색은 희망, 흰색은 평화를 뜻한다.

● **국가** 1962년 7월 1일 벨기에로부터 독립하였다. 1966년에 공화국으로 재편되었으나, 르완다와 같이 민족 간의 대립이 많다. 커피, 차가 최대 수출 농산물이며, 매우 가난한 나라 중 하나이다.

- **위치:** 아프리카 중부 내륙
- **수도:** 부줌부라(Bujumbura, 60만 명)
- **면적:** 27,834㎢(한국의 1/4)
- **기후:** 열대성 기후
- **인구:** 1,016만 명
- **민족:** 후투족 85%, 투치족 14%, 트와족 1%
- **언어:** 키룬디어, 프랑스어(공용어), 스와힐리어
- **종교:** 가톨릭 62%, 기독교 15%, 토착 신앙 23%
- **통화:** 부룬디 프랑(Burundi Franc)
- **1인당 GDP:** $267
- **정부 형태:** 공화제(대통령 중심제)
- **주요 수출품:** 커피, 면화, 차, 설탕

부룬디의 수도 부줌부라

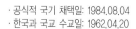

아프리카

부르키나파소 | Burkina Faso

· 공식적 국기 채택일: 1984.08.04
· 한국과 국교 수교일: 1962.04.20
· 국제 연합 가맹일: 1960.09.20

3:2

● **국기** 가로로 빨간색과 초록색이 배열되고 그 중앙에 노란색 별이 있다. 빨간색은 1984년의 혁명을 위한 투쟁, 초록색은 농업과 임업, 풍요한 미래, 노란 별은 희망과 풍부한 천연자원을 나타낸다.

● **국가** 19세기 말 프랑스 보호령이었다가 1960년에 독립하였다. 이후 여러 차례 쿠데타를 겪었으며, 1984년에 국가 명칭을 부르키나파소(청렴결백한 사람)로 고쳤다. 생활 수준이 낮은 편이며, 주요 산업은 농업, 축산업이고 금, 면화 등이 주요 자원이다.

- **위치:** 서부 아프리카 내륙
- **수도:** 와가두구(Ouagadougou, 99만 명)
- **면적:** 272,967㎢(한반도의 1.2배)
- **기후:** 고온 건조
- **인구:** 1,693만 명
- **민족:** 모시족, 구룬시족, 보보족 등 50여 개 부족
- **언어:** 프랑스어(공용어), 모시어 외 토착어
- **종교:** 이슬람교 60%, 가톨릭 23%, 토착 신앙 15%
- **통화:** 세파 프랑(CFA Franc)
- **1인당 GDP:** $683
- **정부 형태:** 공화제(대통령 중심제)
- **주요 수출품:** 면화, 금, 피혁

나라꽃: 장미(분홍)
과명: 장미과
학명: *Rosa* spp.
영명: Rose
꽃말: 사랑의 맹세, 망설임

아프리카

부탄 | 부탄 왕국
Kingdom of Bhutan

· 공식적 국기 채택일: 1960.09.01
· 한국과 국교 수교일: 1987.09.24
· 국제 연합 가맹일: 1971.09.21

3:2

- **위치**: 서남아시아 인도 및 중국과 접경
- **수도**: 팀푸(Thimphu, 10만 명)
- **면적**: 38,394㎢(한반도의 1/5)
- **기후**: 고온 다습한 사계절 온대 기후
- **인구**: 75만 명
- **민족**: 보태족 50%, 네팔인 35%, 몽골족(티베트계)
- **언어**: 종카어, 영어, 네팔어
- **종교**: 라마교 75%, 힌두교 20%
- **통화**: 눌트럼(Ngultrum)
- **1인당 GDP**: $2,362
- **정부 형태**: 입헌 군주제
- **주요 수출품**: 전자 부품, 수공업, 목재, 철

나라꽃: 히말라야 푸른양귀비
과명: 양귀비과
학명: *Meconopsis betonicifolia*
영명: Himalayan Blue Poppy
꽃말: —

🌐 **국기** 노란색과 주황색이 대각선으로 나뉜 중앙에 네 발로 보석을 잡은 용이 승천하는 모습이 그려져 있다. 주황색은 불교(라마교)의 가르침, 노란색은 국왕의 권위, 용의 흰색은 청결과 충성을 나타낸다. 용은 국민과 왕실의 상징으로 순수를, 보석은 부귀를, 으르렁거리는 입은 국가를 보호하는 남녀 신의 힘을 상징한다. 부탄은 '용의 나라' 라는 뜻이다.

🌐 **국가** 티베트의 승려가 세운 나라로, 1947년 인도와 함께 영국으로부터 독립 후 인도의 보호권에 있다. 목재, 수자원 등이 주요 자원이다.

아시아

북한 | 조선 민주주의 인민 공화국
Democratic People's Republic of Korea

· 공식적 국기 채택일: 1948.09.08
· 남 · 북 정상 회담일: 2001.06.13
· 국제 연합 가맹일: 1991.09.17

2:1

- **위치**: 동북아시아 한반도 북쪽
- **수도**: 평양(Pyeongyang, 250만 명)
- **면적**: 120,538㎢
- **기후**: 대륙성 한랭 기후, 일부 지역 온대 기후
- **인구**: 2,489만 명
- **민족**: 한민족
- **언어**: 한국어
- **종교**: 불교, 개신교, 가톨릭
- **통화**: 북한 원(North Korean Won)
- **1인당 GDP**: $583
- **정부 형태**: 중앙 집권 공화제
- **주요 수출품**: 수산물, 비철 금속, 기타

나라꽃: 함박꽃나무(목란)
과명: 목련과
학명: *Magnolia sieboldii*
영명: Oyama Magnolia
꽃말: 화려, 화사, 숭고한 정신, 자연애

🌐 **국기** 파란색 · 빨간색 · 파란색 가로줄 사이에 좁은 흰색 가로줄이 있다. 빨간색 바탕에는 깃대 쪽으로 빨간색 별이 그려져 있는 흰색 원이 있다. 빨간색 바탕은 공신주의 혁명 정신을, 빨간색 별은 공산주의 사회 건설을, 별의 흰색 바탕은 음양 사상을, 파란색은 평화에 대한 희망을 상징한다. 한국에서는 '인공기', 북한에서는 '공화국 국기' 라고 부른다.

🌐 **국가** 1948년 김일성을 수상으로 '조선 인민 민주 공화국' 이 세워졌다. 영토의 80% 이상이 산악 지대이며, 낙후된 군수 산업과 광업이 주요 산업이다. 중석, 몰리브덴, 마그네사이트 등의 다양한 광물 자원이 매장되어 있다.

아시아

불가리아 | 불가리아 공화국
Republic of Bulgaria

· 공식적 국기 채택일: 1990.07.13
· 한국과 국교 수교일: 1990.03.23
· 국제 연합 가맹일: 1955.12.14

5:3

● **국기** 흰색 · 초록색 · 빨간색이 가로로 배열된 3색기이다. 빨간색과 흰색은 슬라브 민족 공동 사회를 의미하는 한편, 흰색은 평화에 대한 의지, 빨간색은 주민들의 용기와 애국심, 초록색은 자유와 풍요로운 대지와 숲을 의미한다.

● **국가** 500년 간 터키로부터 지배당하다가 1878년 독립하였으며, 1946년 사회주의 국가가 되었다가 1990년 불가리아 공화국이 되었다. 전통적인 농업 국가로 밀, 옥수수, 사탕무, 포도 등이 재배되며, 금, 납, 아연, 석탄, 석유, 철광석, 망간 등의 천연자원이 있다.

- **위치**: 유럽 동남부, 발칸 반도 남동부
- **수도**: 소피아(Sofia, 120만 명)
- **면적**: 110,900㎢(한반도의 약 1/2)
- **기후**: 대륙성 기후(여름 건조, 겨울 다습)
- **인구**: 722만 명
- **민족**: 불가리아인 85%, 터키인 10%, 집시
- **언어**: 불가리아어(공용어), 터키어
- **종교**: 불가리아 정교 85%, 이슬람교 13%
- **통화**: 불가리아 레프(Bulgarian Lev)
- **1인당 GDP**: $7,498
- **정부 형태**: 공화제(이원 집정부제)
- **주요 수출품**: 철강, 의류, 기계류, 구두

나라꽃: 장미
과명: 장미과
학명: *Rosa hybrida* Hort.
영명: Rose
꽃말: 애정, 아름다움, 정절, 순결, 사랑

유럽

브라질 | 브라질 연방 공화국
Federative Republic of Brazil

· 공식적 국기 채택일: 1992.05.11
· 한국과 국교 수교일: 1959.10.30
· 국제 연합 가맹일: 1945.10.24

10:7

● **국기** 초록색 바탕에 노란색 마름모가 있고 그 안에 파란색으로 천구의가 그려져 있다. 천구의에는 초록색으로 '질서와 진보'라는 표어가 적힌 흰색 리본이 가로질러 있다. 초록색은 농업과 산림 자원, 노란색은 광업과 광물 자원, 파란색은 하늘을 나타낸다. 천구의에는 26주와 1개의 연방 자치구를 의미하는 27개의 별자리가 있다.

● **국가** 1822년 9월 7일 307년 간 지배를 받아 온 포르투갈로부터 독립하였다. 남아메리카 대륙 절반 이상의 영토를 보유하며, 세계적인 커피 생산국이다. 주요 자원은 철광석, 망간, 석유 등이다.

- **위치**: 남아메리카 중동부, 대서양 연안
- **수도**: 브라질리아(Brasilia, 381만 명)
- **면적**: 8,514,877㎢(한반도의 37배)
- **기후**: 고온 다습, 열대성 기후
- **인구**: 2억 36만 명
- **민족**: 백인 55%, 물라토 38%, 흑인 6%, 동양계 1%
- **언어**: 포르투갈어
- **종교**: 가톨릭 73.8%, 개신교 15.4%, 기타 토속 종교
- **통화**: 레알(Brazilian Real)
- **1인당 GDP**: $11,208
- **정부 형태**: 연방 공화국(대통령 중심제)
- **주요 수출품**: 원유, 철광석, 자동차, 항공기, 커피, 콩

나라꽃: 레어 난초
과명: 난초과
학명: *Cattleya Labiata* Lindl.
영명: Cattleya
꽃말: 우아한 여성, 당신은 아름다워

남아메리카

· 제4회 월드컵 개최국(1950) · 제20회 월드컵 개최국(2014) · 제31회 올림픽 개최지 리우데자네이루(2016)

브루나이 | 브루나이 다루살람국
Brunei Darussalam

· 공식적 국기 채택일: 1959.09.29
· 한국과 국교 수교일: 1984.01.01
· 국제 연합 가맹일: 1984.09.21

2:1

🌐 **국기** 노란색 바탕에 흰색과 검정색의 대각선 2개가 깃대 위로부터 오른쪽 아래쪽으로 걸쳐 있으며, 중앙에 붉은색 브루나이 국장이 있다. 노란색은 브루나이의 술탄을, 흰색과 검은색은 브루나이의 장관을 의미한다. 이슬람교의 상징인 초승달 안에는 아랍어로 '항상 신의 가호가 있기를', 그 아래에는 '평화의 나라 브루나이' 라고 씌어 있다.

🌐 **국가** 15세기부터 이슬람 왕국이었으나 1888년 영국 보호령이 된 후 독립 분쟁이 계속되었으며, 1984년 입헌 군주제로 완전히 독립하였다. 작은 나라이지만 석유, 천연가스 등의 수출로 부유한 나라이다.

- **위치**: 동남아시아 보르네오 섬 서북 연안
- **수도**: 반다르스리브가완(Bandar Seri Begawan, 6만 명)
- **면적**: 5,765㎢(한반도의 1/40)
- **기후**: 고온 다습의 열대성 기후
- **인구**: 41만 명
- **민족**: 말레이계 67%, 중국계 15%, 원주민 6%, 기타
- **언어**: 말레이어(공용어), 영어, 중국어
- **종교**: 이슬람교 67%, 불교, 기독교, 토착교
- **통화**: 브루나이 달러(Brunei Dollar)
- **1인당 GDP**: $38,563
- **정부 형태**: 입헌 군주제
- **주요 수출품**: 원유, 천연가스

나라꽃: 심포 에어
과명: 딜레니아과
학명: *Dillenia suffruticosa*
영명: Simpoh Ayer
용도: 식용, 약용

아시아

사모아 | 사모아 독립국
Independent State of Samoa

· 공식적 국기 채택일: 1949.02.24
· 한국과 국교 수교일: 1972.09.15
· 국제 연합 가맹일: 1976.12.15

2:1

🌐 **국기** 빨간색 바탕 왼쪽 위에 국기의 1/4을 나눈 파란색 바탕에 남십자성이 그려져 있다. 빨간색은 용기, 흰색은 순결과 순수, 파란색은 자유를 상징한다. 남십자성은 제2차 세계 대전 후 이 나라를 통치하였던 뉴질랜드의 국기를 상징하는데, 처음에는 4개의 별이 그려져 있었으나, 1949년에 1개가 더해졌다.

🌐 **국가** 세계에서 해가 가장 늦게 지는 나라로 알려져 있다. 1918년까지 영국과 독일의 지배를 받았으며, 독일 패전 후 뉴질랜드의 지배를 받다 1962년 독립하였다. 1997년 서사모아에서 사모아로 이름을 바꾸었다. 농업, 수산업이 주요 산업이다.

- **위치**: 남서 태평양 오스트레일리아와 하와이 중간
- **수도**: 아피아(Apia, 3만 4천 명)
- **면적**: 2,831㎢(한반도의 1/70)
- **기후**: 열대 무역풍 기후
- **인구**: 19만 명
- **민족**: 폴리네시아인
- **언어**: 영어, 사모아어
- **종교**: 개신교
- **통화**: 탈라(Tala)
- **1인당 GDP**: $4,212
- **정부 형태**: 입헌 군주제
- **주요 수출품**: 어패류, 코코넛, 타로, 맥주

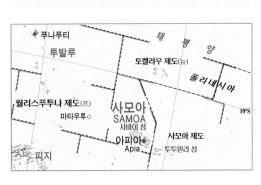

나라꽃: 붉은 생강(홍화월도)
과명: 생강과
학명: *Alpinia purpurata*
영명: Red Ginger
꽃말: —

오세아니아

사우디아라비아 | 사우디아라비아 왕국
Kingdom of Saudi Arabia

· 공식적 국기 채택일: 1973.03.15
· 한국과 국교 수교일: 1962.10.16
· 국제 연합 가맹일: 1945.10.24

3:2

- **위치**: 서남아시아 아라비아 반도
- **수도**: 리야드(Riyadh, 446만 명)
- **면적**: 약 215만㎢(한반도의 약 10배)
- **기후**: 고온 건조한 대륙성 기후
- **인구**: 2,882만 명
- **민족**: 아랍족(베드윈족 27%, 아랍 정착민 73%)
- **언어**: 아랍어(영어도 널리 통용)
- **종교**: 이슬람교(수니파 90%, 시아파 10%)
- **통화**: 사우디 리얄(Saudi Riyal)
- **1인당 GDP**: $25,961
- **정부 형태**: 이슬람 군주국(정교 일치의 국왕 중심제)
- **주요 수출품**: 원유, 석유 제품, LPG

나라꽃: 대추야자
과명: 종려나무과
학명: *Phoenix dactylifera* Linn.
영명: Date Palm
꽃말: 부활, 승리, 영예, 전승

● **국기** 이슬람교가 신성하게 여기는 진한 초록색 바탕에 아랍어로 "알라 외에 신은 없고, 마호메트는 알라의 예언자이다."라는 코란의 구절이 씌어 있다. 글 아래에는 성지를 수호하는 긴 칼이 그려져 있다. 국기의 글은 앞뒤 양쪽에서 모두 읽을 수 있도록 두 겹의 천을 맞붙여 만드는 규칙이 있다.

● **국가** 이슬람교를 창시한 마호메트가 태어난 성지 메카와 무덤이 있는 메디나가 있다. 1926년 압둘 아지즈 이븐 사우드가 왕국을 이루고, 1932년 현재 국명으로 바뀌었다. 세계 최대 산유국이다.

아시아

산마리노 | 산마리노 공화국
Republic of San Marino

· 공식적 국기 채택일: 1862.04.06
· 한국과 국교 수교일: 2000.09.25
· 국제 연합 가맹일: 1992.03.02

4:3

- **위치**: 유럽 남부, 이탈리아 중부 내륙
- **수도**: 산마리노(San Marino)
- **면적**: 61㎢
- **기후**: 지중해성 기후
- **인구**: 3만 1천 명
- **민족**: 이탈리아인
- **언어**: 이탈리아어
- **종교**: 가톨릭
- **통화**: 유로(Euro)
- **1인당 GDP**: $3,674
- **정부 형태**: 공화제
- **주요 수출품**: 석탄, 목재, 밀, 석재

나라꽃: 시클라멘
과명: 앵초과
학명: *Cyclamen persicum*
영명: Cyclamen
꽃말: 질투, 수줍음, 내성적

● **국기** 흰색과 파란색 가로줄 무늬 바탕 중앙에 국장이 그려져 있다. 흰색은 티타노산 정상의 구름과 눈, 파란색은 석공 성 마리오가 종교 박해로 피신한 티타노산의 하늘과 아드리아 해를 나타낸다. 문장에는 3개의 흰색 탑, '자유'라고 적힌 리본, 월계수와 떡갈나무의 가지와 왕관이 있다.

● **국가** 유럽에서 세 번째로 면적이 작은 나라로, 4세기에 기독교인들이 박해를 피해 세운 나라이다. 1631년 로마 교황으로부터 독립 승인을 받았으며, 1815년 독립국으로 국제적 승인을 받았다. 관광업과 우표 발행이 주요 수입원이다.

유럽

상투메 프린시페 | 상투메 프린시페 민주 공화국
Democratic Republic of São Tomé & Principe

· 공식적 국기 채택일: 1975.11.05
· 한국과 국교 수교일: 1988.08.20
· 국제 연합 가맹일: 1975.09.16

2:1

상투메 프린시페 대통령 궁전

- **위치**: 아프리카 중서부, 기니만 대서양상 제도
- **수도**: 상투메(São Tomé, 5만 명)
- **면적**: 1,001㎢(제주도의 0.5배)
- **기후**: 열대성 기후, 고온 다습
- **인구**: 19만 3천 명
- **민족**: 반투계 흑인, 기타
- **언어**: 포르투갈어, 토착어
- **종교**: 가톨릭
- **통화**: 도브라(Dobra)
- **1인당 GDP**: $1,609
- **정부 형태**: 공화제(대통령 중심제)
- **주요 수출품**: 카카오

🌐 **국기** 초록색 · 노란색 · 초록색으로 구성된 세 줄 가로줄 무늬에 깃대 쪽으로 빨간색 삼각형이 있고, 노란색 줄무늬 안에 두 개의 검은색 별이 그려져 있다. 빨간색은 독립을 위해 흘린 애국자의 피, 노란색은 국토, 초록색은 주요 산물인 카카오 재배지를 둘러싼 삼림과 바다, 두 개의 검은색 별은 상투메 섬과 프린시페 섬을 상징한다.

🌐 **국가** 화산섬 상투메 섬과 프린시페 섬, 그리고 주변의 네 개의 작은 섬으로 이루어져 있다. 1975년 포르투갈로부터 민주 공화국으로 독립하였다. 세계적인 석유 매장 지역이며, 카카오 산지로 유명하다. 커피, 코프라, 코코넛 등의 농산물이 생산된다.

아프리카

세네갈 | 세네갈 공화국
Republic of Senegal

· 공식적 국기 채택일: 1960.08.20
· 한국과 국교 수교일: 1962.10.19
· 국제 연합 가맹일: 1960.09.28

3:2

나라꽃: 벼
과명: 벼과
학명: *Oryza sativa* L.
영명: Rice
꽃말: 풍요, 여유

- **위치**: 서부 아프리카 모리타니, 말리, 기니 접경
- **수도**: 다카르(Dakar, 2.4백만 명)
- **면적**: 196,722㎢(한반도의 0.9배)
- **기후**: 열대성 기후
- **인구**: 1,413만 명
- **민족**: 월로프족 44%, 풀라르족 23%, 세레르족 15%
- **언어**: 프랑스어(공용어), 월로프어
- **종교**: 이슬람교 94%, 기독교 5%, 토속 신앙
- **통화**: 세파 프랑(CFA Franc)
- **1인당 GDP**: $1,046
- **정부 형태**: 공화제(대통령 중심제)
- **주요 수출품**: 어패류, 인광석, 정유, 시멘트

🌐 **국기** 초록색 · 노란색 · 빨간색 세 가지 색의 세로 줄무늬 바탕 중앙에 초록색 별이 그려져 있다. 초록색은 이슬람교와 농업과 희망, 노란색은 부와 경제 발전과 숭고한 문화적 원천, 빨간색은 독립을 위한 용기와 희생과 투쟁을 나타낸다. 별은 국민의 통합과 희망, 빛과 지식을 상징한다. 별을 제외하면 말리의 국기와 같다.

🌐 **국가** 1895년 프랑스령 서아프리카의 하나가 되었고, 1960년 프랑스로부터 독립하였다. 서아프리카에서 유일하게 정치가 안정된 나라이며, 광업, 공업과 관광업, 서비스업이 주요 산업이다.

아프리카

세르비아 | 세르비아 공화국
Republic of Serbia

· 공식적 국기 채택일: 2010.11.10
· 한국과 국교 수교일: 1989.12.27
· 국제 연합 가맹일: 2000.11.01

3:2

- **위치:** 남동부 유럽의 발칸 반도 중앙부
- **수도:** 베오그라드(Beograd, 163만 명)
- **면적:** 77,453㎢(한반도의 1/3)
- **기후:** 대륙성 기후, 지중해성 기후
- **인구:** 951만 명
- **민족:** 세르비아인 83%, 헝가리인 4%, 보스니아인 2%
- **언어:** 세르비아어
- **종교:** 세르비아 정교 84%, 이슬람, 가톨릭, 개신교
- **통화:** 디나르(Serbian Dinar)
- **1인당 GDP:** $6,354
- **정부 형태:** 의원 내각제(대통령 직선)
- **주요 수출품:** 비철금속, 철강, 전기 제품, 곡물

나라꽃: 자두나무
과명: 장미과
학명: *Prunus salicina*
영명: Japanese Plum
꽃말: 순박, 성실, 성의, 충실

🌐 **국기** 빨간색·파란색·흰색의 3색기이다. 빨간색은 혁명과 민족의 피, 파란색은 하늘, 흰색은 빛과 자유를 나타낸다. 국기 왼쪽에 들어간 왕관과 두 마리 독수리의 문장은 세르비아-몬테네그로 연합 시절 세르비아 공화국의 국기에서 유래한다.

🌐 **국가** 구 유고슬라비아를 구성했던 공화국의 하나로서, 2006년에 세르비아 몬테네그로 국가 연합에서 몬테네그로가 분리, 독립하면서 세르비아 공화국이 되었다. 2008년에는 코소보가 세르비아에서 분리, 독립을 선언하였다. 주요 자원은 천연가스, 석탄, 철광석, 구리, 납 등이다.

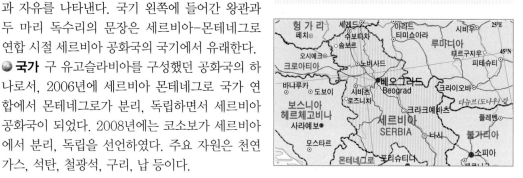

유럽

세이셸 | 세이셸 공화국
Republic of Seychelles

· 공식적 국기 채택일: 1996.06.18
· 한국과 국교 수교일: 1976.06.28
· 국제 연합 가맹일: 1976.09.21

2:1

- **위치:** 아프리카 동부, 인도양 케냐 동쪽 1,800㎞
- **수도:** 빅토리아(Victoria, 6만 명)
- **면적:** 455.3㎢
- **기후:** 몬순 기후
- **인구:** 9만 3천 명
- **민족:** 혼혈 백인(크레올), 인도, 중국계
- **언어:** 크레올어(공용어), 영어, 프랑스어
- **종교:** 가톨릭 90%, 영국 성공회 8%
- **통화:** 세이셸 루피(Seychelles Rupee)
- **1인당 GDP:** $16,185
- **정부 형태:** 공화제(대통령 중심제)
- **주요 수출품:** 수산물, 계피나무, 코프라

나라꽃: 열대새 난초
과명: 난초과
학명: *Angraecum brontniartianum*
영명: Tropicbird Orchid
꽃말: —

🌐 **국기** 왼쪽 아래 끝을 기점으로 빛을 발산하는 형태로 파란색·노란색·빨간색·흰색·초록색이 부채꼴로 그려져 있는데, 이는 새로운 미래를 향한 신생 국가의 역동성을 의미한다. 파란색은 하늘과 바다, 노란색은 빛과 생명을 주는 태양, 빨간색은 국민의 통일과 의지, 흰색은 사회 정의와 조화, 초록색은 땅과 자연 환경을 나타낸다.

🌐 **국가** 1740년부터 프랑스의 식민지였다가 1814년 영국의 영토가 되었으며, 1976년 독립하여 영연방 소속 공화국이 되었다. 인도양에 92개의 섬으로 형성되어 있으며, 기후와 경관이 좋아 '인도양 최고의 낙원'으로 불린다. 관광업이 주요 산업이다.

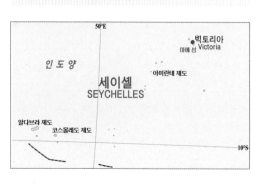

아프리카

세인트루시아 | Saint Lucia

· 공식적 국기 채택일: 1967.03.01
· 한국과 국교 수교일: 1979.02.23
· 국제 연합 가맹일: 1979.09.18

2:1

● **국기** 하늘색 바탕 가운데에 흰색 테두리를 두른 검정 화살촉과 노란색 삼각형이 그려져 있다. 하늘색은 충성심과 카리브 해와 대서양에 있는 섬나라임을 나타내고, 검은색과 흰색은 국민의 대부분인 흑인과 백인의 협력과 단일성, 노란색은 카리브 지방의 태양과 나라의 발전을 나타낸다. 검은색과 노란색의 두 개의 삼각형은 이 나라의 상징인 피통 화산의 두 봉우리를 나타낸다.

● **국가** 1814년 영국 식민지였다가 1979년 연방의 하나로 독립하였다. 전형적인 화산섬으로, 피통산은 카리브 지역에서도 유명하다. 바나나 농업과 관광이 주요 산업이며, 삼림, 광천수, 지열 에너지 등의 자원이 있다.

- **위치**: 중앙아메리카, 카리브 해상 동부
- **수도**: 캐스트리스(Castries, 5만 명)
- **면적**: 539㎢(한반도의 1/359)
- **기후**: 열대 해양성 기후
- **인구**: 18만 명
- **민족**: 흑인 90%, 혼혈 6%, 기타 4%
- **언어**: 영어(공용어), 파투아어
- **종교**: 가톨릭 67.5%, 개신교 18.2%
- **통화**: 동 카리브 달러(East Caribbean Dollar)
- **1인당 GDP**: $7,328
- **정부 형태**: 입헌 군주제
- **주요 수출품**: 전자 기기, 코코아, 바나나, 과일, 의류

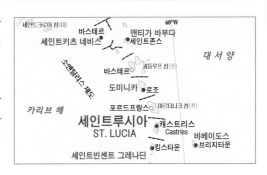

나라꽃: 장미
과명: 장미과
학명: *Rosa* spp.
영명: Rose
꽃말: 애정, 아름다움, 청결, 순결

북아메리카

세인트빈센트 그레나딘 | Saint Vincent and the Grenadines

· 공식적 국기 채택일: 1985.10.21
· 한국과 국교 수교일: 1979.10.28
· 국제 연합 가맹일: 1980.09.16

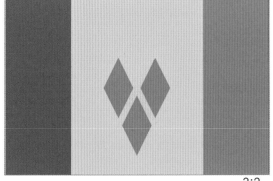

3:2

● **국기** 왼쪽부터 파란색 · 노란색 · 초록색이 세로로 배열된 3색기로, 가운데에 3개의 마름모꼴이 있다. 3개의 마름모꼴은 이 나라의 주요한 세 개의 섬으로 '앤틸리스 제도의 보석'임을 나타낸다. 파란색은 하늘과 바다를, 노란색은 국민의 밝고 따뜻한 기질과 금빛 모래를, 초록색은 농업과 국민의 생명력을 상징한다.

● **국가** 1979년 영국으로부터 독립하였으며, 세인트빈센트 섬과 북부 그레나딘 제도 등 600여 개의 섬으로 구성되어 있다. 농업과 관광업이 주요 산업으로, 최근 관광업의 비중이 높아지고 있다.

- **위치**: 카리브 해상 동남부
- **수도**: 킹스타운(Kingstown, 2.5만 명)
- **면적**: 389㎢(한반도의 1/569)
- **기후**: 북동 무역풍의 영향을 받는 열대 해양성 기후
- **인구**: 10만 9천 명
- **민족**: 흑인 66%, 혼혈 19%, 동인도인 6%
- **언어**: 영어
- **종교**: 성공회, 가톨릭
- **통화**: 동 카리브 달러(East Caribbean Dollar)
- **1인당 GDP**: $6,485
- **정부 형태**: 입헌 군주제(내각 책임제)
- **주요 수출품**: 바나나, 토란, 테니스 라켓

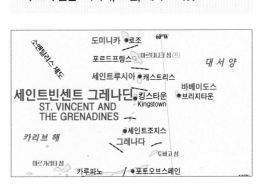

나라꽃: 수프리에르 나무
과명: 말피기과
학명: *Spachea perforata*
영명: Soufriere Tree
꽃말: —

북아메리카

세인트키츠 네비스

세인트키츠네비스 연방
Federation of Saint Kitts and Nevis

· 공식적 국기 채택일: 1983.09.19
· 한국과 국교 수교일: 1983.09.19
· 국제 연합 가맹일: 1983.09.23

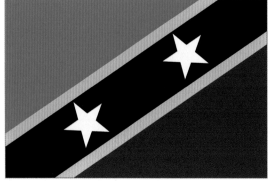

3:2

• **위치**: 중앙아메리카, 카리브 해 동부
• **수도**: 바스테르(Basseterre, 1만 5천 명)
• **면적**: 261㎢(한국 남해섬 크기)
• **기후**: 열대 해양성 기후, 연평균 기온 26 ℃
• **인구**: 5만 4천 명
• **민족**: 대부분 아프리카계 흑인
• **언어**: 영어
• **종교**: 성공회, 개신교, 가톨릭
• **통화**: 동 카리브 달러(East Caribbean Dollar)
• **1인당 GDP**: $14,132
• **정부 형태**: 입헌 군주제
• **주요 수출품**: 기계류, 음료, 전자 기기, 제지

나라꽃: 로얄 포인시아나(봉황목)
과명: 콩과
학명: *Delonix regia*
영명: Royal Poinciana
용도: 정원수, 가로수

● **국기** 중앙에 노란 테두리를 두른 검정 대각선이 있고, 대각선 안에 흰색 별 두 개가 있다. 대각선 위쪽은 초록색, 아래쪽은 빨간색 바탕을 이루며, 초록색은 비옥한 국토와 농업, 노란색은 태양과 부, 검은색은 아프리카의 전통, 빨간색은 노예 제도에 대한 투쟁을 나타낸다. 2개의 흰색 별은 세인트키츠 섬과 네비스 섬, 희망과 자유를 상징한다.
● **국가** 1783년에 영국령이 되었다가 1983년에 독립하였다. 사탕수수 재배와 설탕 생산이 활발하였으나, 현재는 관광업의 비중이 높아졌다.

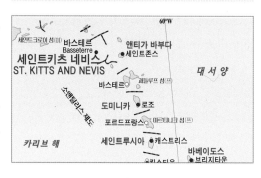

북아메리카

소말리아

소말리아 연방 공화국
Federal Republic of Somalia

· 공식적 국기 채택일: 1954.10.12
· 한국과 국교 수교일: 1987.09.25
· 국제 연합 가맹일: 1960.09.20

3:2

• **위치**: 아프리카 대륙 동북단 인도양 연안
• **수도**: 모가디슈(Mogadishu, 160만 명)
• **면적**: 637,657㎢(한반도의 3배)
• **기후**: 국토 대부분이 고온 건조한 사막 기후
• **인구**: 1,049만 명
• **민족**: 소말리인 85%, 반투족, 아랍인, 유럽인
• **언어**: 소말리어, 아랍어, 이탈리아어, 영어
• **종교**: 이슬람교(수니파)
• **통화**: 소말리아 실링(Somali Shilling)
• **1인당 GDP**: $600
• **정부 형태**: 대통령제
• **주요 수출품**: 가축, 수산물, 가죽, 바나나

소말리아의 수도 모가디슈

● **국기** 파란색 바탕 가운데 흰색 별이 있다. 별은 아프리카의 자유 및 민족과 국토의 통일을 상징하며, 5개의 각은 5개 지방과 지역의 단결을 표시한다. 파란색은 국제 연합기의 색을 가져온 것으로, 독립할 때 공헌이 컸던 UN을 의미하며, 별의 흰색은 평화와 번영을 상징한다.
● **국가** 영국 보호령과 이탈리아의 신탁 통치하에 있다가 1960년 독립하였다. 농경지가 좁고 내전으로 인하여 아프리카에서도 빈곤한 나라에 속한다. 농·축산업에 대부분 의존하며, 주요 자원은 우라늄, 철광석 등이다.

아프리카

솔로몬 제도 |Solomon Islands

· 공식적 국기 채택일: 1978.11.18
· 한국과 국교 수교일: 1978.09.15
· 국제 연합 가맹일: 1978.09.19

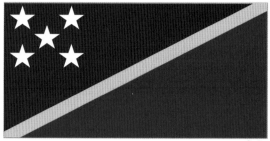

2:1

산호초로 둘러싸인 솔로몬 제도의 섬

● 국기 초록색과 파란색 바탕을 노란색 띠로 대각선으로 나누었으며, 파란색 바탕에는 5개의 흰색 별이 그려져 있다. 파란색은 물(바다·비)과 풍부한 수자원, 초록색은 국토(나무·농작물), 노란색은 태양을 나타내고, 5개의 별은 국토를 형성하고 있는 5개의 주요 섬과 남십자성을 나타낸다.

● 국가 1568년 에스파냐가 솔로몬 제도로 명명하였으며, 1893년부터 영국의 보호령이 되었다가 제2차 세계 대전 때 잠시 일본이 점령하였으나 1978년 영국 연방으로 독립하였다. 주요 자원은 수산물, 금, 보크사이트, 목재, 납, 니켈 등이다.

- **위치:** 오스트레일리아 동북방 남태평양상
- **수도:** 호니아라(Honiara, 6만 4천 명)
- **면적:** 29,785㎢(한반도의 1/7)
- **기후:** 고온 다습한 열대성 기후
- **인구:** 56만 명
- **민족:** 멜라네시안 93%, 폴리네시아인, 미크로네시아인
- **언어:** 영어, 피진어, 기타 지방 언어
- **종교:** 기독교
- **통화:** 솔로몬 달러(Solomon Island Dollar)
- **1인당 GDP:** $1,953
- **정부 형태:** 입헌 군주제(내각 책임제)
- **주요 수출품:** 목재, 어류, 코코아, 팜유

오세아니아

수단 |수단 공화국 Republic of the Sudan

· 공식적 국기 채택일: 1970.05.20
· 한국과 국교 수교일: 1977.04.13
· 국제 연합 가맹일: 1956.11.12

2:1

수도 하르툼에 있는 하르툼 대학

● 국기 깃대 쪽에 초록색 삼각형이 있고 위로부터 빨간색·흰색·검은색이 가로로 배열되어 있다. 초록색·빨간색·흰색·검은색은 이슬람의 전통색으로 이슬람 교국임을 상징한다. 빨간색은 독립을 위해 희생된 사람들의 피, 흰색은 이슬람교 및 평화와 미래에 대한 기대, 초록색은 이슬람교의 번영 및 행복과 농업, 검은색은 '수단'을 상징한다.

● 국가 1956년 영국·이집트 공동 통치로부터 독립하였다. 아프리카에서 국토 면적이 가장 큰 나라이며, 2011년에 남수단이 분리, 독립하였다. 주요 산업은 농업과 목축으로, 주로 나일 강 유역에서 이루어지고 있다. 주요 자원은 원유, 철광석이다.

- **위치:** 아프리카 대륙 북동부, 이집트 남부 접경
- **수도:** 하르툼(Khartoum)
- **면적:** 1,861,484㎢(한반도의 8.6배)
- **기후:** 사막 건조 기후(북부), 열대 우림 기후(남부)
- **인구:** 3,796만 명
- **민족:** 아랍계(다수), 누비안, 콥틱, 베자, 누바
- **언어:** 아랍어(공용어), 영어(공용어)
- **종교:** 이슬람교(수니파)
- **통화:** 수단 파운드(Sudanese pound)
- **1인당 GDP:** $1,753
- **정부 형태:** 대통령 중심 연방제
- **주요 수출품:** 원유, 석유 제품, 면화, 금, 가축

아프리카

수리남 | 수리남 공화국 | Republic of Suriname

· 공식적 국기 채택일: 1975.11.25
· 한국과 국교 수교일: 1975.11.28
· 국제 연합 가맹일: 1975.12.04

3:2

- **위치**: 남아메리카 북부, 브라질 북부 접경
- **수도**: 파라마리보(Paramaribo, 17만 명)
- **면적**: 163,820 ㎢(한반도의 3/4)
- **기후**: 아열대 기후
- **인구**: 53만 명
- **민족**: 크레올 34.7%, 힌두스탄 33.5%, 자바인 등
- **언어**: 네덜란드어(공용어)
- **종교**: 힌두교, 이슬람교, 가톨릭, 개신교
- **통화**: 수리남 달러(Surinamese Dollar)
- **1인당 GDP**: $9,825
- **정부 형태**: 공화제(대통령 중심제)
- **주요 수출품**: 금, 석유, 목재, 알루미늄, 바나나

나라꽃: 헬리코니아 사타코룸(앵무새의 부리)
과명: 헬리코니아과
학명: *Heliconia psittacorum*
영명: Parrot's Beak, Parakeet flower
용도: 관상용

● **국기** 위에서부터 초록색 · 흰색 · 빨간색 · 흰색 · 초록색이 가로로 배열되고, 빨간색 바탕 중앙에 노란색 5각별이 그려져 있다. 빨간색은 독립과 진보, 흰색은 정의와 자유, 초록색은 풍요한 국토와 희망, 노란색 별은 다민족의 단결을 나타낸다.

● **국가** 과거에는 네덜란드령 기아나로 불렸으며, 1975년 네덜란드로부터 독립하였다. 국토의 90%가 열대 우림 지역이고 다민족으로 구성되어 '미니 월드' 라는 별칭이 있다. 주요 자원으로 보크사이트, 목재, 수산물, 석유 등이 있다.

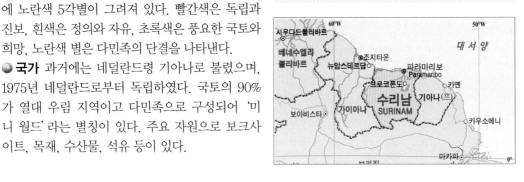

남아메리카

스리랑카 | 스리랑카 민주 사회주의 공화국 | Democratic Socialist Republic of Sri Lanka

· 공식적 국기 채택일: 1972.05.22
· 한국과 국교 수교일: 1977.11.14
· 국제 연합 가맹일: 1955.12.14

2:1

- **위치**: 인도 남부 동남단 인도양 해상
- **수도**: 콜롬보(Colombo, 280만 명)
- **면적**: 65,610 ㎢(한반도의 1/3배)
- **기후**: 열대성 기후(연평균 27 ℃)
- **인구**: 2,127만 명
- **민족**: 싱할라족 74%, 타밀족 18%, 무어족 7% 등
- **언어**: 싱할라어 및 타밀어(공용어), 영어(통용어)
- **종교**: 불교 69%, 힌두교 11%, 이슬람교, 기독교
- **통화**: 스리랑카 루피(Sri Lanka Rupee)
- **1인당 GDP**: $3,279
- **정부 형태**: 공화제(대통령 중심제)
- **주요 수출품**: 의류, 보석류, 농업 제품, 식료품, 차

나라꽃: 수련
과명: 수련과
학명: *Nymphaea nouchali*
영명: Blue Water Lily
꽃말: 청정, 순결, 웅변

● **국기** 가는 노란색 띠를 전체적으로 두르고 왼쪽으로 초록색과 주황색이 세로로 배열되어 있으며, 오른쪽에 갈색 바탕에 칼을 가진 사자와 보리수 나뭇잎이 그려져 있다. 칼은 왕의 권위, 사자는 용기와 싱할라족, 보리수 잎은 불교국임을 상징한다. 노란색은 스리랑카 국민의 서로 다른 문화의 존재, 초록색은 이슬람교와 무어족, 주황색은 타밀족을 의미한다.

● **국가** 포르투갈, 네덜란드, 영국의 식민지였다가 1948년 독립하였으며, 과거에는 '실론' 으로 불렸다. 농업이 주요 산업으로 홍차가 유명하고, 주요 자원으로 고무, 코코넛, 보석 등이 있다.

아시아

스와질란드 | 스와질란드 왕국
Kingdom of Swaziland

· 공식적 국기 채택일: 1968.10.06
· 한국과 국교 수교일: 1968.11.06
· 국제 연합 가맹일: 1968.09.24

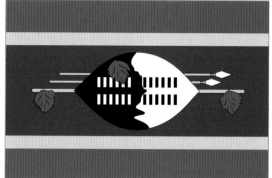

3:2

스와질란드의 전통 집

- **위치:** 아프리카 남동부, 남아공과 모잠비크 접경
- **수도:** 음바바네(Mbabane, 6만 명)
- **면적:** 17,363㎢(한반도의 1/12)
- **기후:** 지역에 따라 차이는 있으나 대체로 온화함.
- **인구:** 125만 명
- **민족:** 스와지족 90%, 줄루족, 통가족, 상간족, 유럽인
- **언어:** 영어, 시스와티어
- **종교:** 기독교 60%, 토착 신앙 40%
- **통화:** 릴랑게니(Lilangeni)
- **1인당 GDP:** $3,034
- **정부 형태:** 입헌 군주제(내각 책임제)
- **주요 수출품:** 설탕, 펄프, 면사, 농축 음료

🌐 **국기** 위아래 파란색과 노란색 띠가 있고, 중앙의 붉은색 바탕에 창과 방패가 그려져 있다. 파란색은 평화, 노란색은 풍부한 자원, 붉은색은 자유를 위한 투쟁을 나타낸다. 가운데의 방패와 창은 적으로부터 국가를 보호한다는 뜻을 담고 있는데, 흰색과 검은색은 평화롭게 공존하는 백인과 흑인을 상징한다.

🌐 **국가** 1968년 영국으로부터 독립하였다. 아름다운 자연 경관으로 '아프리카의 스위스' 라 불린다. 주요 산업은 제당, 펄프, 농업 등이다.

아프리카

스웨덴 | 스웨덴 왕국
Kingdom of Sweden

· 공식적 국기 채택일: 1906.06.22
· 한국과 국교 수교일: 1959.03.11
· 국제 연합 가맹일: 1946.11.19

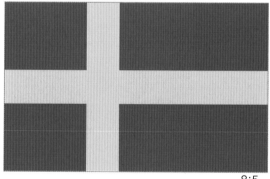

8:5

나라꽃(지방꽃): 린네풀
과명: 인동과
학명: *Linnaea borealis* Linné
영명: Northern Twinflower
용도: 관상용

- **위치:** 유럽 북부, 스칸디나비아 반도 중앙부
- **수도:** 스톡홀름(Stockholm, 167만 명)
- **면적:** 450,295㎢(한반도의 2.4배)
- **기후:** 사계절 뚜렷, 겨울 한랭, 여름은 온화
- **인구:** 957만 명
- **민족:** 북게르만족 95%, 랩족 0.2%
- **언어:** 스웨덴어, 소수 민족어(랩어, 핀란드어)
- **종교:** 루터교 95%, 가톨릭 1.5%
- **통화:** 스웨덴 크로나(Swedish Krona)
- **1인당 GDP:** $60,430
- **정부 형태:** 입헌 군주제(내각 책임제)
- **주요 수출품:** 통신 기기, 석유 정제품, 의약품, 철강

🌐 **국기** 파란색 바탕에 노란색 십자가가 그려져 있다. 1157년 국왕 에리크가 핀란드를 공격하기 전에 파란 하늘에서 노란색 빛줄기의 십자가를 보았다는 전설에서 유래한 것으로, 십자는 기독교 국가임을 나타낸다. 덴마크의 국기를 바탕으로 만든 것으로 '황금 십자기' 로 불린다.

🌐 **국가** 스칸디나비아 3국 중 최대의 인구와 국토를 보유하였으며, 강한 경제력을 바탕으로 높은 수준의 복지 정책을 갖추고 있다. 자동차, 기계, 철강 공업이 발달하였고, 9만여 개의 호수와 강이 수력 발전 및 목재 수송에 이용되고 있다.

- 제5회 올림픽 개최지 스톡홀름(1912) · 제6회 월드컵 개최국(1958)

유럽

67

스위스 | 스위스 연방
Swiss Confederation

· 공식적 국기 채택일: 1889.12.12
· 한국과 국교 수교일: 1963.02.11
· 국제 연합 가맹일: 2002.09.10

1:1

- **위치:** 유럽 중부 내륙, 프랑스 동부 접경
- **수도:** 베른(Bern, 13만 명)
- **면적:** 41,285㎢(한반도의 1/5)
- **기후:** 해양성 · 북유럽성 · 지중해성 · 대륙성 기후
- **인구:** 807만 명
- **민족:** 독일계 65%, 프랑스계 18%, 이탈리아계 10%
- **언어:** 독일어 64%, 프랑스어, 이탈리아어, 로망슈어
- **종교:** 가톨릭 42%, 개신교 35%, 이슬람교 4.3%
- **통화:** 스위스 프랑(Swiss Franc)
- **1인당 GDP:** $84,815
- **정부 형태:** 연방 공화제(스위스식 회의제)
- **주요 수출품:** 시계, 화학 약품, 의약품, 금속, 승용차

나라꽃: 에델바이스(솜다리)
과명: 국화과
학명: *Leontopodium alpinum*
영명: Edelweiss
꽃말: 소중한 추억

● **국기** 빨간색 바탕에 흰색 십자가가 그려져 있다. 13세기에 신성 로마 제국의 황제가 슈비츠 주의 깃발로 하사하여 자유의 상징으로 삼은 기에서 유래하며, 흰색 십자는 14세기 무렵부터 스위스군의 기치로 쓰였다. 국기는 전통적으로 자유, 명예, 충성을 의미하며, 중립성, 민주주의, 평화, 보호도 상징한다. 십자는 기독교 국가임을 뜻한다.

● **국가** 국토의 3/4이 산과 호수로 '유럽의 지붕'으로 불리며, 영세 중립국이다. 시계, 정밀 기계, 금융, 보험, 관광업이 주요 산업이며, 지하자원은 없지만 인적 자원을 바탕으로 한 경제 강국이다.

유럽

· 제2회 동계 올림픽 개최지 장크트모리츠(1928) · 제5회 동계 올림픽 개최지 장크트모리츠(1948) · 제5회 월드컵 개최국(1954)

슬로바키아 | 슬로바키아 공화국
Slovak Republic

· 공식적 국기 채택일: 1992.09.03
· 한국과 국교 수교일: 1993.01.01
· 국제 연합 가맹일: 1993.01.19

3:2

- **위치:** 유럽 중부 체코, 폴란드, 오스트리아 접경
- **수도:** 브라티슬라바(Bratislava, 43만 명)
- **면적:** 49,036㎢(한반도의 1/4)
- **기후:** 대륙성 기후
- **인구:** 545만 명
- **민족:** 슬로바키아인 86%, 헝가리인 11%, 체코인 1%
- **언어:** 슬로바키아어
- **종교:** 가톨릭 69%, 개신교 9%, 그리스정교 4%, 기타
- **통화:** 유로(Euro)
- **1인당 GDP:** $18,046
- **정부 형태:** 공화제(내각 책임제)
- **주요 수출품:** 전기 제품, 자동차, 철강, 기계류

나라꽃: 장미
과명: 장미과
학명: *Rosa* spp.
영명: Rose
꽃말: 애정, 아름다움, 청결, 순결

● **국기** 흰색 · 파란색 · 빨간색이 가로로 배열된 3색기로, 깃대 쪽으로 슬로바키아의 국장이 그려져 있다. 국장은 빨간색과 파란색 바탕의 방패 모양으로, 흰색의 쌍 십자가 있다.

● **국가** 오랫동안 헝가리의 지배를 받았으며, 1918년 체코슬로바키아와 연방을 결성하여 체코슬로바키아 공화국이 탄생하였다. 이후 제2차 세계 대전 후 체코슬로바키아 인민 공화국으로 독립, 1993년 체코로부터 분리, 독립하여 슬로바키아 공화국이 출범하였다. 주요 산업은 농업, 축산업이며, 밀, 포도, 보리, 사탕무 등이 재배된다.

유럽

슬로베니아 | 슬로베니아 공화국
Republic of Slovenia

· 공식적 국기 채택일: 1991.06.27
· 한국과 국교 수교일: 1992.04.15
· 국제 연합 가맹일: 1992.05.22

2:1

🌐 **국기** 흰색 · 파란색 · 빨간색이 가로로 배열되고 깃대 쪽으로 국장이 그려져 있다. 국장은 빨간 테를 두른 방패 안에 흰색 트리글라브 산이 그려져 있고, 산 아래에는 두 개의 파란색 물결무늬, 산 위에는 세 개의 노란색 육각별이 그려져 있는데, 14세기 말부터 15세기 초까지 슬로베니아 왕조를 이룬 첼레가의 문장에서 유래한 것이다.

🌐 **국가** 14세기부터 오스트리아의 지배를 받았으며, 1918년 세르비아 · 크로아티아와 함께 왕국을 이루었고, 이후 유고슬라비아 연방 인민 공화국이 되었다가 1991년 내전을 거쳐 독립하였다. 기계, 섬유, 화학 등의 공업과 관광 산업이 활발하다.

- **위치**: 유럽 발칸 반도 북서부
- **수도**: 류블랴나(Ljubljana, 33만 명)
- **면적**: 20,273㎢(한반도의 1/11)
- **기후**: 지중해성 기후
- **인구**: 207만 명
- **민족**: 슬로베니아인 91%, 크로아티아인 3%
- **언어**: 슬로베니아어
- **종교**: 가톨릭
- **통화**: 유로(Euro)
- **1인당 GDP**: $23,289
- **정부 형태**: 공화제(대통령 중심제)
- **주요 수출품**: 자동차, 전기 기계류, 의약품, 가구

나라꽃: 카네이션
과명: 석죽과
학명: *Dianthus caryophyllus*
영명: Carnation
꽃말: 순정, 사랑, 감사

유럽

시리아 | 시리아 아랍 공화국
Syrian Arab Republic

· 공식적 국기 채택일: 1980.03.30
· 국제 연합 가맹일: 1945.10.24

3:2

🌐 **국기** 빨간색 · 흰색 · 검은색의 3색기로, 가운데 흰색 바탕에 초록색 5각별 2개가 그려져 있다. 빨간색은 혁명과 순교자의 피, 흰색은 선과 평화, 검은색은 전투와 지난날에 당한 억압을 나타낸다. 초록색은 무함마드를, 2개의 별은 아랍의 통일을 상징한다.

🌐 **국가** 1946년 프랑스로부터 독립하였으며, 수도 다마스쿠스는 세계에서 가장 오래된 도시로 알려져 있다. 산유국으로 석유를 수출하며 석유 산업과 인광석 공업이 주요 산업이고, 주요 농작물로 밀, 목화 등이 있다.

- **위치**: 지중해, 터키, 요르단, 이라크 접경
- **수도**: 다마스쿠스(Damascus, 수도권 포함 426만 명)
- **면적**: 185,180㎢(한반도의 4/5)
- **기후**: 아열대성 사막 기후
- **인구**: 2,189만 명
- **민족**: 아랍인 90.3%, 쿠르드인, 아르메니아인 등
- **언어**: 아랍어(공용어), 영어, 프랑스어 통용
- **종교**: 이슬람교 90%(수니파 74%, 시아파 16%)
- **통화**: 시리아 파운드(Syrian Pound)
- **1인당 GDP**: $3,966
- **정부 형태**: 대통령 중심제
- **주요 수출품**: 석유, 섬유 제품, 과일, 채소

나라꽃: 재스민
과명: 물푸레나무과
학명: *Jasminum officinale*
영명: Jasmine
꽃말: 행복, 친절, 상냥함

아시아

시에라리온 | 시에라리온 공화국
Republic of Sierra Leone

· 공식적 국기 채택일: 1961.04.27
· 한국과 국교 수교일: 1962.06.25
· 국제 연합 가맹일: 1961.09.27

3:2

- **위치:** 서아프리카 대서양 연안, 기니 접경
- **수도:** 프리타운(Freetown, 94만 명)
- **면적:** 74,740 ㎢(한반도의 1/3)
- **기후:** 고온 다습 열대성 기후
- **인구:** 609만 명
- **민족:** 멘데족, 템네족, 크레올족 등 13개 부족
- **언어:** 영어(공용어), 멘데어
- **종교:** 이슬람교 60%, 토착 종교 30%, 기독교 10%
- **통화:** 리온(Leone)
- **1인당 GDP:** $679
- **정부 형태:** 공화제(대통령 중심제)
- **주요 수출품:** 다이아몬드, 보크사이트, 코코아

나라꽃: 종려나무
과명: 야자나무과
학명: *Trachycarpus excelsa*
영명: Palm Tree
꽃말: 부활, 승리

● **국기** 초록색 · 흰색 · 파란색의 3색기이다. 초록색은 천연자원과 산, 흰색은 통일과 정의, 파란색은 이 나라 천연 양항이자 수도인 프리타운이 세계 평화에 공헌하기를 바라는 희망을 나타낸다.

● **국가** 영국의 식민지였다가 1961년 영연방 자치령이 되었고, 1971년 공화국으로 독립하였다. 서부 해안의 습지대와 고온 다습한 기후로 건강에 부적합하다 하여 '백인의 무덤'으로 불리기도 한다. 다이아몬드, 철광석, 보크사이트 등의 광업이 주요 산업이며, 다이아몬드가 최대 수출 상품이다.

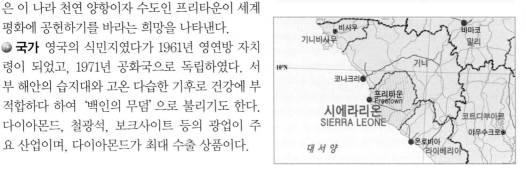

시에라리온
SIERRA LEONE

아프리카

싱가포르 | 싱가포르 공화국
Republic of Singapore

· 공식적 국기 채택일: 1959.12.03
· 한국과 국교 수교일: 1975.08.08
· 국제 연합 가맹일: 1965.09.21

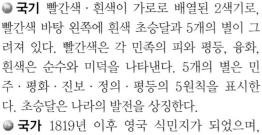

3:2

- **위치:** 말레이 반도 남단
- **수도:** 싱가포르(Singapore, 546만 명)
- **면적:** 710 ㎢(서울시 605.5 ㎢)
- **기후:** 고온 다습한 열대성 기후
- **인구:** 541만 명
- **민족:** 중국계 76.8%, 말레이계 13.8%, 인도계, 기타
- **언어:** 영어, 말레이어, 중국어, 타밀어
- **종교:** 불교 · 도교 51%, 이슬람교, 기독교, 힌두교
- **통화:** 싱가포르 달러(Singapore Dollar)
- **1인당 GDP:** $55,182
- **정부 형태:** 공화제(내각 책임제)
- **주요 수출품:** 기계류, 화학 제품, 광물성 연료

나라꽃: 양란(반다 미스 요아킴)
과명: 난초과
학명: *Vanda* Miss Joaquim
영명: Singapore Orchid
꽃말: 단합, 협력, 하나됨

● **국기** 빨간색 · 흰색이 가로로 배열된 2색기로, 빨간색 바탕 왼쪽에 흰색 초승달과 5개의 별이 그려져 있다. 빨간색은 각 민족의 피와 평등, 융화, 흰색은 순수와 미덕을 나타낸다. 5개의 별은 민주 · 평화 · 진보 · 정의 · 평등의 5원칙을 표시한다. 초승달은 나라의 발전을 상징한다.

● **국가** 1819년 이후 영국 식민지가 되었으며, 1959년 자치령을 거쳐 1963년 말레이시아 연방을 결성하였으나, 1965년에 영연방 공화국으로 분리, 독립하였다. 동남아시아 최대의 자유 무역항으로 알려져 있으며 공업, 무역, 금융이 발달하였다.

싱가포르
SINGAPORE

아시아

아랍 에미리트 | 아랍 에미리트 연합국
United Arab Emirates

· 공식적 국기 채택일: 1971.12.02
· 한국과 국교 수교일: 1980.06.18
· 국제 연합 가맹일: 1971.12.09

2:1

🌐 **국기** 초록색 · 흰색 · 검은색 가로무늬 바탕에 깃대 쪽으로 빨간색 세로무늬가 있다. 4색은 이슬람교 국가의 공통된 색깔로서, 연방을 구성하는 각 수장국 기의 색깔을 조합한 것이다. 빨간색은 역사에서 흘린 피, 초록색은 이슬람 왕조와 비옥한 국토, 흰색은 우마이야 왕조와 중립성과 정결함, 검은색은 아바스 왕조와 이슬람의 승리, 석유 자원을 상징한다.

🌐 **국가** 1971년 영국 통치로부터 독립하였으며, 아부다비, 두바이, 샤르자, 아지만, 움알쿠와인, 라스알카이마, 푸자이라의 7개 토후국으로 구성된 연방국이다. 국토의 97%가 사막이며, 원유와 가스 매장량이 풍부하다.

- **위치:** 아라비아 반도 동부 연안
- **수도:** 아부다비(Abu Dhabi)
- **면적:** 83,600㎢(한반도의 37%)
- **기후:** 고온 다습, 사막 기후
- **인구:** 934만 명
- **민족:** 아랍족
- **언어:** 아랍어(공용어), 영어(통용어)
- **종교:** 이슬람교(수니파 80%, 시아파 20%)
- **통화:** 아랍 에미리트 디르함(UAE Dirham)
- **1인당 GDP:** $43,048
- **정부 형태:** 연방 공화제(대통령 중심제)
- **주요 수출품:** 원유, 천연가스, 석유 제품

나라꽃: 공작고사리
과명: 공작고사리과
학명: *Adiantum pedatum* L.
영명: Northern maiden hair
꽃말: 신명

아시아

아르메니아 | 아르메니아 공화국
Republic of Armenia

· 공식적 국기 채택일: 1990.08.24
· 한국과 국교 수교일: 1992.02.21
· 국제 연합 가맹일: 1992.03.02

2:1

🌐 **국기** 빨간색 · 파란색 · 주황색이 가로로 배열된 3색기이다. 빨간색은 아르메니아 군인이 독립을 위해 흘린 피, 파란색은 하늘과 희망, 영원한 국토, 주황색은 비옥한 토지와 농부 그리고 민중의 용기와 신의 가호를 나타낸다.

🌐 **국가** 1936년 소련 연방의 일원이 되었다가 소련의 해체로 1991년 9월 23일 독립하였으며, 이웃 아제르바이잔과 인종, 종교, 영토의 분쟁이 있다. 국토의 대부분이 고원 지역으로, 농업이 발달하고, 화학, 야금 공업이 주요 산업이다. 천연가스, 구리, 아연, 납, 금 등의 자원을 보유하고 있다.

- **위치:** 동유럽 흑해 연안, 터키와 접경
- **수도:** 예레반(Yerevan, 110만 명)
- **면적:** 29,800㎢(한반도의 13.5%)
- **기후:** 대륙성 기후
- **인구:** 297만 명
- **민족:** 아르메니아인 93%, 아제르바이잔인, 러시아인
- **언어:** 아르메니아어(공용어), 러시아어
- **종교:** 아르메니아 정교 94%, 기독교 4%, 기타 2%
- **통화:** 드람(Dram)
- **1인당 GDP:** $3,504
- **정부 형태:** 공화제(대통령제)
- **주요 수출품:** 비금속, 보석, 광물, 식료품

나라꽃: 아네모네
과명: 미나리아재비과
학명: *Anemone coronaria*
영명: Anemone
꽃말: 기대, 인내, 비밀의 사랑

아시아

아르헨티나 | 아르헨티나 공화국
Argentine Republic

· 공식적 국기 채택일: 1812.02.27
· 한국과 국교 수교일: 1962.02.15
· 국제 연합 가맹일: 1945.10.24

14:9

- **위치**: 대서양 연안, 남아메리카 대륙 최남단
- **수도**: 부에노스아이레스(Buenos Aires, 305만 명)
- **면적**: 2,780,400㎢(한반도의 12.5배)
- **기후**: 아열대(북부), 온대(중부), 한대(남부)
- **인구**: 4,144만 명
- **민족**: 백인 97%(대부분 이탈리아계 및 에스파냐계)
- **언어**: 에스파냐어, 영어
- **종교**: 로마가톨릭 92%, 기독교, 유대교, 기타
- **통화**: 페소(Peso)
- **1인당 GDP**: $14,715
- **정부 형태**: 공화제(대통령 중심제)
- **주요 수출품**: 대두, 석유, 가스, 옥수수, 밀

나라꽃: 홍두화(황금목)
과명: 콩과
학명: *Erythrina crista-galli*
영명: Cockspur Coral Tree
꽃말: 열정, 희생, 봉사

● **국기** 아래위로 하늘과 바다를 상징하는 하늘색 가로 줄무늬가 있고 가운데 흰색 바탕에는 독립 전쟁을 상징하는 '5월의 태양'이 그려져 있다. 하늘색과 흰색은 독립 전쟁 때 병사들이 입은 군복 색상에서 따온 것이다.

● **국가** 16세기에 에스파냐의 지배를 받다 1816년 독립하였으며, 이후 쿠데타와 정권 교체 등을 겪다 1983년 12월 10일 민간 정부가 출범하였다. 남아메리카에서 두 번째로 큰 나라이며, 국토의 40%가 목장지이다. 석유, 천연가스, 철광석, 석탄의 천연자원을 보유하고 있다.

• 제11회 월드컵 개최국(1978)

남아메리카

아이슬란드 | 아이슬란드 공화국
Republic of Iceland

· 공식적 국기 채택일: 1944.06.17
· 한국과 국교 수교일: 1962.10.10
· 국제 연합 가맹일: 1946.11.19

25:18

- **위치**: 북유럽, 북대서양의 섬
- **수도**: 레이캬비크(Reykjavik, 12만 명)
- **면적**: 103,000㎢(한반도의 1/2)
- **기후**: 연평균 기온 5℃의 한랭 기후
- **인구**: 33만 명
- **민족**: 바이킹족, 켈트족
- **언어**: 아이슬란드어(공용어), 덴마크어
- **종교**: 루터교 81%, 레이카야비크 자유교회, 가톨릭
- **통화**: 아이슬란드 크로나(Iceland Krona)
- **1인당 GDP**: $47,461
- **정부 형태**: 공화제(내각 책임제)
- **주요 수출품**: 수산물, 알루미늄, 수산 가공물, 철강

나라꽃: 담자리꽃나무
과명: 장미과
학명: *Dryas octopetala*
영명: Mountain Avens
꽃말: 그 사랑에 눈을 떼지 마.

● **국기** 파란색 바탕에 스칸디나비아 반도 나라들의 국기에 사용되는 십자가가 있다. 오랜 지배를 받아 온 노르웨이와 덴마크의 국기 모양과 비슷하며, 빨간색은 화산, 파란색은 예로부터 사용해 온 국민색으로서 바다와 하늘을 뜻하고, 흰색은 빙하와 눈, 십자는 기독교 국가임을 나타낸다.

● **국가** 북대서양의 섬나라로, 노르웨이와 덴마크의 지배를 거쳐 1944년 아이슬란드 공화국으로 독립하였다. 국토의 79%가 빙하, 호수, 용암 지대로 구성되어 있다. 수산업이 발달하였으며, 부유한 경제력으로 교육을 무료로 실시하고 있다.

유럽

아이티 | 아이티 공화국
Republic of Haiti

· 공식적 국기 채택일: 1986.02.25
· 한국과 국교 수교일: 1962.09.22
· 국제 연합 가맹일: 1945.10.24

5:3

- **위치**: 중앙아메리카, 도미니카 공화국 서부 접경
- **수도**: 포르토 프랭스(Port-au-Prince)
- **면적**: 27,750㎢(경상도 크기)
- **기후**: 열대 해양성 기후
- **인구**: 1,031만 명
- **민족**: 아프리카계 95%, 물라토 및 백인 5%
- **언어**: 프랑스어(공용어), 크레올어
- **종교**: 가톨릭 80%, 개신교 16%, 기타 4%
- **통화**: 구르드(Gourde)
- **1인당 GDP**: $819
- **정부 형태**: 공화제(대통령 중심제)
- **주요 수출품**: 의류, 카카오, 커피, 망고, 향료

🌐 **국기** 파란색 · 빨간색의 가로 줄무늬 바탕 중앙에 국장이 그려져 있다. 국장은 독립과 자유를 상징하는데, 야자나무 위에 '자유의 모자'가 있고, 양쪽에 국기, 북과 나팔, 2문의 대포가 있으며, 아래 리본에 '단결은 힘'이라고 씌어 있다. 파란색 바탕은 흑인을, 빨간색 바탕은 백인과 혼혈 흑인을 상징한다.

🌐 **국가** 콜럼버스에 의해 발견되어 에스파냐와 프랑스의 지배를 받다가, 1804년 흑인 국가로서는 최초로 독립하였다. 세계 최빈국 중 하나이다.

나라꽃: 야자나무
과명: 종려나무과
학명: *Phoenix dactylifera*
영명: Date Palm
꽃말: 부활, 승리

북아메리카

아일랜드 | Ireland

· 공식적 국기 채택일: 1922.01.16
· 한국과 국교 수교일: 1983.10.04
· 국제 연합 가맹일: 1955.12.14

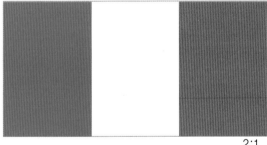

2:1

- **위치**: 북대서양 북동부
- **수도**: 더블린(Dublin, 112만 명)
- **면적**: 69,825㎢(한반도의 1/3)
- **기후**: 온대 해양성 기후
- **인구**: 462만 명
- **민족**: 켈트족
- **언어**: 영어, 아일랜드어
- **종교**: 가톨릭 88%, 개신교 3%, 기타
- **통화**: 유로(Euro)
- **1인당 GDP**: $50,503
- **정부 형태**: 공화제(의원 내각제)
- **주요 수출품**: 의약품, 전자 제품, 화학 약품, 기계류

🌐 **국기** 왼쪽부터 초록색 · 흰색 · 주황색이 세로로 배열된 3색기로, 초록색은 섬나라와 가톨릭 교도를, 주황색은 프로테스탄트 교도를, 흰색은 이 둘의 결합과 평화에 대한 기원, 우애를 상징한다.

🌐 **국가** 예로부터 켈트계 민족이 살던 곳으로, 영국의 지배를 받아 오다, 1949년 영국 연방을 탈퇴하여 완전히 독립하였다. 푸른 목초지가 많아 '초록의 섬'으로 불리며, 영토의 70%가 목장 또는 농경지로서 목축업을 중심으로 하는 농업국이다. 주요 광물 자원으로는 아연, 동, 천연가스 등이 있으며, 유럽에서 개발 잠재력이 큰 국가이다.

나라꽃: 토끼풀
과명: 콩과
학명: *Trifolium repense*
영명: White Clover
꽃말: 나를 사랑해 주세요.

유럽

아제르바이잔 | 아제르바이잔 공화국
Republic of Azerbaijan

· 공식적 국기 채택일: 1991.02.05
· 한국과 국교 수교일: 1992.03.23
· 국제 연합 가맹일: 1992.03.02

2:1

- **위치**: 카스피 해 연안, 러시아 및 이란, 터키와 접경
- **수도**: 바쿠(Baku, 200만 명)
- **면적**: 86,600㎢(한반도의 2/5)
- **기후**: 아열대성 기후
- **인구**: 941만 명
- **민족**: 아제르바이잔인 90%, 러시아인, 다게스탄인 등
- **언어**: 아제르바이잔어(공용어), 러시아어
- **종교**: 이슬람교(시아파 75%, 수니파 25%)
- **통화**: 아제르바이잔 마나트(Azerbaijan Manat)
- **1인당 GDP**: $7,811
- **정부 형태**: 공화제(대통령 중심제)
- **주요 수출품**: 원유, 천연가스, 화학, 섬유

🌐 **국기** 파란색 · 빨간색 · 초록색이 가로로 3등분된 삼색기로, 빨간색 줄무늬 가운데에 흰색 초승달과 8각별이 그려져 있다. 초승달은 이슬람 국가임을 나타내고, 별은 터키인이 분류한 8개의 터키 민족, 파란색은 터키 민족의 고유 색깔, 초록색은 이슬람교, 빨간색은 현대화와 진보를 나타낸다.

🌐 **국가** 1922년 '알바니아'로 구소련 연방에 가입되었으나, 1989년 주권을 선언하고 1991년 8월 30일 아제르바이잔 공화국으로 독립했다. 국토의 절반이 농축산에 이용되고, 원유 매장량 390억 배럴, 천연가스 1조㎥의 추정 매장량의 자원 보유국이다. 유전 개발, 건설, 자동차가 유망 업종이다.

수도 바쿠를 상징하는 대표적인 건물 메이든 타워(Maiden Tower)

아시아

아프가니스탄 | 아프가니스탄 이슬람 공화국
Islamic Republic of Afghanistan

· 공식적 국기 채택일: 2004.01.04
· 한국과 국교 수교일: 1973.12.31
· 국제 연합 가맹일: 1946. 11. 19

3:2

- **위치**: 중앙아시아 남부, 인도 대륙 서북
- **수도**: 카불(Kabul, 410만 명)
- **면적**: 652,00㎢(한반도의 3배)
- **기후**: 온대 몬순 기후(연중 건조, 기온 연교차 극심)
- **인구**: 3,055만 명
- **민족**: 파슈툰족, 타지크족, 우즈베크족, 하자라족
- **언어**: 페르시아 파슈토어, 다리어, 터키어 등
- **종교**: 이슬람교 99%(수니파 80%, 시아파 20%)
- **통화**: 아프가니(Afghani)
- **1인당 GDP**: $664
- **정부 형태**: 대통령 중심제
- **주요 수출품**: 농산물, 카펫 등 모직류

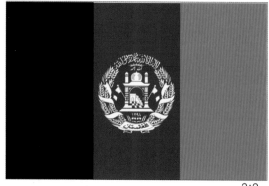

🌐 **국기** 검은색 · 빨간색 · 초록색의 삼색기로, 중앙 빨간색 바탕에 흰색의 국장이 있다. 검은색은 이슬람 이념의 전통색, 빨간색은 용기, 초록색은 풍요로움을 상징한다. 국장은 메라브 사원이 2개의 밀 이삭에 둘러싸인 모습으로, '알라는 위대하다.'라는 코란의 구절이 씌어 있다.

🌐 **국가** 1919년 영국으로부터 독립 후 1973년 쿠데타로 왕정이 무너지고 공화국이 되었다. 국토의 75%가 고원이고, 남부는 사막이다. 주요 산업은 농업, 광업, 서비스업이며, 주요 자원은 석유, 석탄, 천연가스이다.

나라꽃: 튤립(적색) 또는 밀
과명: 백합과
학명: *Tulipa gesneriana*
영명: Tulip
꽃말: 사랑의 고백, 명예, 명성

아시아

안도라 안도라 공국
Principality of Andorra

· 공식적 국기 채택일: 1971.08.27
· 한국과 국교 수교일: 1995.02.23
· 국제 연합 가맹일: 1993.07.28

10:7

· **위치:** 유럽 서남부, 프랑스와 에스파냐의 국경
· **수도:** 안도라라베야(Andorra la Vella, 2만 5천 명)
· **면적:** 468㎢(서울시 면적의 3/4))
· **기후:** 한랭 산악 기후
· **인구:** 79,000명
· **민족:** 카탈루냐인, 에스파냐계 안도라인, 프랑스인
· **언어:** 카탈루냐어(공용어), 에스파탸어, 프랑스어
· **종교:** 가톨릭
· **통화:** 유로(Euro)
· **1인당 GDP:** $41,122
· **정부 형태:** 의회 공동 공후국
· **주요 수출품:** 전기 제품, 담배, 가구, 장난감

🌐 **국기** 프랑스와 에스파냐 국기의 색인 파란색 · 노란색 · 빨간색을 조합시킨 삼색기로, 중앙에 영주와 사제, 그리고 이 고장을 상징하는 방패 모양의 문장이 있다. 문장 아래에는 라틴어로 "결합한 덕행은 더욱 강력하다."라고 씌어 있다.

🌐 **국가** 1278년 이후 프랑스와 에스파냐의 공동 주권 하에 있다. 1993년 5월 4일 헌법을 제정하고 유엔에 가입하였다. 농축산업이 주요 산업이지만, 관광 산업과 우표로 얻는 수입이 더 많다.

나라꽃: 수선화
과명: 수선화과
학명: *Narcissus poeticus*
영명: Narcissus
꽃말: 신비, 자존

유럽

알바니아 알바니아 공화국
Republic of Albania

· 공식적 국기 채택일: 1992.04.07
· 한국과 국교 수교일: 1991.08.22
· 국제 연합 가맹일: 1955.12.14

7:5

· **위치:** 유럽 동남부 발칸 반도 서북부
· **수도:** 티라나(Tirana, 약 70만 명)
· **면적:** 28,748㎢(한반도의 1/8)
· **기후:** 내륙부는 대륙성, 해안 지대는 지중해성
· **인구:** 317만 명
· **민족:** 알바니아계 95%, 그리스인 3%, 기타 2%
· **언어:** 알바니아어, 그리스어
· **종교:** 이슬람교 70%, 그리스정교 20%, 가톨릭 10%
· **통화:** 레크(Lek)
· **1인당 GDP:** $4,659
· **정부 형태:** 의회 민주제(대통령제 가미)
· **주요 수출품:** 크롬, 직물, 채소, 과일

🌐 **국기** 빨간색 바탕 중앙에 양 방향을 바라보고 있는 검은색 쌍두 독수리가 그려져 있다. 독수리의 두 머리는 나라가 동양과 서양 사이에 있다는 지리적 특성을 나타낸다. 빨간색 바탕은 15세기 무렵 대항해서 싸운 터키, 쌍두 독수리는 이 나라의 시조가 '독수리의 자손'이라는 전설에 유래한다.

🌐 **국가** 오스만 튀르크의 지배를 받다 1912년 독립하고, 제2차 세계 대전 후 인민공화국이 수립되었지만, 1919년 사회주의가 붕괴되고 공화국이 되었다. 국토 대부분이 산지로 크롬, 구리, 석탄, 천연가스 자원을 보유하고 있다.

나라꽃: 붉은양귀비
과명: 양귀비과
학명: *Papaver somniferum*
영명: Opium Poppy
꽃말: 위로

유럽

알제리 | 알제리 인민 민주 공화국
People's Democratic Republic of Algeria

· 공식적 국기 채택일: 1962.07.03
· 한국과 국교 수교일: 1990.01.15
· 국제 연합 가맹일: 1962.10.08

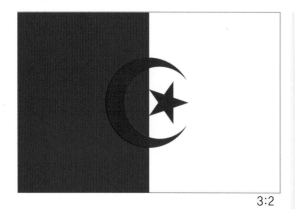

3:2

- **위치:** 아프리카 대륙 북부, 지중해 연안
- **수도:** 알제(Alger, 315만 명)
- **면적:** 2,381,740 ㎢(한반도의 10배)
- **기후:** 지중해성 기후 및 사막 기후(겨울철 비 많음.)
- **인구:** 3,920만 명
- **민족:** 아랍계 80%, 베르베르인 19%
- **언어:** 아랍어, 프랑스어, 베르베르어
- **종교:** 이슬람교(수니파) 99%
- **통화:** 알제리 디나르(Algerian Dinar)
- **1인당 GDP:** $5,360
- **정부 형태:** 공화국(대통령 중심제)
- **주요 수출품:** 석유, 천연가스

나라꽃: 중국붓꽃
과명: 붓꽃과
학명: *Iris tectorum* Maxim.
영명: Wall Iris
꽃말: 존경, 좋은 소식

🌐 **국기** 초록색과 흰색 바탕 중앙에 빨간색의 초승달과 별이 있다. 초승달과 별은 이슬람국의 공통된 상징이고, 초록색은 번영과 용기, 흰색은 평화와 순결을 의미하며, 빨간색은 독립을 위해 흘린 피를 상징한다. 또 초승달은 자유를, 초승달의 날카로운 끝은 미래의 행운을 나타낸다.
🌐 **국가** 1830년 프랑스의 식민지였다가 130여 년만인 1962년에 독립하였다. 아프리카에서 가장 큰 나라로, 국토의 대부분이 사하라 사막 지대이지만, 천연가스와 석유 매장량이 많다.

아프리카

앙골라 | 앙골라 공화국
Republic of Angola

· 공식적 국기 채택일: 1975.11.11(독립일)
· 한국과 국교 수교일: 1992.01.06
· 국제 연합 가맹일: 1976.12.01

3:2

- **위치:** 아프리카 남서부 나미비아 북쪽 접경
- **수도:** 루안다(Luanda, 450만 명)
- **면적:** 1,246,700 ㎢(한반도의 약 5.6배)
- **기후:** 고온 다우, 사바나형 열대 기후
- **인구:** 2,147만 명
- **민족:** 오빔분두족, 킴분두족, 바콩고족, 유럽인
- **언어:** 포르투갈어(공용어), 반투어 등 기타 부족어
- **종교:** 가톨릭교 38%, 기독교 15%, 토착 종교 47%
- **통화:** 콴자(Kwanza)
- **1인당 GDP:** $5,783
- **정부 형태:** 공화제(대통령 중심제)
- **주요 수출품:** 원유, 다이아몬드, 커피

앙골라의 고원 지대

🌐 **국기** 빨간색과 검은색의 2색기로, 중앙에 노란색의 별과 톱니바퀴와 칼이 있다. 빨간색은 독립전쟁에서 흘린 피, 검은색은 국민과 아프리카 대륙, 노란색은 국가의 부를 상징한다. 별은 사회주의 국가 건설, 톱니바퀴는 공업화와 노동자, 칼은 농업과 농민을 나타낸다.
🌐 **국가** 1975년에 포르투갈로부터 독립하였으나, 독립 후 내분과 내전이 이어지다가 2002년 27년간의 내전을 끝냈다. 국토의 67%가 고원 지대로 원유, 철광석, 다이아몬드 등의 천연자원이 있고, 커피, 고무 야자 등이 주요 농산물이다.

아프리카

앤티가 바부다 | Antigua and Barbuda

· 공식적 국기 채택일: 1967.02.27
· 한국과 국교 수교일: 1981.11.01
· 국제 연합 가맹일: 1981.11.11

3:2

- **위치:** 카리브 해 동부 끝 소앤틸리스 제도 북쪽
- **수도:** 세인트존스(Saint John's, 2만 7천 명)
- **면적:** 443㎢(한반도의 1/503)
- **기후:** 열대 해양성 기후
- **인구:** 9만 명
- **민족:** 아프리카계 흑인 및 혼혈, 소수의 영미계 백인
- **언어:** 영어(공용어), 지방 원주민어
- **종교:** 영국 성공회, 가톨릭
- **통화:** 동 카리브 달러(East Caribbean Dollar)
- **1인당 GDP:** $13,342
- **정부 형태:** 내각 책임제
- **주요 수출품:** 수공예품, 전자 부품, 수송 장비

🌐 **국기** 빨간색 · 파란색 · 검은색 바탕 문양에 노란색 태양이 그려져 있다. 태양은 새 시대의 아침, 빨간색은 독립의 강인한 힘, 파란색은 카리브 해와 희망, 검은색은 흑인과 아프리카 출신 조상을 상징한다. 또 흰색은 유럽계 백인, V자형 도형은 승리와 주민의 활력, 노란색 · 파란색 · 흰색 배열은 태양 · 바다 · 해변 등 자연의 매력을 나타낸다.

🌐 **국가** 앤티가 · 바부다 · 레돈다의 세 섬으로 이루어져 있다. 1667년 이후 영국 연방령에 속했다가 1981년 11월 11일 독립하였다. 면화, 사탕수수, 수산물이 주요 산물이다.

나라꽃: 용설란
과명: 용설란과
학명: *Agave karatto*
영명: Dagger's Log
꽃말: 섬세

북아메리카

에리트레아 | State of Eritrea

· 공식적 국기 채택일: 1993.05.24
· 한국과 국교 수교일: 1993.05.24
· 국제 연합 가맹일: 1993.05.28

2:1

- **위치:** 아프리카 동북단, 에티오피아 북부 홍해 연안
- **수도:** 아스마라(Asmara, 45만 명)
- **면적:** 117,600㎢(한반도의 1/2)
- **기후:** 열대성 건조 기후
- **인구:** 633만 명
- **민족:** 티그리냐족 50%, 티그레족 · 쿠나마족 40% 등
- **언어:** 티그리냐어, 아랍어, 영어
- **종교:** 이슬람교 50%, 에리트레아 정교 50%
- **통화:** 낙파(Nakfa)
- **1인당 GDP:** $543
- **정부 형태:** 공화제(대통령 중심제)
- **주요 수출품:** 가축, 섬유, 식품, 당밀

🌐 **국기** 초록색 · 빨간색 · 파란색 삼각형 바탕 가운데 빨간색 삼각형이 있고 그 왼쪽에 노란색 올리브 가지 문양의 문장이 그려져 있다. 초록색은 농업과 푸른 대지, 파란색은 홍해, 빨간색은 투쟁에서 흘린 피, 올리브 가지는 독립 투쟁의 승리와 희망에 찬 국가의 모습을 나타낸다.

🌐 **국가** 이탈리아 식민지였으나, 1952년 남부 에티오피아와 연방으로 결합하여 독립하였고, 1962년 에티오피아 일방 합병에 불복 항쟁하여 1993년에 독립하였다. 주요 산업은 농업, 섬유, 식품 가공업이며 국민 대다수가 농업과 목축업에 종사한다. 금, 소금, 천연가스 등의 천연자원이 있다.

에리트레아 수도 아스마라

아프리카

에스토니아 | 에스토니아 공화국
Republic of Estonia

· 공식적 국기 채택일: 1990.08.07
· 한국과 국교 수교일: 1991.10.17
· 국제 연합 가맹일: 1991.09.17

11:7

- **위치:** 발트 해 동부
- **수도:** 탈린(Tallinn, 40만 명)
- **면적:** 45,227㎢(한반도의 1/5)
- **기후:** 해양성·대륙성 기후
- **인구:** 128만 명
- **민족:** 에스토니아인 69%, 러시아인 26%
- **언어:** 에스토니아어(공용어), 러시아어
- **종교:** 루터파 개신교, 러시아 정교, 침례교
- **통화:** 유로(Euro)
- **1인당 GDP:** $18,783
- **정부 형태:** 공화제(내각 책임제)
- **주요 수출품:** 목재, 기계, 광산물

나라꽃: 수레국화
과명: 국화과
학명: *Centaurea cyanus*
영명: Cornflower
꽃말: 행복

● **국기** 파란색·검은색·흰색이 가로로 배열된 3색기이다. 파란색은 하늘, 바다, 충성, 단결을 상징하고, 검은색은 에스토니아의 힘든 역사와 대지, 흰색은 눈과 미래, 지나간 힘든 역사를 잊지 않겠다는 각오를 나타낸다.

● **국가** 덴마크, 독일, 폴란드, 스웨덴, 러시아의 지배를 받았으며, 1991년에 독립하였다. 수도 탈린의 구 시가지는 유네스코 세계 문화 유산으로서, 유럽에서 가장 잘 보존된 중세 도시 중 하나이다. 제조업과 화학 산업이 주요 산업이며, 특히 정보 산업이 크게 발달하였다.

유럽

에스파냐(스페인) | 에스파냐 왕국
Reino de España

· 공식적 국기 채택일: 1978.12.06
· 한국과 국교 수교일: 1950.03.17
· 국제 연합 가맹일: 1955.12.14

3:2

- **위치:** 유럽 남서쪽 끝, 이베리아 반도 포르투갈 접경
- **수도:** 마드리드(Madrid, 500만 명)
- **면적:** 505,992㎢(한반도의 2.3배)
- **기후:** 여름이 덥고 겨울이 약간 추운 온대성 기후
- **인구:** 4,692만 명
- **민족:** 라틴족
- **언어:** 에스파냐어(카스티야어)
- **종교:** 가톨릭
- **통화:** 유로(Euro)
- **1인당 GDP:** $29,863
- **정부 형태:** 입헌 군주제(내각 책임제)
- **주요 수출품:** 기계류, 화학 제품, 자동차, 비료, 음료

나라꽃: 카네이션
과명: 석죽과
학명: *Dianthus caryophyllus*
영명: Carnation
꽃말: 모정, 사랑

● **국기** 빨간색·노란색·빨간색이 가로로 배열되고 중앙 왼쪽에는 국장이 있다. 노란색은 국토, 빨간색은 국토를 지킨 피를 나타낸다. 국장의 양쪽에는 헤라클레스의 기둥이, 위쪽에는 왕관이 그려져 있다. 빨간 리본에는 '보다 더 먼 세계로'라고 씌어 있으며, 방패에는 통일 전 에스파냐의 다섯 왕국의 문양이 그려져 있다.

● **국가** 1492년 콜럼버스의 미주 대륙 발견을 시작으로 식민지를 개척하며 한때 강국을 이룩하였다. 투우로 유명하고 관광업이 발달하였으며, 주요 자원으로 석탄, 철강 등이 있다.

유럽

· 제25회 올림픽 개최지 바르셀로나(1992) · 제12회 월드컵 개최국(1982)

에콰도르 | 에콰도르 공화국
Republic of Ecuador

· 공식적 국기 채택일: 1900.12.05
· 한국과 국교 수교일: 1962.10.05
· 국제 연합 가맹일: 1945.12.21

3:2

- **위치:** 남아메리카 대륙 북단 적도상, 태평양 연안
- **수도:** 키토(Quito, 162만 명)
- **면적:** 256,369㎢(한반도의 1.3배)
- **기후:** 고온 다습(해안과 저지대), 온대성 기후(고지대)
- **인구:** 1,573만 명
- **민족:** 메스티소 62%, 인디오 25%, 유럽계, 흑인 등
- **언어:** 에스파냐어(공용어), 케추아어
- **종교:** 가톨릭 90%
- **통화:** 미국 달러(US Dollar)
- **1인당 GDP:** $6,002
- **정부 형태:** 공화제(대통령 중심제)
- **주요 수출품:** 석유, 커피, 바나나, 카카오

나라꽃: 카틀레야
과명: 난초과
학명: *Cattleya hybrids*
영명: Cattleya
꽃말: 당신은 아름답습니다.

🌐 **국기** 노란색 · 파란색 · 빨간색이 가로로 배열되고, 중앙에 문장이 있다. 노란색은 부와 태양, 파란색은 하늘과 바다와 아마존 강, 빨간색은 독립 운동에서 흘린 피를 나타낸다. 문장은 침보라소 화산, 상선, 바다, 콘도르, 태양 등으로 이루어져 있고, 아래쪽에 공화제의 상징인 도끼가 있다.

🌐 **국가** 에스파냐의 지배를 받다가 1830년 분리, 독립하였다. 지진이 많은 나라로, 에콰도르 안데스는 전체 안데스 산맥 중 화산이 가장 많다. 바나나 생산이 많은 나라로 유명하고, 석유 생산이 최대의 산업이다.

남아메리카

에티오피아 | 에티오피아 연방 민주 공화국
Federal Democratic Republic of Ethiopia

· 공식적 국기 채택일: 1996.02.06
· 한국과 국교 수교일: 1963.12.23
· 국제 연합 가맹일: 1945.11.13

2:1

- **위치:** 아프리카 북동부, 소말리아 서부 접경
- **수도:** 아디스아바바(Addis Ababa, 500만 명)
- **면적:** 1,104,300㎢(한반도의 5배)
- **기후:** 연중 쾌적(고원 지대), 고온 다습(저지대)
- **인구:** 9,410만 명
- **민족:** 오모로족 35%, 암하라족 27% 등 80여 개 종족
- **언어:** 암하라어(공용어), 영어
- **종교:** 에티오피아 정교 43.5%, 이슬람교 33.9%
- **통화:** 비르(Ethiopian Birr)
- **1인당 GDP:** $505
- **정부 형태:** 연방 공화제(내각 책임제)
- **주요 수출품:** 커피, 피혁, 채소, 과일

나라꽃: 칼라
과명: 천남성과
학명: *Zantedeschia aethiopica*
영명: Calla Lily
꽃말: 환희, 청결, 순결

🌐 **국기** 초록색 · 노란색 · 빨간색이 가로로 배열되고, 중앙의 파란색 원 바탕에 '솔로몬의 별'이라고 하는 노란색 별이 그려진 국장이 있다. 초록색은 비옥한 국토와 부, 노란색은 희망과 종교의 자유, 빨간색은 용기와 희생을 상징한다. 별은 국가와 국민의 통합과 발전, 파란색은 평화, 별의 선이 끊어진 것은 국민과 종교의 평등을 나타낸다.

🌐 **국가** 기원전 왕국으로부터 기원하여 아프리카에서 이집트와 함께 가장 오랜 역사를 가진 나라이다. 6.25전쟁 때 6천여 명의 병력을 파병해 준 우방 국가로, 참전 16개 국의 하나이다. 주요 수출품인 커피의 맛과 향이 우수한 것으로 알려져 있고, 금, 동, 아연 등 광물 자원이 비교적 풍부하다.

아프리카

엘살바도르 | 엘살바도르 공화국
Republic of El Salvador

· 공식적 국기 채택일: 1972.09.27
· 한국과 국교 수교일: 1962.08.30
· 국제 연합 가맹일: 1945.10.24

335:189

🔵 **국기** 위아래로 파란색이 배열되고, 가운데 흰색 바탕에는 국장이 그려져 있다. 파란색은 하늘과 태평양과 카리브 해, 흰색은 평화, 협력을 나타낸다. 문장에는 해방을 뜻하는 '자유의 모자'와 구 연방 5개국을 표시한 5개의 화산과 기가 그려져 있다. 리본에는 '신, 단결, 자유', 바깥 둘레에는 '중앙아메리카 엘살바도르 공화국'이라고 씌어 있다.

🔵 **국가** 1821년 에스파냐로부터 독립하여 중앙아메리카 연방을 만들었으나, 1841년 공화국으로 분리, 독립하였다. 국민의 절반 이상이 커피 농사를 짓고, 주요 농산물로 커피, 면화, 설탕 등이 있다.

- **위치**: 중앙아메리카 태평양 연안, 과테말라 접경
- **수도**: 산살바도르(San Salvador, 200만 명)
- **면적**: 21,041㎢(한반도의 약 1/10)
- **기후**: 열대 · 해양성 기후
- **인구**: 634만 명
- **민족**: 메스티소 91%, 백인 6%, 인디오 3%
- **언어**: 에스파냐어
- **종교**: 가톨릭 75%, 개신교 20%
- **통화**: 미국 달러(US Dollar)
- **1인당 GDP**: $3,826
- **정부 형태**: 공화제(대통령 중심제)
- **주요 수출품**: 커피, 설탕, 섬유 제품, 화학, 전기

나라꽃: 유카
과명: 용설란과
학명: *Yucca elephantipes*
영명: Yucca
꽃말: 성스러운, 고귀한

북아메리카

영국 | 그레이트브리튼과 북아일랜드 연합 왕국
United Kingdom of Great Britain and Northern Ireland

· 공식적 국기 채택일: 1801.01.01
· 한국과 국교 수교일: 1949.01.18
· 국제 연합 가맹일: 1945.10.24

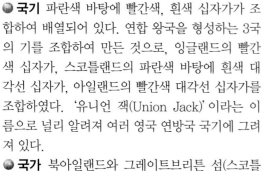

2:1

🔵 **국기** 파란색 바탕에 빨간색, 흰색 십자가가 조합하여 배열되어 있다. 연합 왕국을 형성하는 3국의 기를 조합하여 만든 것으로, 잉글랜드의 빨간색 십자가, 스코틀랜드의 파란색 바탕에 흰색 대각선 십자가, 아일랜드의 빨간색 대각선 십자가를 조합하였다. '유니언 잭(Union Jack)'이라는 이름으로 널리 알려져 여러 영국 연방국 국기에 그려져 있다.

🔵 **국가** 북아일랜드와 그레이트브리튼 섬(스코틀랜드, 잉글랜드, 웨일스) 및 군도와 해외령으로 이루어져 있다. 경제 대국이자 세계 금융의 중심 국가이다. 북해에서 천연가스와 석유가 생산된다.

- **위치**: 유럽 대륙의 서북쪽 북대서양
- **수도**: 런던(London, 756만 명)
- **면적**: 242,495㎢(한반도의 1.1배)
- **기후**: 온대 해양성 기후
- **인구**: 6,313만 명
- **민족**: 앵글로 색슨족, 켈트족
- **언어**: 영어
- **종교**: 기독교 71.8%, 이슬람교 2.8%, 힌두교 1% 등
- **통화**: 파운드 스털링(Pound sterling)
- **1인당 GDP**: $41,787
- **정부 형태**: 입헌 군주제(내각 책임제)
- **주요 수출품**: 원유, 의약품, 석유 제품, 자동차, 기계류

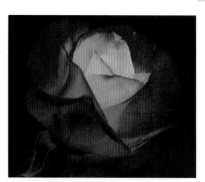

나라꽃: 튜터 장미
과명: 장미과
학명: *Rosa hybrida* Hort.
영명: Tudor Rose
꽃말: 애정, 아름다움, 사랑, 정절, 순결

유럽

· 제4회 올림픽 개최지 런던(1908)   · 제14회 올림픽 개최지 런던(1948)   · 제30회 올림픽 개최지 런던(2012)   · 제8회 월드컵 개최국(1966)

예멘 | 예멘 공화국
Republic of Yemen

· 공식적 국기 채택일: 1990.05.22
· 한국과 국교 수교일: 1985.08.22
· 국제 연합 가맹일: 1947.09.30

3:2

- **위치:** 아라비아 반도 남서부 인도양 연안
- **수도:** 사나(Sana'a, 97만 명)
- **면적:** 527,968㎢(한반도의 2.4배)
- **기후:** 고온 다습(해안 저지), 온화 건조(산악 지대)
- **인구:** 2,440만 명
- **민족:** 아랍족(에티오피아계 등 혼재)
- **언어:** 아랍어
- **종교:** 이슬람교(수니파 53%, 시아파 47%)
- **통화:** 예멘 리알(Yemen Rial)
- **1인당 GDP:** $ 1,473
- **정부 형태:** 입헌 공화제
- **주요 수출품:** 석유, 커피, 천연가스, 콩, 어패류

나라꽃: 커피나무
과명: 꼭두서니과
학명: *Coffea Arabica*
영명: Coffee tree bush
꽃말: 협동, 합심

🌐 **국기** 빨간색 · 흰색 · 검은색이 가로로 배열된 3색기이다. 빨간색은 독립의 열정과 혁명, 흰색은 밝은 미래, 검은색은 암흑의 과거와 이슬람의 승리를 표시한다.

🌐 **국가** 1990년 북예멘과 남예멘이 통합하여 새로운 국가로 발족한 나라이지만, 남북 분리주의 운동이 일어나는 등 불안한 정세가 지속되고 있다. 전통적인 산업은 농업과 어업이나, 원유 생산과 아덴에 정유소가 건설되어 원유, 석유 제품 수출이 경제의 중심을 이루고 있다.

아시아

오만 | 오만 이슬람 왕국
Sultanate of Oman

· 공식적 국기 채택일: 1995.10.18
· 한국과 국교 수교일: 1974.03.28
· 국제 연합 가맹일: 1971.10.07

2:1

- **위치:** 중동, 아라비아 반도 동남단
- **수도:** 무스카트(Muscat, 27,000명)
- **면적:** 309,500㎢(한반도의 1.4배)
- **기후:** 사막성 기후, 5~10월 고온 건조
- **인구:** 363만 명
- **민족:** 아랍인이 대부분, 발루치인, 남아시아인
- **언어:** 아랍어(영어도 통용)
- **종교:** 이슬람교(이바디파가 다수)
- **통화:** 리알 오마니(Riyal Omani)
- **1인당 GDP:** $ 21,929
- **정부 형태:** 군주제
- **주요 수출품:** 원유, 천연가스, 석유 제품, 전기 · 기계

오만의 도시

🌐 **국기** 흰색 · 빨간색 · 초록색이 가로로 배열되고, 깃대 쪽에는 빨간색 세로 바탕에 흰색의 국장이 그려져 있다. 흰색은 고대 오만의 기에서 유래되었으며 평화와 번영을 상징하고, 빨간색은 새로운 오만 국가 수호를, 초록색은 이슬람교에 대한 믿음과 식물 자원의 풍부함을 나타낸다. 국장은 이 나라의 전통적인 장검과 단검이 조합되어 국왕의 위엄을 상징한다.

🌐 **국가** 국토 대부분이 암석 사막과 스텝으로 된 고원 산지이다. 한때 포르투갈의 지배를 받다가 1749년 독립하였으며, 다시 영국의 보호령이 되었다가 1970년에 독립하였다. 대추야자와 오렌지, 포도 등을 생산한다.

아시아

오스트레일리아 | 오스트레일리아 연방
Commonwealth of Australia

2:1

- 공식적 국기 채택일: 1909.05.22
- 한국과 국교 수교일: 1961.10.30
- 국제 연합 가맹일: 1945.11.01

- **위치**: 남태평양
- **수도**: 캔버라(Canberra, 36만 명)
- **면적**: 7,692,024㎢(한반도의 약 35배)
- **기후**: 건조한 아열대성 기후(지역차가 있음.)
- **인구**: 2,334만 명
- **민족**: 앵글로색슨 80%, 기타 유럽·아시아계, 원주민
- **언어**: 영어(공용어)
- **종교**: 성공회 23.9%, 가톨릭 26.1%, 그리스 정교 등
- **통화**: 오스트레일리아 달러(Australian Dollar)
- **1인당 GDP**: $67,458
- **정부 형태**: 입헌 군주제(내각 책임제)
- **주요 수출품**: 철광석, 보크사이트, 원유, 양모, 쇠고기

🔵 **국기** 파란색 바탕 왼쪽 위에 있는 영국 국기와 조합하여 큰 7각별 1개와 4개의 7각별 그리고 하나의 작은 5각별로 구성되어 있다. 큰 7각별은 연방을, 나머지 5개의 크고 작은 별은 남십자자리를 표시하며, 별의 7각은 대륙의 6개 주와 북부 태즈메이니아 섬 군주를 상징한다.

🔵 **국가** 6개의 자치주와 2개의 특별구로 구성되어 있다. 1788년 이래 영국의 식민 상태였다가 1901년 여섯 주로 오스트레일리아 연방을 결성하였으며, 1926년 사실상 독립국이 되었다. 철, 금, 은, 석탄 등의 지하자원이 풍부하고 농업, 목축업, 광업이 발달하였으며, 양모·목재 자원 등의 주요 수출국이다.

나라꽃: 골든와틀
과명: 미모사과
학명: *Acacia pycnantha*
영명: Golden Wattle
용도: 땔감, 향수, 우표 목록

오세아니아

- 제16회 올림픽 개최지 멜버른(1956) • 제27회 올림픽 개최지 시드니(2000)

오스트리아 | 오스트리아 공화국
Republic of Austria

3:2

- 공식적 국기 채택일: 1918.11.11
- 한국과 국교 수교일: 1963.05.22
- 국제 연합 가맹일: 1955.12.14

- **위치**: 유럽 대륙 중앙, 독일·이탈리아 접경
- **수도**: 빈(Vienna, Wien, 167만 명)
- **면적**: 83,872㎢(한반도의 2/5)
- **기후**: 대륙성 기후(동부), 해양성 기후(서부)
- **인구**: 849만 명
- **민족**: 게르만족(독일계) 99.4%, 구 유고 및 동구계
- **언어**: 독일어
- **종교**: 가톨릭 85%, 개신교 6%, 기타 9%
- **통화**: 유로(Euro)
- **1인당 GDP**: $50,546
- **정부 형태**: 의원 내각제
- **주요 수출품**: 자동차, 전기 제품, 철강, 기계

🔵 **국기** 빨간색·흰색·빨간색이 가로로 배열되어 있다. 국기의 색깔은 1191년 십자군 원정 당시 전쟁 영웅 레오폴트 헬덴 공작의 흰 군복이 적군의 피로 물들었지만 허리 아래는 물들지 않았다는 이야기에서 유래한다. 정부기에는 중앙에 검은 독수리 국장이 새겨져 있다.

🔵 **국가** 9개 주로 구성된 연방 공화국으로, 2차 세계 대전 후 1955년 주권 영세 중립국이 되었다. 관광 수입으로 재정을 감당할 정도로 고사나 고유적이 많으며, 국제적 교류가 많다.

나라꽃: 에델바이스(솜다리)
과명: 국화과
학명: *Leontopodium alpinum*
영명: Edelweiss
꽃말: 소중한 추억

유럽

- 제9회 동계 올림픽 개최 인스부르크(1964) • 제12회 동계 올림픽 개최 인스부르크(1976)

온두라스 | 온두라스 공화국
Republic of Honduras

· 공식적 국기 채택일: 1866.02.16
· 한국과 국교 수교일: 1962.04.01
· 국제 연합 가맹일: 1945.12.17

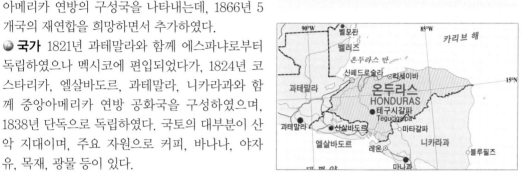

2:1

🌐 **국기** 파란색 · 흰색 · 파란색이 가로로 배열되고 중앙의 흰색 바탕에 파란색 별 5개가 그려져 있다. 파란색은 태평양과 카리브 해를, 흰색은 국토의 평화를 나타낸다. 중앙에 있는 5개의 별은 옛 중앙아메리카 연방의 구성국을 나타내는데, 1866년 5개국의 재연합을 희망하면서 추가하였다.

🌐 **국가** 1821년 과테말라와 함께 에스파냐로부터 독립하였으나 멕시코에 편입되었다가, 1824년 코스타리카, 엘살바도르, 과테말라, 니카라과와 함께 중앙아메리카 연방 공화국을 구성하였으며, 1838년 단독으로 독립하였다. 국토의 대부분이 산악 지대이며, 주요 자원으로 커피, 바나나, 야자유, 목재, 광물 등이 있다.

- **위치**: 중앙아메리카, 과테말라 동남부 접경
- **수도**: 테구시갈파(Tegucigalpa, 125만 명)
- **면적**: 112,492 ㎢(한반도의 1/2)
- **기후**: 고온 다습(해안 평원), 온난(대륙 고지)
- **인구**: 809만 명
- **민족**: 메스티소 90%, 인디오 7%, 흑인 2%, 백인 1%
- **언어**: 에스파냐어
- **종교**: 가톨릭 97%
- **통화**: 렘피라(Lempira)
- **1인당 GDP**: $2,290
- **정부 형태**: 공화제(대통령 중심제)
- **주요 수출품**: 커피, 바나나, 수산물, 식물성 유지

나라꽃: 린코레리아 딕비아나
과명: 난초과
학명: *Rhyncholaelia digbyana*
영명: Digby's Beaked Laelia
꽃말: —

북아메리카

요르단 | 요르단 하심 왕국
Hashemite Kingdom of Jordan

· 공식적 국기 채택일: 1928.04.16
· 한국과 국교 수교일: 1962.07.26
· 국제 연합 가맹일: 1955.12.14

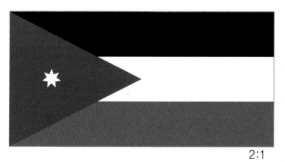

2:1

🌐 **국기** 검은색 · 흰색 · 초록색이 가로로 배열되어 있고, 깃대 쪽 빨간색 삼각형에 7각의 흰색 별이 그려져 있다. 빨간색 삼각형은 아랍의 혁명과 피, 초록색은 파티마 왕조와 비옥한 토지, 흰색은 우마이야 왕조와 고결함 · 관용, 검은색은 아바스 왕조와 적과의 싸움을 상징한다. 7각 별은 '코란' 첫 장의 7개 행을 의미하며, 7개 각은 각각 신 · 인류애 · 국민 정신 · 겸손 · 사회 정의 · 덕 · 열망을 나타내는 동시에 아랍인들의 통합을 상징한다.

🌐 **국가** 1946년 제2차 세계 대전 종료 후 영국으로부터 왕국으로 독립하였다. 국토의 대부분이 사막이라 산업이 뒤떨어진 편이다. 주요 자원으로 인광석과 가성칼리가 있다.

- **위치**: 이스라엘, 시리아, 이라크, 사우디아라비아 접경
- **수도**: 암만(Amman, 242만 명)
- **면적**: 89,328 ㎢(한국 국토 면적과 비슷)
- **기후**: 반건조성 지중해성 기후
- **인구**: 727만 명
- **민족**: 아랍인 98%, 아르메니아인 1%, 체르케스인 1%
- **언어**: 아랍어(공용어), 영어
- **종교**: 이슬람교(수니파) 92%, 기독교 6%
- **통화**: 요르단 디나르(Jordanian Dinar)
- **1인당 GDP**: $5,214
- **정부 형태**: 입헌 군주제
- **주요 수출품**: 가공 유지, 인광석, 화학 비료, 의약품

나라꽃: 블랙 아이리스
과명: 붓꽃과
학명: *Iris nigricans*
영명: Black Iris
꽃말: —

아시아

우간다 | 우간다 공화국
Republic of Uganda

· 공식적 국기 채택일: 1962.10.09
· 한국과 국교 수교일: 1963.03.26
· 국제 연합 가맹일: 1962.10.25

3:2

- **위치**: 아프리카 동부, 케냐 서쪽 접경 내륙국
- **수도**: 캄팔라(Kampala)
- **면적**: 241,550 km²(한반도의 1.1배)
- **기후**: 고온, 열대성 기후
- **인구**: 3,757만 명
- **민족**: 바간다족, 바니안콜레족, 바소가족, 바키아족
- **언어**: 영어, 스와힐리어
- **종교**: 가톨릭 42%, 개신교 42%, 이슬람교 12%
- **통화**: 우간다 실링(Uganda Shilling)
- **1인당 GDP**: $572
- **정부 형태**: 공화제(대통령 중심제)
- **주요 수출품**: 어류, 커피, 면화, 담배, 홍차

우간다의 국조 관학

🌐 **국기** 위에서부터 검은색·노란색·빨간색의 3색이 6개 가로줄로 배열되고, 중앙에는 흰색 원 안에 우간다의 국조인 관학이 그려져 있다. 검은색은 흑인의 아프리카, 노란색은 어둠을 밝히는 빛나는 태양, 빨간색은 형제애를 나타낸다.

🌐 **국가** 1962년 영국 연방의 하나로 독립하였으며, 1963년 공화국이 되었다. 아름다운 자연 경관으로 '아프리카의 진주'라 불린다. 아프리카에서 가장 큰 빅토리아 호 등 많은 호수와 늪이 있으며, 땅이 비옥하고 산림 자원이 풍부하다. 농업이 주요 산업으로 커피, 차, 면화 등이 주요 작물이다.

아프리카

우루과이 | 우루과이 동방 공화국
Oriental Republic of Uruguay

· 공식적 국기 채택일: 1830.07.11
· 한국과 국교 수교일: 1964.10.07
· 국제 연합 가맹일: 1945.12.18

3:2

- **위치**: 남아메리카 남동부
- **수도**: 몬테비데오(Montevideo, 134만 명)
- **면적**: 176,215 km²(한반도의 4/5)
- **기후**: 온대 습윤 기후
- **인구**: 340만 명
- **민족**: 백인 87.4%, 메스티소 9.6%, 흑인 2%, 기타
- **언어**: 에스파냐어
- **종교**: 가톨릭 47.1%, 개신교 11.1%, 초교파 23.2% 등
- **통화**: 우루과이 페소(Peso Uruguayo)
- **1인당 GDP**: $16,350
- **정부 형태**: 입헌 공화제(대통령 중심제)
- **주요 수출품**: 육류, 콩, 쌀, 소맥

나라꽃: 홍두화(황금목)
과명: 콩과
학명: *Erythrina crista-galli*
영명: Cockspur Coral Tree
꽃말: 열정, 희생, 봉사

🌐 **국기** 파란색과 흰색이 번갈아 구성된 9개의 가로줄이 배열되고, 왼쪽 위에는 16개의 햇살을 가진 태양이 그려져 있다. 흰색은 평화, 파란색은 자유, 9개의 줄은 독립 당시의 9개 지방을 나타낸다. 아르헨티나가 우루과이의 독립을 도왔기 때문에 같은 모양의 '5월의 태양'이 그려져 있다. 5월의 태양은 잉카 문명과 독립 정신을 상징한다.

🌐 **국가** 1828년 브라질로부터 분리, 독립하였다. 국토가 낮은 언덕과 초원으로 이루어져 목축업이 발달하였다. 복지 정책과 금융업, 관광업의 발달로 '아메리카의 스위스'라 불리기도 한다.

· 제1회 월드컵 개최국(1930)

남아메리카

우즈베키스탄 우즈베키스탄 공화국
Republic of Uzbekistan

· 공식적 국기 채택일: 1991.11.18
· 한국과 국교 수교일: 1992.01.29
· 국제 연합 가맹일: 1992.03.02

2:1

• **위치:** 중앙아시아, 카자흐스탄 남서쪽 접경
• **수도:** 타슈켄트(Tashkent, 240만 명)
• **면적:** 447,400㎢(한반도의 2배)
• **기후:** 대륙성 기후, 우량이 적고 건조함.
• **인구:** 2,893만 명
• **민족:** 우즈베크인 71.4%, 러시아인, 고려인 등
• **언어:** 우즈베크어(공용어), 러시아어(통용어)
• **종교:** 이슬람교 88%(수니파 70%), 러시아 정교 등
• **통화:** 우즈베키스탄 숨(Uzbekistan Sum)
• **1인당 GDP:** $1,878
• **정부 형태:** 공화제(대통령제)
• **주요 수출품:** 금, 면화, 구리, 식료품

타슈켄트의 아미르 티무르 박물관

🌐 **국기** 위로부터 파란색 · 흰색 · 초록색이 가로로 배열되고, 3색 사이에 빨간색 가는 선이 있다. 파란색 바탕 왼쪽에는 초승달과 12개의 별이 그려져 있는데, 초승달은 이슬람 국가임을 상징하고, 12개의 별은 우즈베키스탄을 구성하는 12개의 주를 의미한다. 흰색은 평화, 초록색은 자연, 빨간색은 생명력, 파란색은 영원한 밤과 물을 나타낸다.

🌐 **국가** 1991년 소련의 붕괴로 독립하였으며, 125개의 다민족으로 구성되어 있다. 농업이 주요 산업으로 면화가 널리 재배되고 있으며 원유, 천연가스, 금 등의 매장량이 풍부하여 경제적 잠재력이 크다.

아시아

우크라이나 | Ukraine

· 공식적 국기 채택일: 1992.01.28
· 한국과 국교 수교일: 1992.02.10
· 국제 연합 가맹일: 1945.10.24

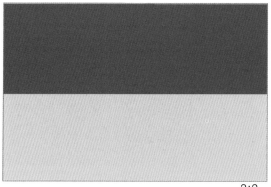

3:2

• **위치:** 러시아 서부 흑해 연안, 폴란드 동부 접경
• **수도:** 키예프(Kiev, 278만 명)
• **면적:** 603,500㎢(한반도의 3.5배)
• **기후:** 대륙성 기후
• **인구:** 4,523만 명
• **민족:** 우크라이나인 77.8%, 러시아인, 벨라루스인 등
• **언어:** 우크라이나어(공용어), 러시아어(통용어)
• **종교:** 우크라이나 정교, 가톨릭
• **통화:** 그리브나(Hryvnia)
• **1인당 GDP:** $3,900
• **정부 형태:** 공화제(대통령제와 의원 내각제 결합)
• **주요 수출품:** 금속, 철, 수송 장비, 기계

나라꽃: 해바라기
과명: 국화과
학명: *Helianthus annuus*
영명: Common Sunflower
꽃말: 애모, 아름다운 빛

🌐 **국기** 위에는 하늘색, 아래에는 노란색이 가로로 배열된 2색기이다. 두 색은 우크라이나의 전통 색깔로서, 하늘색은 하늘과 산과 물결, 노란색은 금빛 대지와 주 농산물인 밀을 나타내는데, 전체적으로는 파란 하늘 아래 펼쳐진 농지를 상징한다.

🌐 **국가** 몽골의 지배를 거쳐 러시아령이 되었다가 소련 연방 공화국이 되었고, 1991년 소련 해체로 독립하였다. 천연가스 매장량이 풍부하며, 러시아에서 유럽으로 가는 관문이다. 세계적인 곡창 지역으로, 밀 생산으로 이름난 농업국이다. 1986년 체르노빌 원자력 발전소 사고로 알려져 있다.

유럽

85

이라크 | 이라크 공화국
Republic of Iraq

· 공식적 국기 채택일: 2008.01.22
· 한국과 국교 수교일: 1981.04.15
· 국제 연합 가맹일: 1945.12.21

3:2

- **위치**: 중동, 아라비아 반도 동북부, 이란 서부 접경
- **수도**: 바그다드(Baghdad, 567만 명)
- **면적**: 435,244㎢(한반도의 약 2배)
- **기후**: 사막성 건조 기후(하계: 38~49℃, 동계: 온난)
- **인구**: 3,376만 명
- **민족**: 아랍인 75~80%, 쿠르드인 15~20%, 기타
- **언어**: 아랍어(공용어), 쿠르드어(공용어)
- **종교**: 이슬람교(시아파 60%, 수니파 37%), 기타 3%
- **통화**: 이라크 디나르(Iraqi Dinar)
- **1인당 GDP**: $6,862
- **정부 형태**: 공화제(의원 내각제)
- **주요 수출품**: 원유, 식료품

나라꽃: 장미(빨강)
과명: 장미과
학명: *Rosa hybrida* Hort.
영명: Rose
꽃말: 아름다움, 사랑, 애정, 정절, 순결

🌐 **국기** 위로부터 빨간색 · 흰색 · 검은색이 가로로 배열된 3색기로, 빨간색은 전쟁의 가혹함, 흰색은 관용, 검은색은 칼리프 시대의 영광, 글씨의 초록색은 예언자 마호메트의 빛깔을 나타낸다. 중앙의 아랍어는 '알라는 위대하다.' 라는 뜻이다.

🌐 **국가** 티그리스 강과 유프라테스 강 유역 고대 메소포타미아 문명의 발상지이다. 제1차 세계 대전 후 영국의 위임 통치를 받다가, 1932년 독립하였다. 산유국으로, 세계 5위의 석유 매장량을 보유하고 있다.

아시아

이란 | 이란 이슬람 공화국
Islamic Republic of Iran

· 공식적 국기 채택일: 1980.07.29
· 한국과 국교 수교일: 1962.10.23
· 국제 연합 가맹일: 1945.10.24

7:4

- **위치**: 중동, 페르시아 만 연안, 이라크 동부 접경
- **수도**: 테헤란(Tehran)
- **면적**: 1,628,750㎢(한반도의 7.5배)
- **기후**: 고온 건조한 대륙성 아열대 기후
- **인구**: 7,744만 명
- **민족**: 이란족 51%, 아제르바이잔족 25%, 쿠르드족 등
- **언어**: 페르시아어
- **종교**: 이슬람교(시아파 89%, 수니파 9%)
- **통화**: 이란 리알(Iranian Rial)
- **1인당 GDP**: $4,763
- **정부 형태**: 이슬람 공화국(대통령 중심제)
- **주요 수출품**: 원유, 천연가스, 석유 제품, 카펫, 직물

나라꽃: 튤립
과명: 백합과
학명: *Tulipa gesneriana*
영명: Tulip
꽃말: 사랑의 고백, 명예, 매혹

🌐 **국기** 위로부터 초록색 · 흰색 · 빨간색이 가로로 배열된 3색기로, 중앙에 문장이 있다. 3색은 아랍의 전통 색깔로서 초록색은 이슬람 국교, 흰색은 평화와 우정, 빨간색은 용기와 공화국의 헌법 공표를 상징한다. 초록색과 빨간색 바탕의 흰색 무늬는 "신은 위대하다."라는 글을 반복한 것이며, 가운데에는 힘을 상징하는 칼과 이슬람의 발전을 기원하는 네 개의 초승달이 그려져 있다.

🌐 **국가** 예전에는 '페르시아' 라고 불렸다. 국토 절반 이상이 산악 지형이고 나머지는 사막, 황야로, 경작지가 거의 없다. 석유 · 천연가스 등의 자원이 풍부하다.

아시아

이스라엘 | State of Israel

· 공식적 국기 채택일: 1948.10.28
· 한국과 국교 수교일: 1962.04.10
· 국제 연합 가맹일: 1949.05.11

11:8

- **위치:** 서남아시아, 지중해 동쪽 팔레스타인 지방
- **수도:** 예루살렘(Jerusalem, 76만 명)
- **면적:** 22,072㎢(한반도의 1/10)
- **기후:** 지중해성 기후, 열대 사막성 고온 기후
- **인구:** 773만 명
- **민족:** 유대인 75%, 아랍인 21%, 드루즈족 등 4%
- **언어:** 히브리어 및 아랍어(공용어), 영어
- **종교:** 유대교 80.1%, 이슬람교 14.6%, 기독교 2.1%
- **통화:** 신 이스라엘 세켈(New Israeli Sheqel)
- **1인당 GDP:** $36,051
- **정부 형태:** 공화제(내각 책임제)
- **주요 수출품:** 다이아몬드, 정밀 기계, 화학 약품

나라꽃: 아네모네
과명: 미나리아재비과
학명: *Anemone coronaria* L.
영명: Poppy Anemone
꽃말: 기대, 비밀의 사랑

● **국기** 위아래로 파란색 줄이 배열되고, 중앙의 흰색 바탕에 파란색 6각별이 그려져 있다. 파란색과 흰색은 유대교 성직자의 어깨걸이 빛깔이다. 파란색은 팔레스타인의 하늘을, 흰색은 청정을 의미하며, 6각별은 다윗왕의 방패를 나타낸다.

● **국가** 팔레스타인 분할에 관한 유엔 결의 이후 독립을 선포하고 1948년 건국되었다. 1993년 PLO(팔레스타인 해방 기구)와 협정을 맺어 팔레스타인 자치 정부가 세워졌으나 분쟁이 계속되고 있다. 첨단 산업인 전자, 금속, 항공 우주 산업 등이 주요 산업이다.

아시아

이집트 | 이집트 아랍 공화국
The Arab Republic of Egypt

· 공식적 국기 채택일: 1984.10.04
· 한국과 국교 수교일: 1961.12.05
· 국제 연합 가맹일: 1945.10.24

3:2

- **위치:** 동북 아프리카 지중해 연안
- **수도:** 카이로(Cairo, 1,601만 명)
- **면적:** 1,002,000㎢(한반도의 5배)
- **기후:** 아열대성 사막 기후
- **인구:** 8,205만 명
- **민족:** 아랍계 이집트인 99.6%, 베드윈인, 누비아인
- **언어:** 아랍어(공용어), 상류층 영어·프랑스어 통용
- **종교:** 이슬람교(수니파) 90%, 콥트 교회 10%
- **통화:** 이집트 파운드(Egyptian Pound)
- **1인당 GDP:** $3,314
- **정부 형태:** 공화제(대통령 중심제)
- **주요 수출품:** 원유, 천연가스, 면화, 의류, 봉제품

나라꽃: 수련
과명: 수련과
학명: *Nymphaea lotus*
영명: Egyptian White Water-lily
꽃말: 신비, 청결, 부활의 신

● **국기** 빨간색·흰색·검은색이 가로로 배열되고, 중앙에 살라딘의 독수리라고 하는 금색의 국장이 있다. 빨간색은 혁명과 국민의 희생, 흰색은 밝은 미래, 검은색은 지난날의 암흑 시대를 뜻한다. 독수리 아래 아랍어로 국명이 적혀 있다.

● **국가** 고대 문명 발상지로, 국토의 95%가 사막이며 피라미드로 유명하다. 기원전 3100년 전에 통일 국가를 이루었으며, 오랜 내란과 외침으로 지배를 받다가 1922년 영국으로부터 독립하고, 1952년에 공화국이 되었다. 주요 자원으로 석유, 인광석, 철광석이 있다.

아프리카

이탈리아 이탈리아 공화국 | Italian Republic

· 공식적 국기 채택일: 1946.06.19
· 한국과 국교 수교일: 1956.11.24
· 국제 연합 가맹일: 1955.12.14

3:2

- **위치**: 유럽 남부 이탈리아 반도
- **수도**: 로마(Rome, 272만 명)
- **면적**: 301,339㎢(한반도의 1.5배)
- **기후**: 지중해 연안 해양성 기후
- **인구**: 6,099만 명
- **민족**: 이탈리아인
- **언어**: 이탈리아어
- **종교**: 가톨릭 98%
- **통화**: 유로(Euro)
- **1인당 GDP**: $35,925
- **정부 형태**: 공화제(내각 책임제)
- **주요 수출품**: 석유, 의약품, 자동차 부품, 의류, 식품

나라꽃: 데이지
과명: 국화과
학명: *Bellis perennis*
영명: Daisy(English Daisy)
꽃말: 평화, 순진, 미인, 겸손한 아름다움

🌐 **국기** 초록색 · 흰색 · 빨간색이 세로로 배열된 3색기로, 초록색은 아름다운 국토, 흰색은 알프스의 눈과 정의, 평화, 빨간색은 애국의 뜨거운 피를 나타낸다. 프랑스의 '자유 · 평등 · 박애'를 뜻하는 3색기에 영향을 받아 만들어졌다.

🌐 **국가** 로마 건국으로 국가가 성립되었으며, 1861년 이탈리아 왕국이 출범하고, 1948년 공화국이 되었다. 15~16세기에는 르네상스 문화를 꽃피웠으며, 고대 유적이 많다. 올리브, 포도 등을 재배하며, 기계, 자동차, 섬유 공업이 발달하였다.

유럽

· 제17회 올림픽 개최지 로마(1960) · 제7회 동계 올림픽 개최지 코르티나담페초(1956) · 제20회 동계 올림픽 개최지 토리노(2006) · 제2회 월드컵 개최국(1934) · 제14회 월드컵 개최국(1990)

인도 인도 공화국 | Republic of India

· 공식적 국기 채택일: 1947.07.22
· 한국과 국교 수교일: 1973.12.10
· 국제 연합 가맹일: 1945.10.30

3:2

- **위치**: 서남아시아, 인도양 연안
- **수도**: 뉴델리(New Delhi, 1,870만 명)
- **면적**: 3,287,263㎢(한반도의 15배)
- **기후**: 열대 몬순 기후
- **인구**: 12억 5,214만 명
- **민족**: 인도 아리안계 70%, 드라비다계 25%, 몽고계
- **언어**: 힌디어를 포함한 22개 공용어, 영어(통용어)
- **종교**: 힌두교 80.5%, 이슬람교, 기독교, 시크교
- **통화**: 인도 루피(Indian Rupee)
- **1인당 GDP**: $1,498
- **정부 형태**: 연방 공화제(양원제)
- **주요 수출품**: 섬유, 보석류, 석유 제품, 화학 약품

나라꽃: 연꽃
과명: 연과
학명: *Nelumbo nucifera*
영명: East Indian Lotus
꽃말: 순결, 신성, 청정

🌐 **국기** 주황색 · 흰색 · 초록색의 3색 가로줄 무늬 바탕 중앙에 파란색 차크라(바퀴) 문양이 그려져 있다. 주황색은 용기와 희생, 흰색은 진리와 평화, 초록색은 방대한 영토와 공평, 기사도를 나타낸다. 차크라 문양은 불교의 상징인 법의 윤회를, 24개의 바퀴살은 하루 24시간을 뜻한다.

🌐 **국가** 고대 인더스 문명의 발상지이자 불교의 발상지로, 1947년 영국으로부터 독립하였다. 국토 면적은 세계 7위이고, 인구수는 중국에 이어 세계 2위이다. 주요 산업으로는 자동차 부품, 제약, IT 소프트웨어 등이 있다.

아시아

인도네시아 | 인도네시아 공화국
Republic of Indonesia

· 공식적 국기 채택일: 1945.08.17
· 한국과 국교 수교일: 1973.09.18
· 국제 연합 가맹일: 1950.09.28

3:2

🔵 **국기** 빨간색 · 흰색이 가로로 배열된 2색기이다. 빨간색과 흰색은 태양과 달을 나타내는 전통적인 국민색으로, 빨간색은 자유와 용기, 흰색은 정의와 순결을 상징한다. 또 빨간색과 흰색은 지구 위의 생명, 낮과 밤, 창조와 개성으로도 해석된다.

🔵 **국가** 네덜란드의 식민지였다가 일본 점령 하에 있었으나, 1945년 독립하였다. 적도를 끼고 자바, 수마트라, 칼리만탄, 셀레베스 등 13,700여 개의 섬으로 이루어져 있다. 석유, 천연가스, 목재, 주석, 석탄 등 자원이 많으나 공업은 낙후된 나라이다.

· **위치:** 동남아시아 말레이 군도
· **수도:** 자카르타(Jakarta, 1,200만 명)
· **면적:** 1,910,931㎢(한반도의 9배)
· **기후:** 고온 다습, 열대성 몬순 기후
· **인구:** 2억 4,986만 명
· **민족:** 자바족 45%, 순다족 14% 등 300여 종족
· **언어:** 인도네시아어(공용어), 지방어 · 방언 600여 종
· **종교:** 이슬람교 87%, 개신교, 가톨릭, 힌두교, 불교
· **통화:** 루피아(Rupiah)
· **1인당 GDP:** $3,475
· **정부 형태:** 공화제(대통령 중심제)
· **주요 수출품:** 석유, 천연가스, 광물성 연료

나라꽃: 아라비안 재스민
과명: 물푸레나무과
학명: *Jasminum sambac*
영명: Arabian Jasmine
꽃말: 행복, 친절, 우아, 온화

아시아

일본 | 일본국
Japan

· 공식적 국기 채택일: 1870.02.27
· 한국과 국교 수교일: 1965.12.18
· 국제 연합 가맹일: 1956.12.18

3:2

🔵 **국기** 흰색 바탕에 빨간색 원이 그려져 있다. 원의 지름은 세로 길이의 5분의 3으로 정하고 있다. '일장기' 라고 하며, 태양 신앙과 '극동의 해 뜨는 나라' 라는 선민 의식을 의미한다. 빨간색 원은 태양을 상징하며, 일본 국기의 태양을 일본 천황의 시조로 믿기도 한다.

🔵 **국가** 4개의 큰 섬과 주변의 작은 섬으로 이루어져 있다. 영토의 70% 이상이 산지이며, 지진대가 형성되어 있어 지진이 잦다. 신소재 기술 산업, 중공업, 정밀 기계, 전자 산업이 발전하였다.

· **위치:** 동북아시아
· **수도:** 도쿄(Tokyo, 1,322만 명)
· **면적:** 377,960㎢(한반도의 1.7배)
· **기후:** 온화한 해양성 기후
· **인구:** 1억 2,714만 명
· **민족:** 일본족 98%
· **언어:** 일본어
· **종교:** 신도, 불교, 기독교
· **통화:** 엔(Yen)
· **1인당 GDP:** $38,633
· **정부 형태:** 입헌 군주제(내각 책임제)
· **주요 수출품:** 자동차, 전기 기기, 전자 부품, 기계류

나라꽃: 왕벚나무
과명: 장미과
학명: *Prunus yedoensis*
영명: Yoshino Cherry
꽃말: 정신의 아름다움, 뛰어난 미모, 순결

아시아

· 제18회 올림픽 개최지 도쿄(1964) · 제32회 올림픽 개최지 도쿄(2020) · 제11회 동계 올림픽 개최지 삿포로(1972) · 제18회 동계 올림픽 개최지 나가노(1998) · 제17회 월드컵 개최국(한-일 공동 개최, 2002)

자메이카 |Jamaica

· 공식적 국기 채택일: 1962.08.06
· 한국과 국교 수교일: 1962.10.13
· 국제 연합 가맹일: 1962.09.18

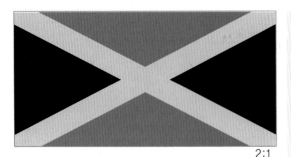

2:1

● **국기** 노란색의 대각선 띠가 기를 4등분하여 위아래로 초록색 삼각형, 왼쪽과 오른쪽에 검은색 삼각형이 배치되어 있다. 초록색은 농업과 천연의 부와 미래에 대한 희망, 검은색은 극복해야 할 고난과 굳은 결의, 노란색은 태양의 아름다움과 천연자원 그리고 기독교를 나타낸다. 전체적으로는 "고난과 어려움이 있더라도 희망은 있고 태양은 빛난다."라는 의미를 지닌다.
● **국가** 영국의 식민지였다가 1962년 독립하여 영국 연방의 일원이 되었다. 카리브 해에서 3번째로 큰 섬이며, 주요 자원으로는 보크사이트, 사탕수수, 바나나, 석고 등이 있다.

- **위치**: 중앙아메리카 카리브 해 중부
- **수도**: 킹스턴(Kingston)
- **면적**: 10,991㎢(한반도의 1/20)
- **기후**: 열대 해양성 기후
- **인구**: 278만 명
- **민족**: 흑인 91%, 인디언, 백인, 중국인, 기타 혼혈
- **언어**: 영어(공용어), 자메이카식 크레올어
- **종교**: 개신교 61.3%, 가톨릭 4%, 기타 34.7%
- **통화**: 자메이카 달러(Jamaican Dollar)
- **1인당 GDP**: $5,290
- **정부 형태**: 입헌 군주제(내각 책임제)
- **주요 수출품**: 알루미나 보크사이트, 설탕, 커피, 의류

나라꽃: 유창목
과명: 남가새과
학명: *Guaiacum officinale*
영명: Lignum Viate
꽃말: ―

북아메리카

잠비아 |잠비아 공화국
Republic of Zambia

· 공식적 국기 채택일: 1964.10.24
· 한국과 국교 수교일: 1990.09.04
· 국제 연합 가맹일: 1964.12.01

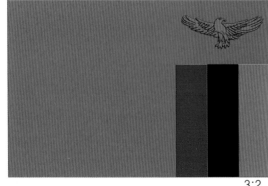

3:2

● **국기** 초록색 바탕에 오른쪽 아래에는 빨간색·검은색·주황색의 세로 띠가 있고 그 위에 독수리가 그려져 있다. 빨간색은 자유를 위한 투쟁, 검은색은 국민의 대다수 흑인, 주황색은 구리와 풍부한 광물 자원, 초록색은 천연자원과 농산물을 나타낸다. 세로 띠 위에 있는 독수리는 자유 및 고난을 이겨내는 국민의 능력을 상징한다.
● **국가** 1964년 영국으로부터 독립하였다. 국토의 대부분이 고원으로 강과 계곡도 많이 있다. 세계적인 구리 생산국으로 알려져 있으며, 주요 산업은 광업(구리, 코발트, 아연)이다.

- **위치**: 아프리카 대륙 중앙 남부, 앙골라 동부 접경
- **수도**: 루사카(Lusaka, 174만 명)
- **면적**: 752,612㎢(한반도의 3.4배)
- **기후**: 아열대 기후
- **인구**: 1,453만 명
- **민족**: 반투족 95%
- **언어**: 영어(공용어)
- **종교**: 기독교 70%, 토착 종교, 이슬람교, 힌두교
- **통화**: 잠비아 콰차(Zambian Kwacha)
- **1인당 GDP**: $1,844
- **정부 형태**: 공화제(대통령 중심제)
- **주요 수출품**: 구리, 코발트, 전력, 담배, 꽃

나라꽃: 부겐빌레아
과명: 분꽃과
학명: *Bougainvillea spectabilis*
영명: Great Bougainvillea
꽃말: 정열

아프리카

적도 기니 | 적도 기니 공화국
Republic of Equatorial Guinea

· 공식적 국기 채택일: 1979.08.21
· 한국과 국교 수교일: 1979.09.14
· 국제 연합 가맹일: 1968.11.12

3:2

- **위치:** 아프리카 대륙 중서부 대서양 연안
- **수도:** 말라보(Malabo, 10만 명)
- **면적:** 28,051㎢(한반도의 1/8)
- **기후:** 고온 다우, 열대성 적도 기후
- **인구:** 75만 명
- **민족:** 팡족 80%, 부비족 15% 등
- **언어:** 에스파냐어(공용어), 프랑스어(공용어), 토착어
- **종교:** 가톨릭 94%, 이슬람교, 토속 신앙
- **통화:** 세파 프랑(CFA Franc)
- **1인당 GDP:** $20,581
- **정부 형태:** 공화제(대통령 중심제)
- **주요 수출품:** 석유, 목재, 천연가스

나라꽃(비공식): 장미
과명: 장미과
학명: *Rosa hybria* Hort.
영명: Rose
꽃말: 아름다움, 애정, 사랑, 정절, 순결

🌐 **국기** 초록색 · 흰색 · 빨간색으로 구성된 가로 줄무늬 바탕에 깃대 쪽으로 파란색 삼각형이 있고, 흰색 바탕 중앙에는 국장이 그려져 있다. 초록색은 농업과 천연자원, 밀림, 흰색은 평화, 빨간색은 독립을 위하여 흘린 피, 파란색은 대서양을 나타낸다. 국장에는 맹그로브 나무와 에스파냐어로 '통일 · 평화 · 정의'라고 쓰인 리본과 본토와 섬을 나타내는 6개의 6각 별이 있다.

🌐 **국가** 적도 바로 위에 위치하며, 리오무니 지역과 비오코 섬으로 이루어져 있다. 1968년 에스파냐로부터 독립하였다. 농수산업이 주요 산업이다.

아프리카

조지아 | Georgia

· 공식적 국기 채택일: 2004.01.14
· 한국과 국교 수교일: 1992.12.14
· 국제 연합 가맹일: 1992.07.31

3:2

- **위치:** 흑해 연안, 러시아, 터키와 접경
- **수도:** 트빌리시(Tbilisi, 130만 명)
- **면적:** 69,700㎢(한반도의 1/3)
- **기후:** 서부 지역 아열대, 기타 온대
- **인구:** 434만 명
- **민족:** 조지아인 83.8%, 아제르인, 아르메니아인
- **언어:** 조지아어(공용어), 러시아어, 아르메니아어
- **종교:** 조지아정교 83.9%, 러시아정교, 이슬람교
- **통화:** 라리(Lari)
- **1인당 GDP:** $3,605
- **정부 형태:** 공화제(대통령제)
- **주요 수출품:** 고철, 금속, 수송 기기, 포도주

조지아의 수도 트빌리시

🌐 **국기** 가운데 빨간색 십자가와 각각의 4면에 작은 크기의 빨간색 십자 4개를 배치하여 '5개의 십자가 깃발'로 불린다. 십자가 문양은 기독교를 상징하는 것으로, 가운데 큰 십자가는 예수 그리스도, 4개의 작은 십자가는 각각 4명의 복음 성인을 상징한다. 현재의 국기는 과거 조지아 왕국의 국기를 새롭게 디자인한 것이다.

🌐 **국가** 소비에트 연방의 일원이었다가 1990년 '조지아 공화국'으로 국명을 바꾸고 다음해 독립하였다. 석탄, 철광석, 원유 등이 나며, 관광업, 농업, 광물, 에너지 수송 산업 등이 주요 산업이다.

아시아

중국 중화 인민 공화국
People's Republic of China

· 공식적 국기 채택일: 1949.10.01
· 한국과 국교 수교일: 1992.08.24
· 국제 연합 가맹일: 1945.10.24

3:2

- **위치**: 동북아시아
- **수도**: 베이징(Beijing, 2,069만 명)
- **면적**: 9,598,095㎢(세계 3위, 한반도의 44배)
- **기후**: 온대 및 아열대성 기후
- **인구**: 13억 8,556만 명(세계 1위)
- **민족**: 한족(漢族) 92% 및 55개 소수 민족
- **언어**: 중국어(공용어), 소수 민족 언어 병용
- **종교**: 불교, 도교, 이슬람교, 가톨릭
- **통화**: 위안(Yuan Renminbi)
- **1인당 GDP**: $6,070
- **정부 형태**: 인민 민주 독재 사회주의 국가
- **주요 수출품**: 의류, 섬유, 정보 처리 기계류

나라꽃: 모란(또는 매화)
과명: 미나리아재비과
학명: *Paeonia suffruticosa* Andrews
영명: Peony
꽃말: 인내, 부귀, 화려, 강인한 국민 정신

🌐 **국기** 빨간색 바탕에 노란색 큰 별 1개와 작은 별 4개가 그려져 있다. 큰 별은 중국 공산당을, 작은 별은 중화 인민 공화국의 노동자·농민·지식 계급·애국적 자본가의 4계급으로 성립된 국민의 단결을 나타낸다. 빨간색은 혁명, 노란색은 황색 인종을 가리킨다. '오성홍기'라고도 한다.

🌐 **국가** 인구수가 세계 1위로, 1978년 개방·개혁 실용주의 경제 정책으로 해외 자본과 기술을 도입하여 산업이 급속도로 발전되고 있다. 광물 자원이 풍부하며, 농업, 목축업이 중심을 이룬다.

• 제29회 올림픽 개최지 베이징(2008)

아시아

중앙아프리카 공화국
Central African Republic

· 공식적 국기 채택일: 1958.12.01
· 한국과 국교 수교일: 1963.09.05
· 국제 연합 가맹일: 1960.09.20

3:2

- **위치**: 아프리카 중부 내륙, 차드 공화국 남부 접경
- **수도**: 방기(Bangui, 70만 명)
- **면적**: 622,984㎢(한반도의 2.8배)
- **기후**: 열대 우림, 다우(남부), 건조(북부)
- **인구**: 461만 명
- **민족**: 반다족 27%, 바야족 33%, 그 외 70개 부족
- **언어**: 프랑스어(공용어), 상고어(국어)
- **종교**: 개신교, 가톨릭, 이슬람교, 토착 신앙
- **통화**: 세파 프랑(CFA Franc)
- **1인당 GDP**: $333
- **정부 형태**: 공화제(대통령 중심제)
- **주요 수출품**: 다이아몬드, 목재, 커피, 목화

중앙아프리카 공화국 수도 방기

🌐 **국기** 위로부터 파란색·흰색·초록색·노란색이 배열되고, 중앙에 빨간색 기둥이 있으며, 파란색 바탕 왼쪽에 노란색 별이 있다. 파란색은 프랑스와의 우정과 희망, 흰색은 순수와 이상, 초록색은 산림 지대와 농업, 노란색은 사바나 지대의 주민과 지하자원, 빨간색은 정열, 별은 독립을 뜻한다.

🌐 **국가** 프랑스령 콩고에 속했다가 1960년 독립하였으나, 1965년 장 베델 보카사의 쿠데타로 중앙아프리카 제국으로 되었다. 그 후 다시 쿠데타가 일어나 이전의 공화국으로 되었다. 주요 산업은 제련, 섬유, 제재, 양조, 신발 산업이다.

아프리카

지부티 | 지부티 공화국
Republic of Djibouti

· 공식적 국기 채택일: 1977.06.27(독립일)
· 한국과 국교 수교일: 1977.12.07
· 국제 연합 가맹일: 1977.09.20

3:2

지부티 해안의 일몰

- **위치**: 아프리카 동북단, 홍해 연안
- **수도**: 지부티(Djibouti, 56만 명)
- **면적**: 23,200 ㎢(한반도의 1/10)
- **기후**: 열대 해양성 사막 기후
- **인구**: 87만 명
- **민족**: 소말리계 이사족 60%, 아파르족 35%, 기타
- **언어**: 프랑스어(공용어), 아랍어
- **종교**: 이슬람교 94%, 기독교 6%
- **통화**: 지부티 프랑(Djibouti Franc)
- **1인당 GDP**: $1,668
- **정부 형태**: 공화제(대통령 중심제)
- **주요 수출품**: 재수출품, 가죽, 커피

🌏 **국기** 위에는 하늘색, 아래는 초록색이 배열되고 깃대 쪽 흰색 삼각형 안에 빨간색 별이 그려져 있다. 빨간색 별은 독립 투쟁과 통일, 흰색은 단결과 평화, 하늘색은 이사족과 대양, 초록색은 아파르족과 부의 대지, 삼각형은 평등을 상징한다.

🌏 **국가** 1977년 프랑스로부터 독립하였다. 국토 대부분이 사막이라 농업이 불가능하며, 세계에서 가장 더운 나라 중 하나이다. 빈부의 차이가 심하며, 유목민의 목축업(가축류, 피혁류), 서비스 분야가 주요 산업이다.

아프리카

짐바브웨 | 짐바브웨 공화국
Republic of Zimbabwe

· 공식적 국기 채택일: 1980.04.18
· 한국과 국교 수교일: 1994.11.18
· 국제 연합 가맹일: 1980.08.25

2:1

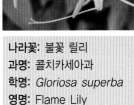

나라꽃: 불꽃 릴리
과명: 콜치카세아과
학명: *Gloriosa superba*
영명: Flame Lily
꽃말: 빛남, 영광

- **위치**: 아프리카 대륙 남부, 보츠와나 동북부 접경
- **수도**: 하라레(Harare, 160만 명)
- **면적**: 390,757 ㎢(한반도의 1.7배)
- **기후**: 아열대 기후
- **인구**: 1,415만 명
- **민족**: 쇼나족 82%, 은데벨레족 14%, 기타
- **언어**: 영어(공용어), 토착어(쇼나어, 은데벨레어 등)
- **종교**: 기독교·토착 신앙 혼합 50%, 기독교, 토착 신앙
- **통화**: 미국 달러(US Dollar), 남아공 랜드(Rand) 통용
- **1인당 GDP**: $953
- **정부 형태**: 공화제(대통령 중심제)
- **주요 수출품**: 면화, 담배, 니켈, 철광석, 곡물

🌏 **국기** 아프리카의 상징 색인 빨간색·노란색·초록색이 중앙의 검정 가로띠를 중심으로 위아래로 배열되어 있다. 깃대 쪽 검정 테두리의 흰 삼각형 안에는 노란색 새가 빨간 별과 겹쳐 그려져 있다. 초록색은 농업과 천연자원, 노란색은 부와 금속 자원, 빨간색은 독립 투쟁, 검은색은 흑인 국가임을 나타내고, 별은 동유럽권과의 연대, 새는 국조로서 나라의 영광, 흰 삼각형은 평화를 나타낸다.

🌏 **국가** 1980년 영국으로부터 독립하였다. 고원 지대에 도시들이 분포해 있으며, 다양한 광물 자원과 관광 자원, 대규모 상업 영농 등의 기반을 가지고 있었으나, 토지 개혁 실패와 세계 최고 수준의 인플레이션으로 경제난을 겪고 있다.

아프리카

차드 차드 공화국
Republic of Chad

· 공식적 국기 채택일: 1959.11.06
· 한국과 국교 수교일: 1961.08.06
· 국제 연합 가맹일: 1960.09.20

· **위치**: 아프리카 중부 내륙
· **수도**: 은자메나(N' Djamena, 81만 명)
· **면적**: 1,284,000㎢(한반도의 6배)
· **기후**: 사하라성 고온 건조 기후
· **인구**: 1,282만 명
· **민족**: 아랍인, 투부족, 사라족, 카넴보우족
· **언어**: 프랑스어, 아랍어
· **종교**: 이슬람교 53%, 기독교 34%, 기타 13%
· **통화**: 세파 프랑(CFA Franc)
· **1인당 GDP**: $1,053
· **정부 형태**: 공화제(대통령 중심제)
· **주요 수출품**: 면화, 원유, 축산

차드 북부의 사하라 사막

🌐 **국기** 파란색 · 노란색 · 빨간색이 세로로 배열된 3색기로, 종주국인 프랑스 국기에 따른 것이다. 파란색은 하늘, 희망, 농업과 국토의 남부 지역, 노란색은 태양과 사막, 지하자원, 빨간색은 독립을 위해 흘린 피, 통일, 번영을 나타낸다.

🌐 **국가** 국토의 북부는 사하라 사막, 남부는 사바나 지대이며, 서부에는 아프리카에서 두 번째로 큰 호수 차드 호가 있다. 1945년 프랑스령 적도 아프리카 일부였다가 1960년 독립하였다. 주요 산업은 목축업, 농업, 섬유업, 주요 농산물은 면화, 고무 등이다.

아프리카

체코 체코 공화국
Czech Republic

· 공식적 국기 채택일: 1920.03.30
· 한국과 국교 수교일: 1990.03.22
· 국제 연합 가맹일: 1993.01.19

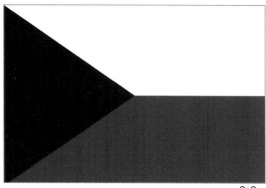

· **위치**: 유럽 중부 내륙, 독일 동부 접경
· **수도**: 프라하(Praha, 119만 명)
· **면적**: 78,866㎢(한반도의 1/3)
· **기후**: 대륙성 기후와 해양성 기후 중간
· **인구**: 1,070만 명
· **민족**: 체코인 95%, 슬로바키아인 3%, 기타 2%
· **언어**: 체코어(공용어)
· **종교**: 가톨릭 39%, 개신교 4%, 무교 40%, 기타 17%
· **통화**: 체코 코루나(Czech Koruna)
· **1인당 GDP**: $19,844
· **정부 형태**: 공화제(의원 내각제)
· **주요 수출품**: 자동차, 공작 기계, 유리 공예, 석유 화학

나라꽃: 보리수나무
과명: 보리수나무과
학명: *Elaeagnus umbellata* Thunb.
영명: Autumn Olive
꽃말: 부부의 사랑, 결혼

🌐 **국기** 깃대 쪽 파란색 삼각형을 기준으로 위아래 흰색, 빨간색이 배열되어 있다. 파란색 삼각형은 아름다운 카르파티아 산맥을 상징하며, 빨간색은 보헤미아, 흰색은 모라비아를 나타낸다. 1993년 슬로바키아와 분리된 후에도 국기를 그대로 사용하고 있다.

🌐 **국가** 1918년 슬로바키아와 함께 오스트리아 헝가리 제국으로부터 독립하였으나, 1993년 체코와 슬로바키아 공화국으로 분리되었다. 주요 자원으로는 석탄, 철광석, 주석, 우라늄 등이 있다.

유럽

칠레 | 칠레 공화국
Republic of Chile

· 공식적 국기 채택일: 1817.10.18
· 한국과 국교 수교일: 1962.06.12
· 국제 연합 가맹일: 1945.10.24

3:2

- **위치**: 남아메리카 남서부 태평양 연안
- **수도**: 산티아고(Santiago, 650만 명)
- **면적**: 756,102㎢(남극령 포함 2,006,626㎢)
- **기후**: 아열대(북부), 온대(중부), 한랭(남부)
- **인구**: 1,762만 명
- **민족**: 메스티소 66%, 백인계 29%, 원주민 5%
- **언어**: 에스파냐어
- **종교**: 로마가톨릭 74%, 개신교 15%, 소수 종교 4%
- **통화**: 칠레 페소(Chilean Peso)
- **1인당 GDP**: $15,732
- **정부 형태**: 공화제(대통령 중심제)
- **주요 수출품**: 구리, 원목, 목재, 몰리브덴

나라꽃: 라파게리아(칠레도라지)
과명: 필레시아과
학명: *Lapageria Rosea*
영명: Chilean Bellflower
꽃말: 자랑, 겸손한 아름다움, 고결한 사랑

🌐 **국기** 파란색 · 흰색 · 빨간색을 구분하여 배열하고, 깃대 쪽 위 파란색 바탕에 흰색 별 1개가 그려져 있다. 빨간색은 독립을 위하여 흘린 피와 원주민인 인디오, 파란색은 칠레의 밝고 깨끗한 하늘, 흰색은 안데스 산맥의 눈을 나타낸다. 별은 나라의 발전 · 통일과 진보의 길잡이를 상징한다.

🌐 **국가** 국토는 태평양 연안을 따라 남북으로 길게 뻗어 있다. 16세기 이후 에스파냐의 지배를 받아오다 1810년 독립하였다. 구리, 철광석, 석탄 등 광물 자원이 풍부하며, 국민의 대부분이 농업, 수산업, 산림업에 종사한다.

· 제7회 월드컵 개최국(1962)

남아메리카

카메룬 | 카메룬 공화국
Republic of Cameroon

· 공식적 국기 채택일: 1975.05.20
· 한국과 국교 수교일: 1961.08.10
· 국제 연합 가맹일: 1960.09.20

3:2

- **위치**: 아프리카 중서부 대서양 연안
- **수도**: 야운데(Yaoundé, 110만 명)
- **면적**: 475,650㎢(한반도의 2.2배)
- **기후**: 고온 다습, 해양성 열대 사막 기후
- **인구**: 2,225만 명
- **민족**: 반투족, 키르디스족 등 200여 종족
- **언어**: 영어, 프랑스어
- **종교**: 기독교 40%, 이슬람교 20%, 토착 종교 40%
- **통화**: 세파 프랑(CFA Franc)
- **1인당 GDP**: $1,328
- **정부 형태**: 공화제(대통령 중심제)
- **주요 수출품**: 원유, 목재, 코코아, 알루미늄

나라꽃: 수련
과명: 수련과
학명: *Nymphaea tetragona* var. *angusta*
영명: Water Lily
꽃말: 신비, 청결, 순결, 청순

🌐 **국기** 초록색 · 빨간색 · 노란색이 세로로 배열된 3색기로, 중앙에 노란색 별이 그려져 있다. 초록색은 남부의 삼림 지대와 희망, 빨간색은 중부의 경작 지대와 주권과 통일 그리고 독립을 위한 투쟁의 피, 노란색은 북부의 사바나와 태양과 풍요를 나타내고, 별은 통일의 영광을 상징한다.

🌐 **국가** 독일 · 영국 · 프랑스 문명의 영향을 받다 1960년 독립하였으며, 1984년 카메룬 공화국이 되었다. 여러 부족과의 다문화를 형성하고 있다. 금, 보크사이트, 석유, 알루미늄, 목재 자원을 보유하며, 주요 산업은 농 · 축산 가공업이다.

아프리카

카보베르데 | 카보베르데 공화국
Republic of Cape Verde

· 공식적 국기 채택일: 1992.09.22
· 한국과 국교 수교일: 1988.10.03
· 국제 연합 가맹일: 1975.09.16

17:10

🌐 **국기** 파란색 · 흰색 · 빨간색 · 노란색의 4색기이다. 파란색은 대서양 바다와 하늘의 무한한 공간, 흰색은 안정과 평화, 빨간색은 평화를 위한 노력을 나타낸다. 원 모양을 만든 10개의 노란색 별은 이 나라에 있는 10개의 섬을 뜻한다.

🌐 **국가** 1975년 7월 5일 포르투갈로부터 독립하였다. 아프리카 대륙 서북부 여러 섬으로 이루어진 어업 기지의 중요한 요충지이다. 어업, 식품 가공, 선박, 신발 산업이 주요 산업이다. 주요 자원은 수산물, 시멘트, 소금 등이며, 주요 농산물은 커피, 땅콩, 사탕수수, 감자 등이다.

· **위치**: 북서부 아프리카 대서양 상의 10여 개 섬
· **수도**: 프라이아(Praia, 15만 명)
· **면적**: 4,033㎢(제주도의 2배)
· **기후**: 해양성 기후, 고온 다습
· **인구**: 49만 9천 명
· **민족**: 크레올족 혼혈 71%, 아프리카인 28%, 유럽인 1%
· **언어**: 포르투갈어(공용어), 크레올어
· **종교**: 가톨릭교 98%
· **통화**: 에스쿠도(Cape Verde Escudo)
· **1인당 GDP**: $3,767
· **정부 형태**: 공화제(대통령 중심제)
· **주요 수출품**: 연료, 어류, 의류, 신발

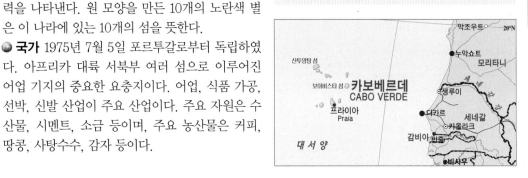

나라꽃: 거베라 데이지
과명: 국화과
학명: *Gerbera jamesonii*
영명: Gerbera Daisy
용도: 정원 장식용, 절화용

아프리카

카자흐스탄 | 카자흐스탄 공화국
Republic of Kazakhstan

· 공식적 국기 채택일: 1992.06.04
· 한국과 국교 수교일: 1992.01.28
· 국제 연합 가맹일: 1992.03.02

2:1

🌐 **국기** 하늘색 바탕 중앙에 큰 나래를 편 노란색 독수리 위로 32개의 햇살이 퍼지는 태양이 있으며, 깃대 쪽에는 민족 전통 무늬가 있다. 하늘색은 민족 및 하늘신과 물을 상징하며, 전통 문양은 카자흐스탄의 전통, 문화와 예술을 표현한다. 태양은 부와 풍성함을, 32개의 햇살은 풍요의 기반인 곡식을 상징하며, 독수리는 독립과 자유, 미래를 향한 비상을 의미한다.

🌐 **국가** 옛 소련 연방 카자흐 공화국이었으나 소련 붕괴 후 가장 먼저 독립한 나라이다. 풍부한 석유와 천연가스 매장량을 보유하며, 철강, 기계, 금속, 화학 공업이 발달하였다. 유전 개발 · 토목 건설 · 가전 유통 산업이 유망 업종이다.

· **위치**: 러시아 남부, 중앙아시아
· **수도**: 아스타나(Astana, 69만 명)
· **면적**: 2,724,900㎢(한반도의 12배)
· **기후**: 건조한 대륙성 기후
· **인구**: 1,644만 명
· **민족**: 카자흐인 60%, 러시아인 26%, 우크라이나인 등
· **언어**: 카자흐어(공용어), 러시아어
· **종교**: 이슬람교 70%, 러시아정교 23%, 개신교 등
· **통화**: 텡게(Tenge)
· **1인당 GDP**: $13,609
· **정부 형태**: 공화제(대통령제)
· **주요 수출품**: 원유, 철강, 석탄, 곡물

나라꽃: 백합
과명: 백합과
학명: *Lilium longiflorum*
영명: Lily
꽃말: 순결

아시아

카타르 | 카타르국
State of Qatar

· 공식적 국기 채택일: 1971.07.09
· 한국과 국교 수교일: 1974.04.18
· 국제 연합 가맹일: 1971.09.21

28:11

🌐 **국기** 고동색 바탕에 깃대 쪽으로 흰색 띠가 그려져 있는데, 양 색이 9개의 톱니로 맞물려 있다. 고동색은 이 나라에서 나는 염료 색에서 유래하고, 흰색은 평화, 고동색은 전쟁에서 흘린 피, 9개의 톱니는 독립 당시 9개 지역의 부족 행정구를 상징한다. 빨간색과 흰색으로 된 바레인 국기와 비슷하다.

🌐 **국가** 페르시아 만 서부 연안에 위치한 반도 국가로, 1916년부터 영국의 지배를 받았으며, 1971년 독립하였다. 석유, 천연가스 매장량을 자랑하는 세계 최상위권에 속하는 경제 부국이다. 교육, 의료 등의 서비스가 발전한 나라이다.

- **위치:** 아라비아 반도 동부 걸프 만 작은 반도
- **수도:** 도하(Doha, 52만 명)
- **면적:** 11,586㎢(경기도 크기)
- **기후:** 전형적인 사막 기후
- **인구:** 216만 명
- **민족:** 아랍계 40%, 파키스탄계, 인도계, 이란계
- **언어:** 아랍어(영어 통용)
- **종교:** 이슬람교(대부분 수니파)
- **통화:** 카타르 리얄(Qatari Riyal)
- **1인당 GDP:** $93,714
- **정부 형태:** 입헌 군주제
- **주요 수출품:** 석유, 석유 화학 제품, 천연가스

· 제22회 월드컵 개최국(2022)

나라꽃: 백일홍
과명: 국화과
학명: *Zinnia elegans* Jacquin
영명: Youth and Old age
꽃말: 인연, 순결

아시아

캄보디아 | 캄보디아 왕국
Kingdom of Cambodia

· 공식적 국기 채택일: 1993.06.30
· 한국과 국교 수교일: 1997.10.30
· 국제 연합 가맹일: 1955.12.14

3:2

🌐 **국기** 파란색 · 빨간색 · 파란색의 3색기이고, 파란색의 2배 크기인 빨간색 바탕에는 앙코르 와트 사원이 그려져 있다. 빨간색은 자유를 위해 싸운 용기와 충성, 파란색은 왕실의 권위와 국민의 행복, 앙코르 와트의 흰색 도안은 불교를 상징한다.

🌐 **국가** 프랑스로부터 1953년 왕국으로 독립하였으며, 1970년 공화국이 되었으나 1975년 '킬링 필드'로 알려진 비극을 겪었다. 그 후 1993년 국제 연합 캄보디아 과도 행정 기구의 주관하에 총선거가 실시되어 캄보디아 왕국 시대가 열렸다. 세계 문화 유산인 앙코르 와트 사원이 널리 알려져 있다.

- **위치:** 인도차이나 반도 동남부
- **수도:** 프놈펜(Phnom Penh, 120만 명)
- **면적:** 181,035㎢(한반도의 4/5)
- **기후:** 고온 다습한 열대성 기후, 열대 몬순
- **인구:** 1,513만 명
- **민족:** 크메르족 95%, 기타 소수 민족
- **언어:** 크메르어
- **종교:** 불교 95%, 기타 5%
- **통화:** 리엘(Riel)
- **1인당 GDP:** $1,006
- **정부 형태:** 입헌 군주제
- **주요 수출품:** 직물, 수송 기계, 농산물

나라꽃: 룸둘
과명: 포포나무과
학명: *Sphaerocoryne affinis*
영명: Rumdul
용도: 정원 장식용, 향수 원료

아시아

캐나다 | Canada

· 공식적 국기 채택일: 1965.02.15
· 한국과 국교 수교일: 1963.01.14
· 국제 연합 가맹일: 1945.11.09

2:1

🌐 **국기** 빨간색 바탕 가운데 흰색 정사각형이 있고 가운데 붉은 단풍잎이 그려져 있다. 양쪽의 빨간색은 태평양과 대서양을, 가운데 흰색은 국토와 국가 발전을 의미하며, 12개의 각이 있는 빨간 단풍잎은 캐나다의 상징이다. 빨간색과 흰색은 영국 국기의 색에서 따왔다.

🌐 **국가** 세계에서 두 번째로 국토 면적이 넓은 나라로, 영국의 식민지였다가 1867년 캐나다 자치령이 되었다. 1931년 영연방의 일원으로 독립국이 되었으며, 1951년 정식 국명인 캐나다로 변경되었다. 목재, 원유 등 천연자원을 보유하며, 주요 산업은 기계, 자동차, 제철과 식품 가공업이다.

- **위치**: 아메리카 대륙 북부, 미국 북부 접경
- **수도**: 오타와(Ottawa, 121만 명)
- **면적**: 9,984,670 ㎢(한반도의 45배)
- **기후**: 대부분 한랭 지역, 미국 접경 지역은 온대
- **인구**: 3,518만 명
- **민족**: 영국계 28%, 프랑스계 23%, 독일계 3.4% 등
- **언어**: 영어, 프랑스어(연방 정부 공용어)
- **종교**: 가톨릭 42%, 개신교 23.3%, 기타 17.5%
- **통화**: 캐나다 달러(Canadian Dollar)
- **1인당 GDP**: $51,958
- **정부 형태**: 입헌 군주제(의원 내각제)
- **주요 수출품**: 원유, 석유, 금, 자동차

나라꽃: 단풍나무
과명: 단풍나무과
학명: *Acer palmatum* Thunberg
영명: Japanese Maple
꽃말: 자제, 사양, 삼림 왕궁 상징

북아메리카

· 제21회 올림픽 개최지 몬트리올(1976) · 제15회 동계 올림픽 개최지 캘거리(1988) · 제21회 동계 올림픽 개최지 밴쿠버(2010)

케냐 | 케냐 공화국 Republic of Kenya

· 공식적 국기 채택일: 1963.12.12
· 한국과 국교 수교일: 1964.02.07
· 국제 연합 가맹일: 1963.12.16

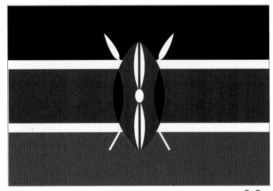

3:2

🌐 **국기** 위로부터 검은색 · 빨간색 · 초록색이 배열되고, 각각의 색 사이에 흰색 선이 있으며, 그 가운데 방패와 창이 있다. 검은색은 국민, 빨간색은 자유를 위한 투쟁, 초록색은 농업과 천연자원, 흰색은 통일과 평화를 나타내고, 가운데의 마사이족 전통 방패와 창은 자유를 수호하는 상징이다.

🌐 **국가** 1963년 영국으로부터 독립한 다민족 국가이다. 야생 동물의 보호 구역이 많은 나라로, 유명한 나이로비 국립 공원이 있다. 동물 사파리 등 관광 산업이 발달하였다. 농목업이 중심 산업으로 커피, 차, 사이잘삼, 면화 등의 생산이 많다.

- **위치**: 동부 아프리카, 에티오피아 남부 접경
- **수도**: 나이로비(Nairobi)
- **면적**: 591,958 ㎢(한반도의 2.6배)
- **기후**: 건조한 사막 기후 및 사바나 기후
- **인구**: 4,435만 명
- **민족**: 키쿠유족, 루히야족, 루오족 등 43개 부족
- **언어**: 영어(공용어), 스와힐리어(통용어)
- **종교**: 개신교 45%, 가톨릭 33%, 토착 종교, 이슬람교
- **통화**: 케냐 실링(Kenyan shilling)
- **1인당 GDP**: $1,245
- **정부 형태**: 공화제(대통령 중심제)
- **주요 수출품**: 원예 작물, 커피, 차, 과일

나라꽃: 자카란다
과명: 능소화과
학명: *Jacaranda*
영명: Blue Jacaranda, Fern Tree
꽃말: 화사한 행복

아프리카

코모로 | 코모로 연방
Union of the Comoros

· 공식적 국기 채택일: 2001.12.23
· 한국과 국교 수교일: 1979.02.19
· 국제 연합 가맹일: 1975.11.15

5:3

- **위치**: 아프리카 남부 인도양
- **수도**: 모로니(Moroni, 48,000명)
- **면적**: 2,235㎢
- **기후**: 열대 해양성
- **인구**: 73만 명
- **민족**: 아랍계 혼혈, 안탈로테 등 말레이인, 흑인
- **언어**: 프랑스어, 아랍어, 코모로어
- **종교**: 이슬람교(98%, 수니파), 가톨릭 2%
- **통화**: 코모로 프랑(Comoros Franc)
- **1인당 GDP**: $815
- **정부 형태**: 연방 공화제(대통령 중심제)
- **주요 수출품**: 바닐라, 향수 원료, 식물성 정유

나라꽃: 일랑일랑
과명: 포포나무과
학명: *Cananga odorata*
영명: Ylang Ylang
용도: 향수 원료, 아로마 테라피

🌐 **국기** 위로부터 노란색 · 흰색 · 빨간색 · 파란색의 4색 칸이 가로로 배열되고, 깃대 쪽 초록색 삼각형 안에 이슬람교의 상징인 흰색 초승달과 4개의 별이 수직으로 놓여 있다. 4색과 별은 각각 이 나라를 구성하는 4개의 주요 섬을 나타내는데, 파란색은 그랑드코모르 섬, 빨간색은 앙주앙 섬, 노란색은 모엘리 섬, 흰색은 마요트 섬을 가리킨다.

🌐 **국가** 프랑스의 해외령이었다가, 1975년 마요트 섬을 제외한 나머지 섬들이 독립하였다. 살아 있는 화석으로 불리는 물고기 '실러캔스'로 유명하며, 수산 자원이 풍부하다.

아프리카

코스타리카 | 코스타리카 공화국
Republic of Costa Rica

· 공식적 국기 채택일: 1964.10.21
· 한국과 국교 수교일: 1962.08.15
· 국제 연합 가맹일: 1945.11.02

5:3

- **위치**: 중앙아메리카 남부, 파나마 동북 접경
- **수도**: 산호세(San José, 35만 명)
- **면적**: 51,100㎢(한반도의 1/4)
- **기후**: 고온 다습한 해양성 기후
- **인구**: 487만 명
- **민족**: 에스파냐계 백인 및 메스티소 94%, 흑인, 기타
- **언어**: 에스파냐어(공용어)
- **종교**: 가톨릭 76%, 개신교 14%
- **통화**: 콜론(Colon)
- **1인당 GDP**: $10,184
- **정부 형태**: 공화제(대통령 중심제)
- **주요 수출품**: 반도체, 의료 기기, 바나나, 커피

나라꽃: 과리아 모라라
과명: 난과
학명: *Cattleya Skinneri*
영명: Guaria Morada
꽃말: 우아한 여성

🌐 **국기** 위로부터 파란색 · 흰색 · 빨간색 · 흰색 · 파란색이 가로로 배열되고, 중앙 왼쪽에 국장이 있다. 흰색은 평화와 자유, 파란색은 하늘, 빨간색은 자유를 위하여 흘린 피를 상징한다. 문장의 세 개의 산은 나라의 상징인 화산, 범선이 떠 있는 바다는 동서에 있는 카리브 해와 태평양, 일곱 개의 별은 국가의 행정 구역 수를 나타낸다. 국내에서는 문장이 들어 있지 않은 기를 사용한다.

🌐 **국가** 1821년 에스파냐로부터 독립하였다. 국토의 54%가 산림이며, 100여 개의 화산이 있다. 바나나, 커피, 카카오 등이 나며, 주요 산업은 서비스업, 제조업, 농림 수산업이다.

북아메리카

코트디부아르 | 코트디부아르 공화국
Republic of Côte d'Ivoire

· 공식적 국기 채택일: 1959.12.03
· 한국과 국교 수교일: 1961.07.23
· 국제 연합 가맹일: 1960.09.20

3:2

- **위치**: 서아프리카 대서양 연안, 라이베리아 동부 접경
- **수도**: 야무수크로(Yamoussoukro, 37만 명)
- **면적**: 322,463㎢(한반도의 1.4배)
- **기후**: 열대성 기후
- **인구**: 2,031만 명
- **민족**: 아칸족, 구르족, 북방 멘데족, 크로우족 등
- **언어**: 프랑스어(공용어), 줄라어, 바데어
- **종교**: 이슬람교 40%, 원시 신앙 30%, 기독교 26%
- **통화**: 세파 프랑(CFA Franc)
- **1인당 GDP**: $ 1,528
- **정부 형태**: 공화제(대통령 중심제)
- **주요 수출품**: 원유, 천연가스, 코코아, 커피, 석유 제품

야무수크로의 펠릭스 우푸에 부아니 평화 재단 건물

🔴 **국기** 왼쪽으로부터 주황색 · 흰색 · 초록색이 세로로 배열된 3색기이다. 주황색은 북부의 대초원과 국가의 번영, 흰색은 하늘과 청렴 · 평화와 단결, 초록색은 미래의 희망과 나무 밀림을 상징한다. 3색이 일체가 되어 결합 · 질서 및 노동에 의한 활동적인 젊음을 상징한다.

🔴 **국가** 1960년 프랑스로부터 독립하였다. 상아 무역이 번성하여 '상아 해안국(Ivory Coast)'이라고 부르기도 한다. 코코아와 커피의 세계적 생산지이다. 주요 자원은 원목, 석유, 금, 다이아몬드 등이다.

아프리카

콜롬비아 | 콜롬비아 공화국
Republic of Colombia

· 공식적 국기 채택일: 1861.11.26
· 한국과 국교 수교일: 1962.03.10
· 국제 연합 가맹일: 1945.11.05

3:2

- **위치**: 남아메리카 대륙 북동쪽 파나마 남부 접경
- **수도**: 보고타(Bogota, 800만 명)
- **면적**: 1,141,748㎢(한반도의 5배)
- **기후**: 열대 기후, 고도에 따라 기후 다양
- **인구**: 4,832만 명
- **민족**: 메스티소 58%, 백인 20%, 물라토 14%, 흑인 4%
- **언어**: 에스파냐어
- **종교**: 가톨릭(국교, 96%)
- **통화**: 콜롬비아 페소(Colombian Peso)
- **1인당 GDP**: $ 7,831
- **정부 형태**: 공화제(대통령 중심제)
- **주요 수출품**: 에메랄드, 석유, 커피, 석탄

나라꽃: 카틀레야 트리안니(크리스마스난초)
과명: 난초과
학명: *Cattleya trianae*
영명: Christmas Orchid
꽃말: 우아한 여성

🔴 **국기** 노란색 · 파란색 · 빨간색이 가로로 배열된 3색기이다. 노란색은 황금과 부, 주권, 정의를, 파란색은 바다와 충성, 경계를, 빨간색은 에스파냐 종주국과 용기, 관용, 희생을 통한 승리를 나타낸다. 베네수엘라와 에콰도르의 국기도 비슷한 모양이다.

🔴 **국가** 에스파냐의 지배를 받아 오다 1819년 대콜롬비아 공화국으로 독립하였고, 1830년 베네수엘라, 에콰도르가 다시 분리, 독립하여 오늘에 이르렀다. 에메랄드, 코카인, 커피 등의 세계적 생산국이다.

남아메리카

콩고 | 콩고 공화국
Republic of the Congo

· 공식적 국기 채택일: 1991.06.10
· 한국과 국교 수교일: 1961.08.21
· 국제 연합 가맹일: 1960.09.20

3:2

- **위치:** 아프리카 중서부, 대서양 연안, 가봉 동부 접경
- **수도:** 브라자빌(Brazzaville, 135만 명)
- **면적:** 342,000㎢(한반도의 1.5배)
- **기후:** 고온 다습, 열대 우림 기후
- **인구:** 444만 명
- **민족:** 바콩고족 48%, 바테테족 17%, 부탕기족 20%
- **언어:** 프랑스어(공용어), 토착어
- **종교:** 기독교 50%, 토착 신앙 48%, 이슬람교 2%
- **통화:** 세파 프랑(CFA Franc)
- **1인당 GDP:** $3,167
- **정부 형태:** 공화제(대통령 중심제)
- **주요 수출품:** 석유, 설탕, 목재, 금속

나라꽃: 마호가니
과명: 멀구슬나무과
학명: *Swietenia mahogani*
영명: Mahogany
꽃말: 고결, 순수, 합심

🌏 **국기** 중앙의 노란색 사선을 중심으로 초록색, 빨간색 삼각형이 위아래로 배열되어 있다. 초록색은 미래의 희망과 풍부한 삼림 자원, 노란색은 성실과 관용, 희망과 천연자원, 빨간색은 자주 독립과 국민의 열의를 상징한다.

🌏 **국가** 프랑스의 식민지였다가 1960년 독립하였으나 쿠데타로 1970년 콩고 인민 공화국이 되었으며, 1990년 사회주의를 포기하면서 현재의 국명으로 바뀌었다. 근면한 국민성으로 비교적 부유하고 문맹률이 낮다. 원유, 천연가스, 철, 인 등의 자원이 풍부하다.

아프리카

콩고 민주 공화국 | Democratic Republic of Congo

· 공식적 국기 채택일: 2006.02.20
· 한국과 국교 수교일: 1963.04.01
· 국제 연합 가맹일: 1960.09.20

4:3

- **위치:** 아프리카 중부, 앙골라 북동부 접경
- **수도:** 킨샤사(Kinshasa, 800만 명)
- **면적:** 2,344,858㎢(한반도의 10배)
- **기후:** 고온 다습, 열대 우림 기후
- **인구:** 6,751만 명
- **민족:** 몽고족, 콩고족, 피그미족 등 450여 부족
- **언어:** 프랑스어(공용어), 토착어
- **종교:** 가톨릭 50%, 기독교, 이슬람교, 토착 종교
- **통화:** 콩고 프랑(Congolese Franc)
- **1인당 GDP:** $ 484
- **정부 형태:** 공화제(대통령 중심제)
- **주요 수출품:** 다이아몬드, 구리, 코발트, 원유

콩고 민주 공화국 수도 킨샤사 거리

🌏 **국기** 하늘색 바탕 왼쪽 위에 노란색 별이 그려져 있으며, 노란 테두리를 두른 빨간색 대각선이 오른쪽 위에서 왼쪽 아래로 가로지르고 있다. 하늘색은 평화, 빨간색은 애국 선열의 피, 노란색은 나라의 부, 별은 나라의 빛나는 미래를 상징한다.

🌏 **국가** 국토는 콩고 강 넓은 분지 대부분을 차지한다. 벨기에의 식민지였다가 1960년 독립한 다민족 국가이다. 1971년 국명을 '자이르'로 개정하였다가 1997년 지금의 국명으로 바꾸었다. 문맹률이 높고 평균 수명도 50세 미만이다. 다이아몬드, 구리, 망간, 코발트 등 천연자원이 풍부하다.

아프리카

쿠바 | 쿠바 공화국
Republic of Cuba

· 공식적 국기 채택일: 1902.05.20(독립일)
· 국제 연합 가맹일: 1945.10.24

2:1

- **위치:** 플로리다 주 남방 150㎞ 지점 카리브 해
- **수도:** 아바나(Havana, 214만 명)
- **면적:** 109,884㎢(한반도의 1/2)
- **기후:** 아열대 · 해양성 기후
- **인구:** 1,126만 명
- **민족:** 백인 65%, 물라토 및 메스티소 25%, 흑인 10%
- **언어:** 에스파냐어(공용어)
- **종교:** 가톨릭 85%
- **통화:** 쿠바 페소(Cuban Peso)
- **1인당 GDP:** $6,040
- **정부 형태:** 공화제(공산당 1당 독재)
- **주요 수출품:** 담배, 수산물, 니켈, 설탕

🌏 **국기** 깃대 쪽 빨간색 삼각형 안에 흰색 별이 있고 그 오른쪽에 파란색 세 줄, 흰색 두 줄이 가로로 배열되어 있다. 파란색 세 줄은 독립 운동 당시 세 주, 흰색 줄은 독립 운동의 순수함, 삼각형은 자유 · 평등 · 박애, 빨간색은 독립을 위해 흘린 피, 별은 독립과 빛나는 미래를 상징한다.

🌏 **국가** 1492년 콜럼버스가 발견한 후 1511년 에스파냐의 지배를 받았으나 1898년 미국과 에스파냐의 전쟁으로 미군정이 세워졌다. 1902년 미군정으로부터 독립하였으며 1959년 쿠바 혁명으로 공산 국가가 되었다. 세계적인 사탕수수 재배국이다.

나라꽃: 꽃생강
과명: 생강과
학명: *Hedychium coronarium*
영명: White ginger lily
꽃말: 당신을 믿습니다.

북아메리카

쿠웨이트 | 쿠웨이트국
State of Kuwait

· 공식적 국기 채택일: 1961.09.07
· 한국과 국교 수교일: 1979.06.11
· 국제 연합 가맹일: 1963.05.14

2:1

- **위치:** 중동, 아라비아 반도 북동부, 걸프만 연안
- **수도:** 쿠웨이트 시(Kuwait City)
- **면적:** 17,818㎢(경상북도 크기)
- **기후:** 아열대성 사막 기후
- **인구:** 336만 명
- **민족:** 아랍인 80%
- **언어:** 아랍어(공용어), 영어
- **종교:** 이슬람교(수니파 70%, 시아파 30%)
- **통화:** 쿠웨이트 디나르(Kuwaiti Dinar)
- **1인당 GDP:** $52,197
- **정부 형태:** 입헌 군주제
- **주요 수출품:** 석유, 석유 제품, 화학 비료

🌏 **국기** 왼쪽에 검은색 사다리꼴이 있고, 위로부터 초록색 · 흰색 · 빨간색이 가로로 배열되어 있다. 초록색은 비옥한 국토와 파티마 왕조를, 흰색은 4대 칼리프 시대와 순결을, 검은색은 이슬람의 승리와 압바스 왕조를, 빨간색은 아랍 사회의 혈연과 전사들의 용기를 나타낸다. 이 네 가지 색은 범아랍 색으로, 사피 알딘 알힐리가 지은 시에서 유래되었다.

🌏 **국가** 1899년 영국의 보호령이 되었으나, 1961년 입헌 군주국으로 독립하였다. 국토 대부분이 사막이며, 세계 5위의 석유 매장량을 보유하고 있다. 국내 수입의 90% 이상을 석유 수출에 의존하고 있다.

나라꽃: 란테리움 에파포숨
과명: 국화과
학명: *Rhanterium epapposum*
영명: Arfaj
용도: 잎은 낙타와 양의 사료

아시아

크로아티아 | 크로아티아 공화국
Republic of Croatia

· 공식적 국기 채택일: 1990.12.21
· 한국과 국교 수교일: 1992.11.18
· 국제 연합 가맹일: 1992.05.22

2:1

🌐 **국기** 빨간색 · 흰색 · 파란색이 가로로 배열된 3색기로, 가운데에 크로아티아 국장이 그려져 있다. 빨간색 · 흰색 · 파란색 3색은 슬라브 민족을 상징하며, 1990년 독립하면서 제정되었다.

🌐 **국가** 1945년 유고슬라비아 연방에 소속되었다가 1991년 독립하였으며, 1992년 유럽 공동체로 승인되었다. 주요 산업은 제강, 정유, 조선, 금속, 섬유, 관광이며, 주요 자원으로는 천연가스, 철광석 등이 있다. 넥타이의 기원이 17세기 크로아티아 군인들이 목을 보호하기 위해 두른 목수건 크라바트(kravat)에서 유래한다고 전해진다.

- **위치**: 유럽 아드리아 해 동부 해안
- **수도**: 자그레브(Zagreb, 78만 명)
- **면적**: 56,594㎢(한반도의 1/4)
- **기후**: 지중해성 기후, 북동부는 대륙성 기후
- **인구**: 429만 명
- **민족**: 크로아티아인 90.4%, 세르비아인 4.4%, 기타
- **언어**: 크로아티아어(공용어), 세르비아어
- **종교**: 가톨릭, 세르비아 정교
- **통화**: 쿠나(Kuna)
- **1인당 GDP**: $13,607
- **정부 형태**: 공화제(대통령 중심제)
- **주요 수출품**: 섬유, 화학 제품, 조선

나라꽃: 아이리스 크로아티아
과명: 붓꽃과
학명: *Iris croatica*
원명: Perunika
꽃말: ―

유럽

키르기스스탄 | 키르기스 공화국
Kyrgyz Republic

· 공식적 국기 채택일: 1992.03.03
· 한국과 국교 수교일: 1992.01.31
· 국제 연합 가맹일: 1992.03.02

5:3

🌐 **국기** 빨간색 바탕에 노란색 태양이 그려져 있다. 40개의 햇살이 있는 태양은 40개에 이르는 키르기스족을 나타내며, 태양 안에는 유목민인 키르기스인의 전통 천막 '유르트'를 형상화한 문양이 그려져 있다. 빨간색은 키르기스인을 통합시킨 영웅 '마나스'의 색이다.

🌐 **국가** 19세기에 러시아의 식민지가 되었고, 1936년 키르기스 사회주의 공화국으로 소련 연방의 일원이 되었다. 1991년 구소련의 해체로 독립하였으며, 국토의 80%가 해발 2,000m 이상의 산악 지대이다. 목축업이 주요 산업이며, 안티몬, 수은, 텅스텐 등 광물 자원이 풍부하다.

- **위치**: 중앙아시아, 톈산 산맥 북부 내륙국
- **수도**: 비슈케크(Bishkek, 80만 명)
- **면적**: 199,949㎢(한반도와 비슷)
- **기후**: 대륙성 건조 기후
- **인구**: 554만 명
- **민족**: 키르기스인 66%, 우즈베크인, 러시아인 등
- **언어**: 키르기스어(공식어), 러시아어(공용어)
- **종교**: 이슬람교 75%, 러시아 정교 20%, 기타 5%
- **통화**: 솜(Som)
- **1인당 GDP**: $1,263
- **정부 형태**: 공화제(대통령 중심제)
- **주요 수출품**: 전력, 화학 약품, 광물, 식료품

나라꽃: 튤립
과명: 백합과
학명: *Tulipa gesneriana*
영명: Didier's Tulip
꽃말: 사랑의 고백

아시아

키리바시 | 키리바시 공화국
Republic of Kiribati

· 공식적 국기 채택일: 1979.07.12
· 한국과 국교 수교일: 1980.05.02
· 국제 연합 가맹일: 1999.09.14

2:1

- **위치**: 뉴질랜드 북방 적도상
- **수도**: 타라와(Tarawa)
- **면적**: 726㎢(한반도의 1/300)
- **기후**: 열대 해양성 기후
- **인구**: 10만 명
- **민족**: 미크로네시아인 91%
- **언어**: 영어, 길버트어
- **종교**: 가톨릭, 개신교
- **통화**: 오스트레일리아 달러(Australian Dollar)
- **1인당 GDP**: $1,650
- **정부 형태**: 공화제(대통령 중심제)
- **주요 수출품**: 코프라, 수산물, 해조류

키리바시에 속한 패닝 섬

● **국기** 위쪽에는 빨간 바탕에 황금색 태양과 그 위를 날고 있는 군함조, 아래쪽에는 파란색과 흰색 파도가 3개씩 그려져 있다. 파도는 바다와 3개의 큰 섬인 길버트 제도, 피닉스 제도, 라인 제도를 나타내며, 17개의 햇빛은 길버트 제도를 구성하는 16개의 섬과 바나바 섬을 상징한다. 군함조는 바다를 다스리는 힘을 상징한다.

● **국가** 33개의 산호섬 나라로, 1892년 영국의 보호령이 되었다가 1979년 7월 12일 독립하였다. 1995년 날짜 변경선을 수정함으로써 세계에서 가장 일찍 해가 뜨는 나라가 되었다. 주요 자원으로 수산 자원(참치), 코프라 등이 있다.

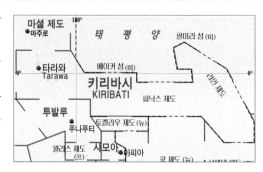

오세아니아

키프로스 | 키프로스 공화국
Republic of Cyprus

· 공식적 국기 채택일: 1960.08.16(독립일)
· 한국과 국교 수교일: 1995.12.28
· 국제 연합 가맹일: 1960.09.20

3:2

- **위치**: 유럽 동남부, 지중해 동부 해상
- **수도**: 니코시아(Nicosia, 30만 명)
- **면적**: 9,251㎢(한반도의 1/25)
- **기후**: 지중해성 기후
- **인구**: 114만 명
- **민족**: 그리스인 78%, 터키인 18%, 기타 4%
- **언어**: 그리스어, 터키어, 영어
- **종교**: 그리스 정교 78%, 이슬람교 18%
- **통화**: 유로(Euro)
- **1인당 GDP**: $25,249
- **정부 형태**: 공화제(대통령 중심제)
- **주요 수출품**: 구리, 철, 크롬

나라꽃: 시클라멘
과명: 앵초과
학명: *Cyclamen cyprium*
영명: Cyprus cyclamen
꽃말: 질투

● **국기** 흰색 바탕에 키프로스 섬 지도와 올리브 나뭇잎이 그려져 있다. 지도의 갈색은 키프로스의 주산물인 구리의 풍부한 생산을 상징하며, 올리브 나뭇잎은 분쟁이 끊이지 않는 그리스와 터키 간의 평화와 화해에 대한 희망을 나타낸다.

● **국가** 지중해에서 세 번째로 큰 섬이다. 1960년 영국으로부터 독립하였으나, 그리스계와 터키계의 분쟁으로 2개의 국가로 나뉘어 있다. 미의 여신 비너스가 태어난 곳으로 유명하며, 아프리카, 아시아를 잇는 중요한 교통 지역이다. 관광 자원이 풍부하며, 주요 농산물로 오렌지, 올리브 등이 있다.

유럽

타이 타이 왕국 Kingdom of Thailand

· 공식적 국기 채택일: 1917.09.28
· 한국과 국교 수교일: 1958.10.01
· 국제 연합 가맹일: 1946.12.16

- **위치**: 동남아, 인도차이나 반도 라오스 남서부 접경
- **수도**: 방콕(Bangkok, 1,006만 명)
- **면적**: 513,120㎢(한반도의 2.3배)
- **기후**: 고온 다습의 열대성 기후
- **인구**: 6,701만 명
- **민족**: 타이족 85%, 화교 12%, 말레이족 2%, 기타
- **언어**: 타이어(공용어), 중국어, 말레이어
- **종교**: 불교(국교, 94.6%)
- **통화**: 바트(Baht)
- **1인당 GDP**: $5,779
- **정부 형태**: 입헌 군주제(내각 책임제)
- **주요 수출품**: 쌀, 수산물, 컴퓨터, 자동차, 섬유

나라꽃: 라차프릭(황금샤워 나무)
과명: 콩과
학명: *Cassia fistula*
영명: Ratchaphruek(Golden Shower Tree)

🌐 **국기** 위로부터 빨간색·흰색 그리고 2배 크기의 파란색, 그 아래에 흰색, 빨간색이 가로로 배열되어 있다. 빨간색은 국민과 국민의 헌신을, 흰색은 건국 전설의 흰 코끼리에서 유래한 것으로 불교의 청정함을, 파란색은 차크리 왕조를 각각 나타낸다. 타이에서는 '트라이 롱'이라고도 한다.

🌐 **국가** 태국이라고도 하며, 동남아시아 국가들 중 유럽의 식민 지배를 받지 않은 유일한 나라이다. 농림업, 어업, 관광업이 주요 산업이며, 쌀 생산과 수출이 세계적이다. 주요 자원으로는 천연고무, 타피오카, 주석, 텅스텐, 천연가스 등이 있다.

아시아

타지키스탄 타지키스탄 공화국 Republic of Tajikistan

· 공식적 국기 채택일: 1992.11.24
· 한국과 국교 수교일: 1992.04.27
· 국제 연합 가맹일: 1992.03.02

- **위치**: 중앙아시아 아프가니스탄 북동부 접경
- **수도**: 두샨베(Dushanbe, 56만 명)
- **면적**: 143,100㎢(한반도의 2/3)
- **기후**: 대륙성 기후
- **인구**: 820만 명
- **민족**: 타지크인 65%, 우즈베크인 25%, 러시아인 등
- **언어**: 타지크어(공용어), 러시아어(통용어)
- **종교**: 이슬람교 90%(수니파 85%), 러시아 정교 등
- **통화**: 소모니(Somoni)
- **1인당 GDP**: $1,036
- **정부 형태**: 공화제(대통령제)
- **주요 수출품**: 면화, 알루미늄, 비료, 금속

타지키스탄 파미르 산의 바위 계곡

🌐 **국기** 빨간색·흰색·초록색이 가로로 배열된 3색기이며, 흰색 바탕 중앙에 7개의 금색 별로 둘러싸인 금색 왕관이 배치되어 있다. 빨간색은 공화국의 단결과 다른 나라들과의 우애를 나타내고, 흰색은 국가의 기간 산업인 목화와 면직 공업, 초록색은 이슬람과 농업, 왕관은 타지키스탄 민족, 왕관 위 7개의 별은 행복, 선을 상징한다.

🌐 **국가** 1991년 소련이 해체되면서 타지키스탄 공화국으로 독립하였다. 국토의 93%가 산지이며, 농업 생산의 60%를 면화가 차지하고 있다. 금, 은, 석탄, 알루미늄 등 광물 자원이 풍부하나 개발이 거의 이루어지지 않고 있다.

아시아

탄자니아 | 탄자니아 합중국
United Republic of Tanzania

· 공식적 국기 채택일: 1964.06.30
· 한국과 국교 수교일: 1992.04.30
· 국제 연합 가맹일: 1961.12.14

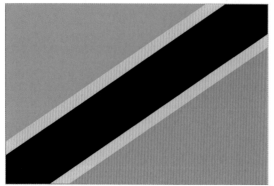

3:2

- **위치**: 아프리카 대륙 동부, 케냐 남서 접경
- **수도**: 도도마(Dodoma, 208만 명)
- **면적**: 947,303㎢(한반도의 4.3배)
- **기후**: 열대성 기후, 연평균 기온 29℃
- **인구**: 4,925만 명
- **민족**: 아프리카 원주민 99%(이 중 95%가 반투족)
- **언어**: 스와힐리어(공용어), 영어(공용어), 아랍어
- **종교**: 기독교 30%, 이슬람교 35%, 토착 종교 35%
- **통화**: 탄자니아 실링(Tanzanian Shilling)
- **1인당 GDP**: $694
- **정부 형태**: 공화제(대통령 중심제)
- **주요 수출품**: 금, 면화, 담배, 커피

아프리카 최고봉 킬리만자로

🌐 **국기** 노란색 테두리를 한 검은 띠의 대각선을 중심으로, 왼쪽 위에 초록색 삼각형, 오른쪽 아래 파란색 삼각형이 배열되어 있다. 초록색은 국토와 농업, 노란색은 광물 자원, 검은색은 국민, 파란색은 인도양을 상징한다.

🌐 **국가** 탕가니카와 잔지바르 섬이 통합하여 성립된 국가로, 국명도 두 나라 이름을 합쳐 만들었다. 아프리카 최고봉 킬리만자로(5,895m) 등 해발 4,000m 이상의 산이 많은 나라이다. 금, 다이아몬드 등 광산 자원이 풍부하며, 주요 작물로 커피, 면화, 차, 사이살 등이 있다.

아프리카

터키 | 터키 공화국
Republic of Turkey

· 공식적 국기 채택일: 1936.06.05
· 한국과 국교 수교일: 1957.03.08
· 국제 연합 가맹일: 1945.10.24

3:2

- **위치**: 유럽 동남부 발칸 반도, 지중해 및 흑해 연안
- **수도**: 앙카라(Ankara, 400만 명)
- **면적**: 783,562㎢(한반도의 3.5배)
- **기후**: 대륙성(내륙 지방), 해양성(해안 지방)
- **인구**: 7,493만 명
- **민족**: 터키인 90%, 쿠르드인 및 아랍인 10%
- **언어**: 터키어(공용어), 쿠르드어, 아랍어
- **종교**: 이슬람교(수니파 다수) 99%
- **통화**: 터키 리라(Turkish Lira)
- **1인당 GDP**: $10,971
- **정부 형태**: 의원 내각제(대통령제 가미)
- **주요 수출품**: 자동차, 기계류, 보석

나라꽃: 튤립
과명: 백합과
학명: *Tulipa gesneriana*
영명: Tulip
꽃말: 사랑의 고백, 명예, 명성

🌐 **국기** 빨간색 바탕에 흰색 달과 5각 별이 그려져 있으며, 단결과 독립을 상징한다. 이슬람 국가 중 처음으로 이슬람의 상징인 초승달과 별을 국기에 사용하였다. BC 4세기 마케도니아의 군대가 비잔티움(이스탄불)을 침입하려 했을 때 초승달 빛으로 이를 발견하여 나라를 구하였다는 전설이 있다.

🌐 **국가** 중세 오스만 제국의 뒤를 잇는 국가이며, 유럽과 아시아를 잇는 중요한 위치에 있다. 원유와 천연가스의 자원 보유국이며, 농·축산업이 주요 산업이다. 주요 자원으로 붕소, 시멘트, 크롬, 구리 등이 있다.

아시아

토고 | 토고 공화국
Togolese Republic

· 공식적 국기 채택일: 1960.04.27
· 한국과 국교 수교일: 1963.07.26
· 국제 연합 가맹일: 1960.09.20

1.618:1

토고의 도시 소코데(Sokodé)

- **위치:** 아프리카 서부, 대서양 연안, 가나 동부 접경
- **수도:** 로메(Lom'e, 160만 명)
- **면적:** 56,785㎢(한반도의 1/4)
- **기후:** 열대 기후, 북부 지방은 건조, 남부 고온 다습
- **인구:** 681만 명
- **민족:** 에웨족, 미나족 등 37개 부족
- **언어:** 프랑스어(공용어), 토착어
- **종교:** 기독교 29%, 이슬람교 20%, 토착 종교 51%
- **통화:** 세파 프랑(CFA Franc)
- **1인당 GDP:** $636
- **정부 형태:** 공화제(대통령 중심제)
- **주요 수출품:** 인광석, 목화, 커피, 카카오

🌐 **국기** 세 개의 초록색, 두 개의 노란색이 가로로 배열되고 그 왼쪽 위 빨간색 사각형 안에 흰색 별이 그려져 있다. 빨간색은 독립을 위해 흘린 피, 초록색은 희망, 노란색은 국가 통일, 흰색은 평화를 상징한다. 별은 생명을 상징하며, 5개의 줄무늬는 토고의 5개 지역을 나타낸다.

🌐 **국가** 프랑스의 위임 통치 및 신탁 통치를 거쳐 1960년에 독립하였다. 비교적 안정된 정치에 영농 정책도 성공하고 있는 나라이다. 농업이 주요 산업이며, 주요 작물로는 커피, 코코아, 목화가 있다. 인광석, 보크사이트 등의 지하자원이 있다.

아프리카

통가 | 통가 왕국
Kingdom of Tonga

· 공식적 국기 채택일: 1875.11.04
· 한국과 국교 수교일: 1970.09.11
· 국제 연합 가맹일: 1999.09.14

2:1

- **위치:** 오스트레일리아 동쪽, 폴리네시아 서쪽 끝
- **수도:** 누쿠알로파(Nuku'alofa)
- **면적:** 747㎢(한반도의 1/300)
- **기후:** 열대 해양성 기후
- **인구:** 10만 5천 명
- **민족:** 폴리네시아인 98%, 유럽인
- **언어:** 통가어, 영어
- **종교:** 기독교
- **통화:** 파앙가(Pa'anga)
- **1인당 GDP:** $4,426
- **정부 형태:** 입헌 군주제
- **주요 수출품:** 단호박, 바닐라, 어류

나라꽃: 헤일라라
과명: 클루시아과
학명: *Garcinia sessilis*
영명: Heilala
용도: 약용, 장식용

🌐 **국기** 빨간색 바탕 왼쪽 위 흰색 사각형 안에 빨간색 십자가가 그려져 있다. 19세기 초에 들어온 기독교가 국기에도 반영된 것으로, 십자가는 기독교를, 빨간색은 구세주가 흘린 피를 나타낸다. 1862년에 처음 만든 국기가 국제 적십자 기와 비슷하다고 하여 1875년 다시 수정하여 만들었다.

🌐 **국가** 1900년부터 70년간 영국의 보호령으로 있다가 1970년에 독립하였다. 170여 개의 섬으로 구성되어 있으며, 36개의 섬에만 주민이 거주한다. 농·수산업이 주요 산업이며, 주요 농산물로는 코코넛, 코코아, 커피 등이 있다.

오세아니아

투르크메니스탄 | 투르크메니스탄 공화국 | Republic of Turkmenistan

· 공식적 국기 채택일: 2001.01.24
· 한국과 국교 수교일: 1992.02.07
· 국제 연합 가맹일: 1992.03.02

3:2

투르크메니스탄의 수도 아슈하바트

- **위치**: 중앙아시아 서남부, 이란 북동부 접경
- **수도**: 아슈하바트(Ashkhabad, 83만 명)
- **면적**: 488,100㎢(한반도의 2.4배)
- **기후**: 대륙성 사막 기후
- **인구**: 524만 명
- **민족**: 투르크멘인 85%, 우즈벡인, 러시아인, 기타
- **언어**: 투르크멘어(공용어), 러시아어(통용어)
- **종교**: 이슬람교(수니파) 89%, 동방 정교회 9%, 기타
- **통화**: 마나트(Manat)
- **1인당 GDP**: $7,986
- **정부 형태**: 공화제(대통령제)
- **주요 수출품**: 천연가스, 석유, 면화, 식료품

🌐 **국기** 초록색 바탕에 흰색 초승달과 5개의 별이 있고, 깃대 쪽으로 붉은색의 수직 무늬 띠가 있다. 붉은색 띠 안의 도안은 융단 무늬로, 이 나라의 문화와 전통을, 5개의 무늬는 주요 다섯 민족을 나타낸다. 초승달은 이슬람 국가를, 5개의 별은 5개 주를 상징한다. 1995년 영세 중립국으로 인정받아 평화의 상징인 올리브 가지를 삽입하였다.

🌐 **국가** 1991년 소련의 해체로 독립하였다. 국토 면적의 90%가 카라쿰 사막에 해당하며, 석유와 천연가스의 매장량이 풍부하다. 주요 산업으로 에너지, 건설, 면화 산업이 있다.

아시아

투발루 | Tuvalu

· 공식적 국기 채택일: 1997.04.11
· 한국과 국교 수교일: 1978.11.15
· 국제 연합 가맹일: 2000.09.05

2:1

투발루의 아름다운 푸나푸티 산호섬

- **위치**: 오스트레일리아 동북방 남태평양 적도 부근
- **수도**: 푸나푸티(Funafuti, 2,810명)
- **면적**: 26㎢(한반도의 1/8,460)
- **기후**: 열대 해양성 기후
- **인구**: 1만 명
- **민족**: 폴리네시아인
- **언어**: 영어(공용어), 투발루어, 길버트어
- **종교**: 개신교, 가톨릭
- **통화**: 오스트레일리아 달러(Australian Dollar)
- **1인당 GDP**: $3,880
- **정부 형태**: 입헌 군주제(내각 책임제)
- **주요 수출품**: 어패류

🌐 **국기** 하늘색 바탕에 9개의 노란색 5각 별이 있고, 왼쪽 위에 영국 국기가 있다. 영국 국기는 투발루가 영국 연방의 일원임을 표시한다. 하늘색은 섬을 둘러싼 열대 바다를, 9개의 노란색 별은 이 나라를 형성하는 9개의 섬을 나타내며 지도상 실제 위치를 본떠 배치하였다.

🌐 **국가** 1978년 영국의 보호령에서 독립하여 영국 연방의 일원이 되었다. 해발 고도가 낮아 지구 온난화에 따른 해수면 상승으로 국토가 바닷물에 잠길 위험에 처해 있다. 주요 산물로 수산물, 코코넛, 코프라가 있다.

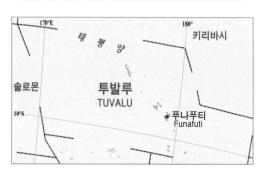

오세아니아

튀니지 | 튀니지 공화국 Republic of Tunisia

· 공식적 국기 채택일: 1835.01.16
· 한국과 국교 수교일: 1969.03.31
· 국제 연합 가맹일: 1956.11.12

- **위치:** 아프리카 북부, 지중해 연안 알제리 동북 접경
- **수도:** 튀니스(Tunis)
- **면적:** 163,610㎢(한반도의 3/4)
- **기후:** 지중해성(북부·지중해 연안), 사막성(남부)
- **인구:** 1,099만 명
- **민족:** 아랍인 98%, 베르베르인 1%, 기타 1%
- **언어:** 아랍어(공용어), 프랑스어(통용어)
- **종교:** 이슬람교(수니파) 99%, 가톨릭, 유대교
- **통화:** 튀니지 디나르(Tunisian Dinar)
- **1인당 GDP:** $4,316
- **정부 형태:** 공화제(대통령 중심제)
- **주요 수출품:** 화학 비료, 의류, 원유, 기계류

🌐 **국기** 빨간색 바탕 가운데에 흰색 원이 있고, 그 안에 빨간색 초승달과 5각 별이 그려져 있다. 빨간색은 순교자의 피를 상징하며, 빨간색 초승달이 5각 별을 거의 둘러싸고 있는 모양은 옛 오스만 터키 제국의 상징으로, 흰색 원은 태양, 별과 초승달은 이슬람교를 나타낸다.

🌐 **국가** 1956년 프랑스로부터 독립하였다. 고대 비옥한 토지를 바탕으로 페니키아인들이 설립한 카르타고 유적이 세계 문화 유산으로 지정되어 있다. 주요 자원으로는 인광석, 석유, 천연가스 등이 있다.

3:2

나라꽃: 재스민
과명: 물푸레나무과
학명: *Jasminum grandiflorum*
영명: Royal Jasmine
꽃말: 사랑스러움

아프리카

트리니다드 토바고 | 트리니다드 토바고 공화국 Republic of Trinidad and Tobago

· 공식적 국기 채택일:1962.08.31
· 한국과 국교 수교일: 1985.07.23
· 국제 연합 가맹일: 1962.09.18

- **위치:** 중앙아메리카, 카리브 해 동부
- **수도:** 포트오브스페인(Port of Spain)
- **면적:** 5,130㎢(제주도의 2.5배)
- **기후:** 열대성 기후, 평균 기온 24.5~25.9℃
- **인구:** 134만 명
- **민족:** 흑인 37.5%, 인도계 40%, 혼혈 20.5%, 백인
- **언어:** 영어
- **종교:** 가톨릭 26%, 힌두교 22.5%, 성공회, 이슬람교
- **통화:** 트리니다드 토바고 달러(Trinidad and Tobago Dollar)
- **1인당 GDP:** $18,372
- **정부 형태:** 공화제(내각 책임제)
- **주요 수출품:** 원유, 화학, 철강

🌐 **국기** 빨간색 바탕에 하얀 테두리를 두른 검은색 띠가 왼쪽 위로부터 대각선으로 그려져 있다. 빨간색은 자원과 국민의 활력, 태양의 빛과 에너지, 민중의 용기와 우애를, 검은색은 국토와 국가 중추의 상징으로서 힘과 이상을, 흰색은 바다와 향상심의 순수함을 의미한다. 두 개의 흰색 선은 이 나라의 두 개 섬을 뜻하고 인종 평등을 나타낸다.

🌐 **국가** 트리니다드 섬과 토바고 섬 외에 21개의 작은 섬들로 이루어져 있다. 1962년에 영국으로부터 독립하였으며, 카리브 해의 유일한 산유국이다. 주요 자원으로 석유, 천연가스 등이 있다.

5:3

나라꽃: 야생 포인세티아(차코니아)
과명: 꼭두서니과
학명: *Warszewiczia coccinea*
영명: Wild Poinsettia
용도: 장식용

북아메리카

파나마 | 파나마 공화국
Republic of Panama

· 공식적 국기 채택일: 1903.12.20
· 한국과 국교 수교일: 1962.09.30
· 국제 연합 가맹일: 1945.11.13

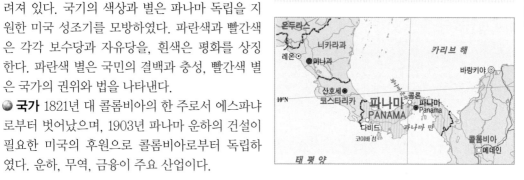

3:2

- **위치**: 남 · 북 아메리카를 잇는 파나마 지협에 위치
- **수도**: 파나마(Panama City, 89만 명)
- **면적**: 75,000㎢(한반도의 1/3)
- **기후**: 해양성 열대 기후
- **인구**: 386만 명
- **민족**: 메스티소 및 물라토, 흑인, 백인, 기타
- **언어**: 에스파냐어, 영어
- **종교**: 가톨릭, 개신교
- **통화**: 발보아(Balboa)
- **1인당 GDP**: $11,036
- **정부 형태**: 입헌 공화제
- **주요 수출품**: 금, 바나나, 수산물, 설탕, 커피

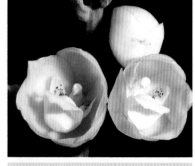

나라꽃: 비둘기난초(신성한 유령 난초)
과명: 난초과
학명: *Peristeria elata*
영명: Dove Orchid, Holy Ghost Orchid
용도: 향수 원료, 멸종위기 식물

● **국기** 전체가 흰색 · 빨간색 · 파란색 · 흰색으로 4등분 되고, 위아래에 파란색 별과 빨간색 별이 그려져 있다. 국기의 색상과 별은 파나마 독립을 지원한 미국 성조기를 모방하였다. 파란색과 빨간색은 각각 보수당과 자유당을, 흰색은 평화를 상징한다. 파란색 별은 국민의 결백과 충성, 빨간색 별은 국가의 권위와 법을 나타낸다.

● **국가** 1821년 대 콜롬비아의 한 주로서 에스파냐로부터 벗어났으며, 1903년 파나마 운하의 건설이 필요한 미국의 후원으로 콜롬비아로부터 독립하였다. 운하, 무역, 금융이 주요 산업이다.

북아메리카

파라과이 | 파라과이 공화국
Republic of Paraguay

· 공식적 국기 채택일: 1842.11.25
· 한국과 국교 수교일: 1962.06.12
· 국제 연합 가맹일: 1945.10.24

20:11

- **위치**: 남아메리카 중부 브라질 남동쪽 접경
- **수도**: 아순시온(Asuncion, 60만 명)
- **면적**: 406,752㎢(한반도의 1.8배)
- **기후**: 열대 및 아열대 기후
- **인구**: 680만 명
- **민족**: 에스파냐 및 과라니 혼혈, 유럽계, 동양계
- **언어**: 에스파냐어, 과라니어
- **종교**: 가톨릭 90%, 기타 10%
- **통화**: 과라니(Guarani)
- **1인당 GDP**: $4,264
- **정부 형태**: 공화제(대통령 중심제)
- **주요 수출품**: 목재, 대두, 육류, 곡류

나라꽃: 시계꽃
과명: 시계꽃과
학명: *Passiflora caerulea*
영명: Passion Flower
꽃말: 성스러운 사랑

● **국기** 빨간색 · 흰색 · 파란색을 가로로 배열한 3색기로, 흰색 바탕 중앙에 별이 있는 문장이 있다. 빨간색은 정의와 평등, 흰색은 평화와 통일, 파란색은 질서와 자유를 나타낸다. 세계에서 유일하게 국기의 앞면과 뒷면의 문장이 다른데, 앞면에는 '파라과이 공화국', 뒷면에는 '평화와 정의'라고 씌어 있다.

● **국가** 1811년 에스파냐로부터 독립 후, 파라과이 전쟁으로 영토를 잃었다. 이후 1932~1935년 볼리비아의 전쟁으로 군사 독재가 이루어지다가 1992년 문민 정부가 수립되었다. 세계 최대의 이타이푸 발전소가 있다.

남아메리카

파키스탄 | 파키스탄 이슬람 공화국
Islamic Republic of Pakistan

· 공식적 국기 채택일: 1947.08.11
· 한국과 국교 수교일: 1983.11.07
· 국제 연합 가맹일: 1947.09.30

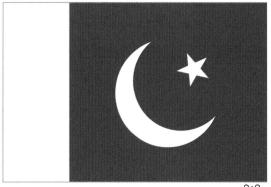

3:2

- **위치**: 서남아시아 인도 서북 접경
- **수도**: 이슬라마바드(Islamabad, 90만 명)
- **면적**: 796,095 ㎢(한반도의 3.5배)
- **기후**: 대륙 열대성 사막 기후
- **인구**: 1억 8,214만 명
- **민족**: 인도 아리안족, 트라비다족, 터키아리안족
- **언어**: 우르두어(공용어), 펀잡어, 신드어, 발루치어
- **종교**: 이슬람교 97%, 힌두교, 기독교
- **통화**: 파키스탄 루피(Pakistan Rupee)
- **1인당 GDP**: $1,275
- **정부 형태**: 연방 공화제
- **주요 수출품**: 농산품, 식료품, 직물, 섬유

나라꽃: 재스민
과명: 물푸레나무과
학명: *Jasminum officinale*
영명: Jasmine
꽃말: 행복, 친절, 상냥함

🌐 **국기** 깃대 쪽으로 흰색의 세로 띠가 있고, 초록색 바탕에는 흰색 달과 별이 그려져 있다. 초록색은 이슬람교의 색으로서 번영을 상징하고, 흰색은 평화, 초승달은 진보와 발전, 별은 광명과 지식을 상징한다. 흰색 세로 띠는 이슬람교도 이외의 소수 국민을 나타낸다.

🌐 **국가** 고대 인더스 문명의 발상지이며, 1858년 인도와 함께 영국 식민지가 되었으나 1947년 영국 연방의 자치령으로 각각 분리, 독립하였다. 1956년에는 공화국이 성립되었다. 석탄, 구리, 천연가스, 원유, 대리석 등의 자원이 있다.

아시아

파푸아 뉴기니 | 파푸아 뉴기니 독립국
Independent State of Papua New Guinea

· 공식적 국기 채택일: 1971.07.01
· 한국과 국교 수교일: 1976.05.19
· 국제 연합 가맹일: 1975.10.10

4:3

파푸아뉴기니의 국조 라기아나 극락조

- **위치**: 남태평양 남서부 멜라네시아 북서부
- **수도**: 포트모르즈비(Port Moresby, 33만 명)
- **면적**: 462,840 ㎢(한반도의 2배)
- **기후**: 고온 다습한 열대성 기후
- **인구**: 732만 명
- **민족**: 멜라네시아인 96%, 기타
- **언어**: 영어, 피진어, 모투어
- **종교**: 가톨릭, 개신교, 토착 신앙
- **통화**: 키나(Kina)
- **1인당 GDP**: $2,088
- **정부 형태**: 입헌 군주제(의원 내각제)
- **주요 수출품**: 금, 원유, 구리, 커피, 팜유

🌐 **국기** 빨간색 삼각형에는 국조인 노란색 극락조가, 검은색 삼각형에는 흰색 남십자성이 그려져 있다. 검은색은 멜라네시아 국토, 빨간색은 태양과 민족 단결을 상징하는 피를 표시한다. 노란색 극락조는 고향을 향한 국가의 부상을, 남십자성은 다른 남태평양 국가들과의 결속을 상징한다.

🌐 **국가** 1526년 포르투갈인들이 파푸아라고 이름 지었고, 1886년에 네덜란드, 독일, 영국이 각각 일부분을 점령하였으며, 이후 오스트레일리아의 통치를 거쳐 1975년 독립하였다. 주요 자원은 원유, 천연가스, 금, 구리, 목재, 커피, 참치 등이다.

오세아니아

팔라우 | 팔라우 공화국
Republic of Palau

· 공식적 국기 채택일: 1981.01.01
· 한국과 국교 수교일: 1995.03.22
· 국제 연합 가맹일: 1994.12.15

8:5

- **위치:** 필리핀 동남쪽, 캐롤라인 제도 서쪽
- **수도:** 멜레케오크(Melekeok, 1,000명)
- **면적:** 459㎢
- **기후:** 열대 해양성 기후, 고온 다습
- **인구:** 21,000명
- **민족:** 미크로네시아인
- **언어:** 영어, 팔라우어
- **종교:** 기독교, 토착 종교
- **통화:** 미국 달러(US Dollar)
- **1인당 GDP:** $11,810
- **정부 형태:** 공화제(대통령 중심제)
- **주요 수출품:** 어패류, 수산물, 코프라, 코코넛 기름

나라꽃: 플루메리아 루브라
과명: 협죽도과
학명: *Plumeria rubra* var. *acutifolia*
영명: Frangipani
용도: 정원 · 공원 · 사원 · 묘지용

● **국기** 하늘색 바탕에 노란색의 커다란 원이 그려져 있으며, 이는 남태평양의 해양국임을 나타낸다. 달을 뜻하는 노란색 원은 국가의 결속과 운명, 하늘색은 바다와 독립을 상징한다. 팔라우는 연방국으로 16개 국가가 있는데, 이 중 8개국만이 국기를 가지고 있다. 국기 도안은 1945년까지 통치했던 일본 국기를 모방한 것으로 알려져 있다.

● **국가** 340여 개의 섬으로 이루어져 있다. 1947년 미국 신탁 통치령이 되었다가 1994년 독립하였다. 인광석, 보크사이트 등이 나며, 수산업과 관광 등이 주요 산업이다.

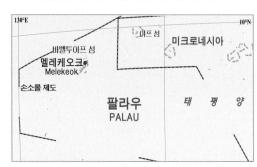

오세아니아

페루 | 페루 공화국
Republic of Peru

· 공식적 국기 채택일: 1825.02.25
· 한국과 국교 수교일: 1963.04.01
· 국제 연합 가맹일: 1945.10.31

3:2

- **위치:** 남아메리카 중부, 에콰도르 서남 접경
- **수도:** 리마(Lima, 850만 명)
- **면적:** 1,285,215㎢(한반도의 6배)
- **기후:** 열대 및 아열대 기후
- **인구:** 3,037만 명
- **민족:** 인디오 47%, 메스티소 40%, 백인 12%
- **언어:** 에스파냐어, 케추아어
- **종교:** 가톨릭 90%
- **통화:** 누에보 솔(Nuevo Sol)
- **1인당 GDP:** $6,661
- **정부 형태:** 공화제(대통령 중심제)
- **주요 수출품:** 금, 은, 구리, 수산물, 농수산 가공품

나라꽃: 칸투아
과명: 꽃고비과
학명: *Cantua buxifolia*
영명: Cantuta
꽃말: 화합, 희망

● **국기** 빨간색 · 흰색 · 빨간색이 세로로 배치되어 있다. 빨간색은 애국심과 용기, 흰색은 평화와 진보를 상징한다. 빨간색과 흰색은 에스파냐와의 독립 투쟁 때 참여한 장군이 피스코에 상륙했을 때 붉은 날개와 흰 가슴을 가진 아름다운 새가 날아올랐다는 데서 유래한다. 관공서용에는 흰색 바탕에 문장이 들어 있으며, 민간용에는 문장이 들어 있지 않은데, 모두 공식 국기이다.

● **국가** 고대 잉카 문명이 안데스 산맥을 중심으로 번영했던 나라이다. 1532년 에스파냐에 정복되어 300년 간 지배를 받아 오다 1824년 독립하였다.

남아메리카

포르투갈 | 포르투갈 공화국
Portuguese Republic

· 공식적 국기 채택일: 1911.06.30
· 한국과 국교 수교일: 1961.04.15
· 국제 연합 가맹일: 1955.12.14

- **위치:** 남유럽 이베리아 반도, 대서양 연안
- **수도:** 리스본(Lisbon, 47만 명)
- **면적:** 92,131㎢(한반도의 2/5)
- **기후:** 해양성 기후
- **인구:** 1,060만 명
- **민족:** 이베리아족, 켈트족, 게르만족 등의 혼혈족
- **언어:** 포르투갈어
- **종교:** 가톨릭 90% 이상
- **통화:** 유로(Euro)
- **1인당 GDP:** $21,733
- **정부 형태:** 공화제(대통령제와 의원 내각제)
- **주요 수출품:** 석유, 자동차, 기계류, 의류, 신발

3:2

🌐 **국기** 초록색과 빨간색 직사각형이 2:3 비율로 배열되고 분할선 중앙에 포르투갈 문장이 있다. 초록색은 희망, 빨간색은 혁명의 피를 나타낸다. 문장에는 항해를 나타내는 천구의, 십자가 위의 수난을 나타내는 5개의 작은 방패와 이슬람과 싸워 탈환한 7개의 성을 그린 방패가 있다.

🌐 **국가** 15~16세기에 세계 최대의 영토를 가졌지만 18세기 중반 브라질의 독립 이후 쇠퇴하여 1910년 왕정에서 공화국이 되었다. 항해사 바스코 다가마와 마젤란을 배출한 해양국이다. 코르크, 포도주, 섬유 등의 공업이 발달하였다.

나라꽃: 라벤더
과명: 꿀풀과
학명: *Lavandula angustifolia*
영명: Lavender
꽃말: 정절, 침묵

유럽

폴란드 | 폴란드 공화국
Republic of Poland

· 공식적 국기 채택일: 1919.08.01
· 한국과 국교 수교일: 1989.11.01
· 국제 연합 가맹일: 1945.10.24

- **위치:** 중부 유럽, 발트 해 연안, 독일 동부 접경
- **수도:** 바르샤바(Warszawa, 171만 명)
- **면적:** 312,683㎢(한반도의 1.4배)
- **기후:** 대륙성 및 해양성 기후
- **인구:** 3,821만 명
- **민족:** 폴란드인 98.7%, 독일인
- **언어:** 폴란드어
- **종교:** 가톨릭 95%, 기타 5%
- **통화:** 즈워티(Zloty)
- **1인당 GDP:** $13,648
- **정부 형태:** 공화제(대통령제가 가미된 내각 책임제)
- **주요 수출품:** 기계류, 식료품, 자동차, 가구

8:5

🌐 **국기** 흰색·빨간색이 가로로 배열되어 있다. 흰색은 자유와 평화, 기쁨과 환희, 빨간색은 건국을 위해 흘린 피와 독립을 상징한다. 18세기부터 폴란드를 상징하는 기로 쓰였으며, 1919년 독립하면서 공식 국기로 채택되었다.

🌐 **국가** 10세기에 국가가 성립되어 18세기 말 프로이센·러시아·오스트리아에 의해 분할된 후 1918년 독립하였다. 1944년 공산 정권이 세워졌으나 민주화로 1989년 공화국으로 되었다. 문화 유산이 많고, 코페르니쿠스, 쇼팽, 퀴리 부인 등이 태어난 나라이다. 전통적인 낙농업 국가이다.

나라꽃: 팬지
과명: 제비꽃과
학명: *Viola tricolor* var. *hortensis*
영명: Pansy
꽃말: 사색, 사랑의 추억

유럽

프랑스 | 프랑스 공화국
The French Republic

· 공식적 국기 채택일: 1794.02.15
· 한국과 국교 수교일: 1886.06.04
· 국제 연합 가맹일: 1945.10.24

3:2

🌐 **국기** 파란색·흰색·빨간색이 세로로 배열된 3색기이다. 파란색은 자유, 흰색은 평등, 빨간색은 박애를 상징하며, 1789년 프랑스 혁명에서 유래하였다. 파리 시를 상징하는 빨간색과 파란색에 부르봉 왕가를 상징하는 흰색을 더해 만든 국민병 모자의 휘장에서 유래하였다.

🌐 **국가** 에스파냐와의 국경은 피레네 산맥, 이탈리아와의 국경은 알프스 산맥이며, 그 외는 넓은 평야이다. 세계 제1의 포도주 생산국이며, 주요 산업은 철강·화학·자동차 공업이다.

- **위치:** 서부 유럽, 지중해와 대서양 사이
- **수도:** 파리(Paris, 223만 명)
- **면적:** 640,754㎢(한반도의 2.5배)
- **기후:** 사계가 뚜렷한 대륙성 기후
- **인구:** 6,429만 명
- **민족:** 골족(켈트, 게르만, 노르만족의 혼합 인종)
- **언어:** 프랑스어
- **종교:** 가톨릭 69%, 기독교, 유대교, 이슬람교
- **통화:** 유로(Euro)
- **1인당 GDP:** $42,503
- **정부 형태:** 공화제(대통령 중심제)
- **주요 수출품:** 항공기, 우주 장비, 의약품, 자동차

나라꽃: 붓꽃
과명: 붓꽃과
학명: *Iris germanica*
영명: Iris
꽃말: 사랑의 메시지

유럽

· 제2회 올림픽 개최지 파리(1900) · 제8회 올림픽 개최지 파리(1924) · 제1회 동계 올림픽 개최지 샤모니(1924) · 제10회 동계 올림픽 개최지 그레노블(1968) · 제16회 동계 올림픽 개최지 알베르빌(1992) · 제3회 월드컵 개최국(1938) · 제16회 월드컵 개최국(1998)

피지 | 피지 공화국
Republic of Fiji

· 공식적 국기 채택일: 1970.10.10(독립일)
· 한국과 국교 수교일: 1971.01.30
· 국제 연합 가맹일: 1970.10.13

2:1

🌐 **국기** 하늘색 바탕에 방패 모양의 문양이 있고, 깃대 쪽 위로 영국 국기가 배치되어 있다. 오른쪽 가운데 문양에는 하얀 바탕에 세인트 조지의 빨간색 십자가, 영국 왕실을 상징하는 왕관을 쓴 사자, '노아의 홍수'에서 유래한 비둘기·사자·바나나·코코야자가 그려져 있다. 영국으로부터 독립하였으나 국기에는 영국 국기가 들어 있다.

🌐 **국가** 영국의 식민지였다가 독립하였고, 1987년 피지 공화국을 선포하였다. 330여 개의 섬으로 구성되어 있으며 대부분은 화산섬이다. 남태평양 한가운데 있어 교통의 요충지이며, 관광과 설탕 생산이 주요 산업이다.

- **위치:** 남태평양 오스트레일리아 동북방
- **수도:** 수바(Suva, 9만 명)
- **면적:** 18,272㎢(한국의 경상북도 크기)
- **기후:** 열대 해양성 기후
- **인구:** 88만 명
- **민족:** 피지인 56%, 인도인 38%, 기타 혼혈
- **언어:** 영어(공용어), 피지어, 힌두어
- **종교:** 기독교 64%, 힌두교 28%, 이슬람교 6%
- **통화:** 피지 달러(Fiji Dollar)
- **1인당 GDP:** $4,375
- **정부 형태:** 공화제(의원 내각제)
- **주요 수출품:** 어류, 금, 의류, 설탕, 농산품

나라꽃: 탕이모디아
과명: 야모란과
학명: *Medinilla waterhousei*
영명: Tagimoucia
참고: 멸종위기 식물

오세아니아

핀란드 | 핀란드 공화국
Republic of Finland

· 공식적 국기 채택일: 1918.05.29
· 한국과 국교 수교일: 1973.08.24
· 국제 연합 가맹일: 1955.12.14

18:11

- **위치:** 북유럽, 스칸디나비아 반도 발트 해 연안
- **수도:** 헬싱키(Helsinki, 56만 명)
- **면적:** 338,432㎢(한반도의 1.5배)
- **기후:** 북극 온대성 기후(추운 겨울과 더운 여름)
- **인구:** 542만 명
- **민족:** 핀란드인 93%, 스웨덴인 6%
- **언어:** 핀란드어 93%, 스웨덴어 6%, 영어
- **종교:** 루터교 91%, 그리스 정교 1.3%
- **통화:** 유로(Euro)
- **1인당 GDP:** $49,146
- **정부 형태:** 공화제(이원 집정제)
- **주요 수출품:** 목재, 제지, 휴대 전화, 화학 제품

나라꽃: 은방울꽃
과명: 백합과
학명: *Convallaria majalis*
영명: Lily of the Valley
꽃말: 순결, 즐거움, 섬세, 행복이 깃들다.

🌐 **국기** 흰색 바탕에 파란색 스칸디나비아 십자가가 그려져 있다. 흰색은 눈으로 덮인 하얀 대지, 파란색은 핀란드에 있는 수많은 호수와 하늘을 상징한다. 1918년 국기로 제정되었다.

🌐 **국가** 100년 이상 러시아의 지배를 받다가 1917년 12월 6일에 독립하여 처음으로 공화제를 실시한 통일 국가가 되었다. 국토에서 삼림이 69%, 호수가 10%를 차지하고 있다. 펄프, 제지, 선박, 화학, 섬유 산업이 주요 산업으로, 국민 소득이 높아 경제력이 강한 나라이다.

· 제15회 올림픽 개최지 헬싱키(1952)

유럽

필리핀 | 필리핀 공화국
Republic of the Philippines

· 공식적 국기 채택일: 1898.06.12
· 한국과 국교 수교일: 1949.03.03
· 국제 연합 가맹일: 1945.10.24

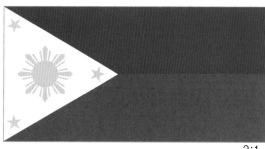

2:1

- **위치:** 서태평양의 도서 국가
- **수도:** 마닐라(Manila, 166만 명)
- **면적:** 300,400㎢(한반도의 1.3배)
- **기후:** 고온 다습한 아열대성(연평균 27℃)
- **인구:** 9,839만 명
- **민족:** 말레이족, 기타 인도네시아인
- **언어:** 영어, 타갈로그어
- **종교:** 가톨릭, 개신교, 이슬람교
- **통화:** 필리핀 페소(Philippine Peso)
- **1인당 GDP:** $2,765
- **정부 형태:** 입헌 공화제
- **주요 수출품:** 전자 기기, 바나나, 코코넛 기름

나라꽃: 아라비안 재스민
과명: 물푸레나무과
학명: *Jasminum sambac*
영명: Arabian Jasmine
꽃말: 행복, 친절, 사랑의 맹세

🌐 **국기** 파란색과 빨간색 바탕에 깃대 쪽 흰색 정삼각형 안에는 태양과 세 개의 별이 그려져 있다. 태양의 8개의 빛은 독립 혁명에 참여한 8주 지역과 자유를 표시하며, 3개의 별은 필리핀의 주요 섬 루손 섬, 비사야 제도, 민다나오 섬을 나타낸다. 빨간색은 용기, 파란색은 정치적 이념, 흰색은 평화를 표시한다.

🌐 **국가** 약 7,100여 개의 섬으로 구성되어 있다. 1571년부터 에스파냐의 지배를 받다가, 1898년 에스파냐와 미국의 전쟁으로 미국령이 되었다. 제2차 세계 대전 때 일본의 지배를 거쳐 1946년 필리핀 공화국으로 독립하였다. 농림, 어업이 주요 산업이다.

아시아

헝가리 | Hungary

· 공식적 국기 채택일: 1957.10.01
· 한국과 국교 수교일: 1989.02.01
· 국제 연합 가맹일: 1955.12.14

2:1

● **국기** 빨간색 · 흰색 · 초록색이 가로로 배열된 3색기로, 빨간색은 애국인의 피와 힘, 흰색은 평화와 성실함, 초록색은 희망을 상징한다. 1848년 오스트리아와의 독립 전쟁 때 처음으로 사용하였다.

● **국가** 1867년에 오스트리아-헝가리 제국을 이루었다가 1918년 독립하였으며, 1949년 구소련에 점령되어 사회주의 인민 공화국이 된 뒤 자유화 의거 이후 1990년 공화국이 되었다. 국토의 2/3가 온천 지역으로, 1,000여 개의 온천이 있다. 주요 산업은 농업 및 목축업, 관광업 등이며, 특히 농업이 발달되어 유럽의 곡창지로 알려져 있다.

- **위치**: 유럽 중동부, 도나우 강 중류
- **수도**: 부다페스트(Budapest, 170만 명)
- **면적**: 93,026㎢(한반도의 2/5)
- **기후**: 대륙성 기후, 남부 일부 지역은 지중해성
- **인구**: 995만 명
- **민족**: 마자르인 94.5%, 독일인, 슬로바키아인 등
- **언어**: 헝가리어(마자르어)
- **종교**: 가톨릭 55%, 개신교 20%, 기타
- **통화**: 포린트(Forint)
- **1인당 GDP**: $13,480
- **정부 형태**: 공화제(내각 책임제)
- **주요 수출품**: 자동차, 기계류(발전 · 통신 · 전기)

나라꽃: 튤립
과명: 백합과
학명: *Tulipa gesneriana*
영명: Tulip
꽃말: 사랑의 고백, 명예, 명성

유럽

헝가리 부다페스트의 다뉴브 강 제방(유네스코 세계 문화 유산) 및 성 스테판 성당

116

특수
지역

각 나라의 해외 영토, 자치 지역. 식민지 또는 국가로
인정받지 못했거나, 잘 알고 있지만 국가인지 아닌지
잘 모르는 지역의 정보를 실었습니다.

케이맨 제도 카리브 해의 암초 사이를 수영하는 거북

스코틀랜드에서 역사적·구조적으로 가장 크고 중요한 스텔링 성

지구 온난화에 의한 그린란드의 빙하

아름다운 괌 섬

과들루프 | Guadeloupe

· 공식적 국기 채택일: 1794.02.15

3:2

🌐 **국기** 프랑스 국기를 공식 국기로 사용한다. 과들루프의 분리주의자들은 과들루프 해방 인민 연합이 제안한 기를 사용한다.

🌐 **국가** 1816년 프랑스령이 되었으며, 1946년 5개의 섬을 합하여 해외 주가 되었다. 동쪽 그랑드테르 섬과 서쪽 바스테르 섬 2개의 섬과 주변 5개 섬으로 형성되어 있다. 토지의 35%가 경작지이며, 산림 25%, 사바나 25%로 이루어져 있다. 농업이 주요 산업이다.

- **위치**: 서인도 제도 카리브 해, 소앤틸리스 섬 동북
- **수도**: 바스테르(Basse-Terre)
- **면적**: 1,780㎢(한국 제주도 크기)
- **기후**: 해양성 기후(평균 기온 17~33℃)
- **인구**: 46만 명
- **민족**: 아프리카계, 유럽계, 카리브 인디언
- **언어**: 프랑스어, 크레올어
- **종교**: 대부분 가톨릭, 일부 개신교
- **통화**: 유로(Euro)
- **1인당 GDP**: —
- **정부 형태**: 프랑스 해외 주(양원제)
- **주요 수출품**: 사탕수수, 바나나, 럼주, 당밀

과들루프의 아름다운 레 생트 섬

북아메리카

괌 | Guam

· 공식적 국기 채택일: 1948.02.09

41:22

🌐 **국기** 빨간색 테를 두른 파란색 바탕 중앙에 빨간색 테를 두른 문장이 있다. 문장에는 하갓냐 만을 향해하는 범선이 그려져 있고 '괌'이라는 문구가 씌어 있다.

🌐 **국가** 1512년 마젤란이 세계 일주 때 상륙한 섬으로, 마리아나 제도에서 가장 큰 섬이다. 에스파냐의 영토였으나 1898년 미국과 에스파냐의 전쟁으로 미국 영토가 되었다. 서태평양 지역의 주요 요충지로서 중요한 위치에 있으며, 관광 산업이 발달하였다.

- **위치**: 서태평양 마리아나 제도 남쪽
- **수도**: 하갓냐(Hagatna)
- **면적**: 549㎢(한국 남해섬의 2배)
- **기후**: 열대 해양성 기후
- **인구**: 16만 명
- **민족**: 차모로족 37%, 필리핀인 26%, 섬 주민 11%
- **언어**: 영어, 차모르어
- **종교**: 가톨릭
- **통화**: 미국 달러(US Dollar)
- **1인당 GDP**: $28,700
- **정부 형태**: 미국 자치령
- **주요 수출품**: 의류, 담배, 기계, 운송 장비, 청량음료

나라꽃: 부겐빌레아
과명: 분꽃과
학명: *Bougainvillea spectabilis*
영명: Paper Flower
꽃말: 정열, 환상, 영원한 사랑

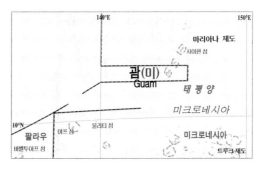

오세아니아

그린란드 | Greenland

3:2

● **국기** 위는 흰색, 아래는 빨간색이 가로로 배열된 바탕에, 왼쪽으로 바탕색과 색 배치가 반대인 원이 그려져 있다. 흰색 줄무늬는 만년설과 빙하를, 빨간색 줄무늬는 바다를, 빨간색 반원은 태양을, 흰색 반원은 빙산을 의미한다.

● **국가** 덴마크의 자치령이었으나 2009년에 독립 후 제한적인 권한을 행사한다. 영토 대부분이 북극권에 속하여 80% 이상이 얼음으로 덮여 있다. 어업이 주요 산업이며, 툰드라 지역은 자작나무, 버드나무가 자란다. 북극곰 등 육상 동물과 바다표범, 고래 등 해양 동물이 많다.

- **위치:** 캐나다 동북, 북대서양과 북극해 사이
- **수도:** 누크(Nuuk, 1만 5천 명)
- **면적:** 166,086㎢(세계 최대의 섬)
- **기후:** 빙설 기후(80% 이상) 및 툰드라 기후
- **인구:** 5만 7천 명
- **민족:** 그린란드인 89%, 덴마크인, 미국인, 원주민
- **언어:** 그린란드어(공용어), 덴마크어
- **종교:** 덴마크 루터복음교, 가톨릭, 토착 종교
- **통화:** 덴마크 크로네(Danish Krone)
- **1인당 GDP:** $38,400
- **정부 형태:** 덴마크 자치령(제한적 권한 행사)
- **주요 수출품:** 해산물(새우, 게, 명태)

나라꽃: 분홍바늘꽃
과명: 바늘꽃과
학명: *Epilobium angustifolium* L.
영명: Willow Herb, Fireweed
꽃말: —

북아메리카

노퍽 섬 | Norfolk Island

2:1

● **국기** 왼쪽부터 초록색 · 흰색 · 초록색이 세로로 배열되고 중앙의 흰색 바탕에 노퍽 섬 소나무가 그려져 있다. 초록색은 비옥한 영토, 흰색은 울창한 산림을 상징한다.

● **국가** 오스트레일리아 자치령으로, 화산섬으로 이루어져 있다. 노퍽 섬 국립 공원에는 다양한 식물과 동물들이 있다. 주민은 영국 군함 바운티호에서 반란을 한 주동자들의 후손과 오스트레일리아에서 건너 온 사람들의 혼혈인으로 구성되어 있으며, 이민 제도, 세무 제도 등 자치 행정을 하고 있다. 주요 농산물은 보리, 밀, 사탕무, 귀리 등이며, 관광 산업이 주요 산업이다.

- **위치:** 오스트레일리아 동쪽 1,800㎞ 지점
- **수도:** 킹스턴(Kingston)
- **면적:** 36㎢(경기도 대부도 크기)
- **기후:** 해양성 기후
- **인구:** 2,196명
- **민족:** 영국, 오스트레일리아 혼혈족
- **언어:** 영어, 노퍽어
- **종교:** 가톨릭, 개신교
- **통화:** 오스트레일리아 달러(Australian Dollar)
- **1인당 GDP:** —
- **정부 형태:** 오스트레일리아 자치령
- **주요 수출품:** —

노퍽 섬 소나무

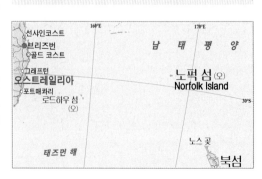

오세아니아

니우에 | Niue

2:1

● **국기** 노란색 바탕 왼쪽 위에 영국 국기가 있고, 국기 가운데 파란색 원 안에 노란색 별이, 그 사방에 네 개의 노란색 별이 그려져 있다. 노란색 바탕은 종주국 뉴질랜드와의 영원한 우호와 충성, 네 개의 작은 별은 남십자성, 가운데 큰 별은 독립과 빛, 우호적인 섬 사람의 성격을 나타낸다.

● **국가** 뉴질랜드 자치령으로, 산호섬으로 구성되어 있다. 1900년 영국의 보호령이었으나, 1901년 뉴질랜드로 이관, 1974년 외교, 군사권을 제외하고 자치권을 가진 자유 연합국이 되었다. 코프라, 꿀이 주요 농산물이며, 축산과 펄프 및 원목 생산이 주요 산업이다.

- **위치**: 남태평양 폴리네시아 서쪽, 통가 동쪽
- **수도**: 알로피(Alofi, 540명)
- **면적**: 260㎢(한국 남해섬 정도)
- **기후**: 열대 해양성
- **인구**: 1천 명
- **민족**: 대부분 폴리네시아인, 뉴질랜드인
- **언어**: 영어, 니우에어
- **종교**: 기독교, 몰몬교, 천주교
- **통화**: 뉴질랜드 달러(New Zealand Dollar)
- **1인당 GDP**: —
- **정부 형태**: 뉴질랜드 자치령(입헌 군주제)
- **주요 수출품**: —

나라꽃: 타히티 치자(티아레 꽃)
과명: 꼭두서니과
학명: *Gardenia taitensis*
영명: Tahitian gardenia
용도: 향수, 약용

오세아니아

레위니옹 섬 | Réunion Island

3:2

● **국기** 프랑스 국기를 공식 국기로 사용한다.

● **국가** 프랑스 해외 주로, 화산섬으로 구성되어 있다. 대부분의 경작지에서는 사탕수수를 재배하며, 그 밖에 잎담배, 바닐라 콩, 과일, 채소 등을 재배한다.

- **위치**: 아프리카 남동부 마다가스카르 섬 동쪽
- **수도**: 생드니(Saint Denis)
- **면적**: 2,510㎢(제주도의 1.4배)
- **기후**: 열대 해양성 기후
- **인구**: 87만 명
- **민족**: 흑인, 중국인, 인도인, 백인
- **언어**: 프랑스어
- **종교**: 가톨릭, 이슬람교
- **통화**: 유로(Euro)
- **1인당 GDP**: $24,000
- **정부 형태**: 프랑스 해외 주
- **주요 수출품**: 설탕, 럼주, 당밀, 향료

레위니옹 섬

아프리카

121

마르티니크 | Department of Martinique

· 공식적 국기 채택일: 1794.02.15

3:2

마르티니크 해안의 화려한 건물들

- **위치:** 서인도 제도
- **수도:** 포르 드 프랑스(Fort de France, 15만 명)
- **면적:** 1,128㎢(제주도의 3/5)
- **기후:** 열대 해양성 기후
- **인구:** 40만 명
- **민족:** 아프리카계, 혼혈
- **언어:** 프랑스어, 크레올어
- **종교:** 가톨릭계와 침례교, 하나님의 성회
- **통화:** 유로(Euro)
- **1인당 GDP:** ―
- **정부 형태:** 프랑스 해외 영토
- **주요 수출품:** 설탕, 바나나

● **국기** 프랑스 국기를 공식 국기로 사용한다.

● **국가** 1502년 콜럼버스가 유럽인으로는 처음 발견하였다. 1635년 프랑스령이 되고, 1946년 프랑스 해외 영토가 되었다. 바나나, 양조업 외에 관광업이 주요 산업이며, 주식인 쌀과 옥수수는 수입에 의존한다. 플레 화산으로 유명하며, 나폴레옹 1세의 왕비인 조제핀 보나파르트가 태어난 고향으로도 유명하다.

북아메리카

마요트 | Mayotte

· 공식적 국기 채택일: 1794.02.15

3:2

- **위치:** 아프리카 동쪽 코모로 제도의 동부 해상
- **수도:** 마무주(Mamoudzou)
- **면적:** 374㎢(한국 거제도 크기)
- **기후:** 해양성 열대 기후
- **인구:** 22만 명
- **민족:** 아프리카계, 아랍계, 말라가시계
- **언어:** 프랑스어, 아랍어, 스와힐리어
- **종교:** 이슬람교, 가톨릭
- **통화:** 유로(Euro)
- **1인당 GDP:** $6,500
- **정부 형태:** 프랑스 해외 자치령
- **주요 수출품:** 바닐라, 커피, 코프라

나라꽃(비공식): 일랑일랑
과명: 포도나무과
학명: *Cananga odorata*
영명: Ylang Ylang
용도: 향수, 원료, 아로마 테라피

● **국기** 프랑스 국기를 공식 국기로 사용한다.

● **국가** 아프리카 동쪽 코모로 제도의 섬으로, 프랑스의 해외 자치령이다. 1879년 프랑스령 코모로 제도의 일부였으나, 1975년 코모로가 독립할 때 주민 투표를 통해 프랑스령으로 남게 되었다. 그 후 2011년 프랑스의 국민 투표를 통해 프랑스 해외 영토가 되었다. 주민 대부분이 어업과 농업에 종사하지만 식량의 상당 부분을 수입에 의존하고 있다.

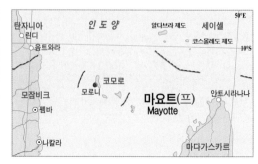

아프리카

마카오
중화 인민 공화국 마카오 특별 행정구
Macau Special Administrative Region of the People's Republic of China

· 공식적 국기 채택일: 1999.12.20

3:2

🔵 **국기** 초록색 바탕의 가운데 위쪽에 5개의 노란색 별이 있고, 그 아래 흰색 연꽃과 카르발류 총독 대교와 바다를 상징하는 흰색 선이 그려져 있다. 초록색은 번영, 5개의 별은 마카오가 중국의 일부임을 나타낸다. 연꽃은 마카오의 꽃이며, 세 개의 꽃잎은 마카오를 구성하는 세 개의 큰 지역, 대교와 바다는 항만으로서의 마카오를 뜻한다.

🔵 **국가** 1577년부터 포르투갈의 지배를 받다가 1999년 중국에 반환되어 특별 행정구가 되었다. 농업보다는 어업이 전통 업종이다. 주요 산업은 카지노와 관광 산업이다.

- **위치**: 중국 대륙 남부 태평양 연안, 홍콩 서부
- **수도**: 마카오 시
- **면적**: 26.8㎢
- **기후**: 열대 · 해양성 기후, 고온 다습
- **인구**: 56만 명
- **민족**: 중국인 95%, 포르투갈인 등 5%
- **언어**: 중국어, 포르투갈어
- **종교**: 불교, 가톨릭, 개신교
- **통화**: 마카오 파타카(Macanese pataca)
- **1인당 GDP**: $91,376
- **정부 형태**: 특별 행정구
- **주요 수출품**: 의류, 섬유, 기계, 담배, 음료

나라꽃: 연꽃
과명: 연과
학명: *Nelumbo nucifera*
영명: East Indian Lotus
꽃말: 순결, 신성, 청정

아시아

맨 섬
Isle of Man

· 공식적 국기 채택일: 1971.08.27

2:1

🔵 **국기** 빨간색 바탕 가운데 문양이 그려져 있다. 문양은 세 개의 다리가 허벅지가 연결된 채로 시계 방향으로 회전하는 형태이며, 황금 박차로 장식되어 있다. 이러한 문양을 '트리스켈리온'이라고 하며, 맨 섬 지폐에 '어디에 던지든 선다.'라는 말과 함께 들어가 있다.

🔵 **국가** 영국 아이리시 해협에 있는 작은 섬으로, 꼬리 없는 고양이 '맹크스'의 원산지로 알려져 있다. 매년 열리는 국제 오토바이 경주 '투어리스트 트로피 레이스(TT Race)'로 유명하다. 목양업과 관광업이 주요 산업이며, 주요 산물로 청어, 귀리 등이 있다. 화강암, 규토 등의 광물 자원이 있다.

- **위치**: 영국 그레이트브리튼 섬과 북아일랜드 사이 섬
- **수도**: 더글라스(Duglas, 22,214명)
- **면적**: 572㎢(경남 남해섬의 2배 정도)
- **기후**: 온대 해양성 기후
- **인구**: 8만 6천 명
- **민족**: 맹크스(스칸디나비안–셀틱계)
- **언어**: 영어, 맹크스어
- **종교**: 가톨릭
- **통화**: 맨 섬 파운드(Manx pound)
- **1인당 GDP**: $53,800
- **정부 형태**: 영국 왕실령
- **주요 수출품**: 어류, 육류

나라꽃: 금방망이
과명: 국화과
학명: *Jacobaea vulgaris*
영명: Ragwort
꽃말: —

유럽

123

몬트세랫 | Montserrat

· 공식적 국기 채택일: 1909.04.10

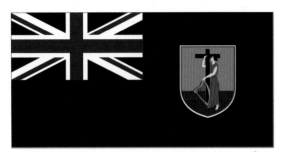

2:1

● **국기** 카리브 해를 나타내는 파란색 바탕 왼쪽 위에 영국 국기가 그려져 있다. 오른쪽에는 검은 십자가와 아일랜드를 상징하는 하프를 잡고 있는 여인의 문양이 이 섬을 상징한다.

● **국가** 영국의 해외 영토로, 전체가 화산섬이다. 1493년 콜럼버스가 발견하였으며, 1632년 아일랜드인이 들어가 살았으나 1783년에 영국령이 되었다. 1997년 화산 폭발로 수도 플리머스가 파괴되어 현재는 브레이즈가 수도 역할을 한다. 관광업이 주요 수입원이며, 재생 타이어, 전자 부품, 가방 등을 생산한다.

- **위치:** 서인도 제도의 리워드 제도상
- **수도:** 플리머스(Plymouth)
- **면적:** 102㎢(한국 충남 안면도 크기)
- **기후:** 열대성, 다습
- **인구:** 5천 명
- **민족:** 아프리카계 흑인, 백인, 혼혈
- **언어:** 영어(공용어)
- **종교:** 가톨릭계
- **통화:** 동 카리브 달러(East Caribbean Dollar)
- **1인당 GDP:** $12,774
- **정부 형태:** 영국 속령
- **주요 수출품:** —

나라꽃: 헬리코니아
목명: 생강목
학명: *Heliconia rostrata*
영명: Hanging Lobster Claw or False Bird of Paradise
참고: 극락조화속 식물과 비슷하여 '가짜 극락조화'로 불림.

북아메리카

미국령 버진 군도 | United States Virgin Islands

· 공식적 국기 채택일: 1921.05.17

3:2

● **국기** 흰색 바탕 가운데 올리브와 창을 든 노란색 독수리가 있고, 독수리 가슴에는 미국 국기인 성조기 문양이 있다. 왼쪽의 V, 오른쪽의 I자는 버진 섬을 나타낸다.

● **국가** 서인도 제도의 소앤틸리스 제도 북쪽 끝에 40여 개의 섬으로 형성되어 있다. 원래 영국령이었으나 1917년에 미국이 2,500만 달러에 매입하여 미국령이 되었다. 과거 노예 무역의 거점이었으며, 사탕수수 재배와 술 제조가 주요 산업이다. 관광 수입이 경제의 핵심이다.

- **위치:** 중앙아메리카 카리브 해 북부
- **수도:** 샬럿 아말리에(Charlotte Amalie)
- **면적:** 347㎢(한국 전남 진도 크기)
- **기후:** 아열대 기후
- **인구:** 10만 7천 명
- **민족:** 흑인 76.2%, 백인 13.1%, 혼혈 3.5%, 기타
- **언어:** 영어
- **종교:** 개신교 59%, 가톨릭교 34%, 기타 7%
- **통화:** 미국 달러(US Dollar)
- **1인당 GDP:** —
- **정부 형태:** 대통령제
- **주요 수출품:** 정유 제품, 의류, 시계, 럼주

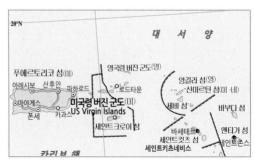

나라꽃: 노란트럼펫꽃나무
과명: 능소화과
학명: *Tecoma stans* L.
영명: Yellow Trumpetbush
꽃말: —

북아메리카

미드웨이 제도 | Midway Islands

· 공식적 국기 채택일: 1960.07.04

19:10

미드웨이 제도

- **위치**: 태평양 하와이 제도 북서쪽
- **수도**: —
- **면적**: 5.1㎢(한국의 연평도 크기)
- **기후**: 해양성 기후
- **인구**: 2,000명
- **민족**: 토착 주민이 없음.
- **언어**: 영어
- **종교**: 가톨릭
- **통화**: —
- **1인당 GDP**: —
- **정부 형태**: 미국 영토
- **주요 수출품**: —

● **국기** 미국 국기를 공식 국기로 사용한다.

● **국가** 미드웨이 환초라고도 하며, 이스턴 섬과 샌드 섬 2개의 섬과 그를 둘러싸는 환초로 이루어져 있다. 1859년 미국인 N.C. 브룩스가 발견, 1867년 미국령으로 되어 1903년부터 미국 해군이 주둔하고 있다. 제2차 세계 대전 중인 1942년 6월 일본 해군이 미국 해군에 크게 패한 미드웨이 해전으로 유명하다. 조류를 보호하기 위해 설립된 국립 야생 생물 보호 구역이 있다.

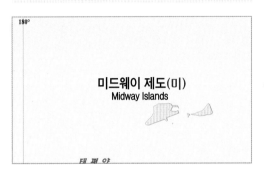

미드웨이 제도(미)
Midway Islands

오세아니아

바티칸 시국 | Vatican city state

· 공식적 국기 채택일: 1929.06.07
· 한국과 국교 수교일: 1963.12.11

1:1

- **위치**: 이탈리아 로마 안에 있는 도시 국가
- **수도**: 바티칸 시(Vatican City)
- **면적**: 0.44㎢
- **기후**: 지중해성 기후, 온대 기후
- **인구**: 839명
- **민족**: 이탈리아인이 대부분, 기타
- **언어**: 라틴어, 이탈리아어, 프랑스어, 영어
- **종교**: 로마가톨릭
- **통화**: 유로(Euro)
- **정부 형태**: 교황청 및 교황청의 기능 수행 보호를 위한 바티칸 시국
- **주요 수출품**: —

나라꽃: 백합
과명: 백합과
학명: *Lilium longiflorum* Thunb
영명: Lily
꽃말: 순결, 결백

● **국기** 왼쪽부터 노란색 · 흰색이 세로로 배열되고, 흰색 바탕에 문양이 있다. 문양에는 '베드로의 열쇠'라고 하는 열쇠와 교황관이 있는데, 3층으로 된 교황관은 사제권 · 주교권 · 교도권을 나타내며, 노란색과 흰색은 1808년 이래 교황청 위병의 모표에 쓰였던 빛깔이다.

● **국가** 이탈리아 로마 시내 산 피에트로 성당을 중심으로 교황이 있는 바티칸 궁전과 이탈리아에 흩어져 있는 일부 영역을 영토로 하는 세계에서 가장 작은 도시 국가이다. 전 세계 가톨릭 교회를 총괄하는 교황청이 있으며, 교황이 국가 원수이다.

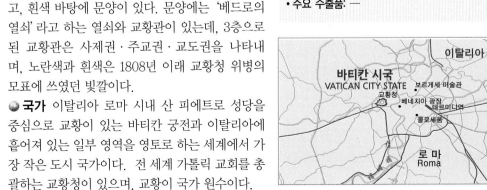

바티칸 시국
VATICAN CITY STATE
이탈리아
보르게세 미술관
교황청
베네치아 광장
테르미니역
콜로세움
로마
Roma

유럽

125

버뮤다 | Bermuda

· 공식적 국기 채택일: 1910.10.04

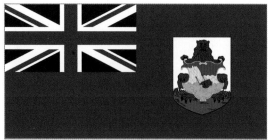

2:1

● **국기** 빨간색 바탕 왼쪽 위쪽에 영국 국기가 그려져 있고, 오른쪽 아래에 버뮤다의 문장이 그려져 있다.

● **국가** 북아메리카 동쪽 대서양 상에 약 150여 개의 섬으로 이루어져 있으며, 많은 섬 중 20여 개를 제외하고는 무인도이다. 1609년에 영국 상선이 이 섬을 항해하다 난파되어 피난처로 상륙하여 개발하였다고 한다. 대서양에서 이름난 휴양지로 유명하며, 짧은 바지의 발상지로도 알려져 있다. 대표적인 농산물은 바나나, 채소, 낙농, 화훼 등이다. 주요 산업은 관광업, 경공업, 금융업 등이다.

- **위치**: 북아메리카 동쪽 940 ㎞ 지점
- **수도**: 해밀턴(Hamilton)
- **면적**: 54㎢
- **기후**: 아열대 해양성 기후
- **인구**: 6.5만 명
- **민족**: 흑인 원주민, 영국인
- **언어**: 영어(공용어), 포르투갈어
- **종교**: 가톨릭
- **통화**: 버뮤다 달러(Bermudian Dollar)
- **1인당 GDP**: $84,470
- **정부 형태**: 영국 속령
- **주요 수출품**: —

나라꽃: 등심붓꽃
과명: 붓꽃과
학명: *Sisyrinchium angustifolium* Mill.
영명: Blue-eyed Grass
꽃말: 기쁜 소식

북아메리카

북마리아나 제도 | 북마리아나 제도 연방 Commonwealth of the Northern Mariana Islands

· 공식적 국기 채택일: 1976.07.04

19:10

● **국기** 넓은 태평양을 표현한 파란색 바탕 중앙에 마리아나를 상징하는 둥근 화환과 라테스톤이라 불리는 돌기둥 가운데 흰색 별이 그려져 있다. 돌기둥은 차모로인의 집의 토대로 사용되는 것이며 화환은 북마리아나 제도의 역사와 풍습을 뜻한다.

● **국가** 1521년 에스파냐 마젤란의 세계 여행 일주 중 발견, 1565년 영유권을 선포하고 에스파냐인 왕후의 이름을 따서 마리아나로 되었다고 전한다. 미국의 자치령으로, 16개의 화산섬으로 이루어져 있다. 제1차 세계 대전 후 일본의 지배를 거쳐 제2차 세계 대전이 끝나고 미국의 신탁 통치령이 되었다가, 1987년 미국의 자치령이 되었다. 사탕수수, 코프라가 산출되며, 젖소 등을 방목한다.

- **위치**: 태평양 북서쪽, 사이판 동북쪽
- **수도**: 사이판(Saipan)
- **면적**: 457㎢(한국 거제도보다 조금 큼.)
- **기후**: 열대 해양성, 연평균 기온 25℃
- **인구**: 5만 4천 명
- **민족**: 중국계 등 아시아인, 태평양인, 기타
- **언어**: 차모로어, 영어, 필리핀어, 중국어, 기타
- **종교**: 가톨릭
- **통화**: 미국 달러(US Dollar)
- **1인당 GDP**: $13,600
- **정부 형태**: 미국 자치령
- **주요 수출품**: 의류

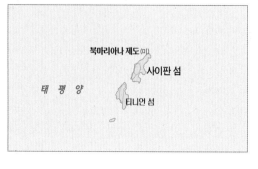

국화: 플루메리아 아쿠미나타
과명: 협죽도과
학명: *Plumeria acuminata* Air.
영명: Pagoda Tree Frangipani
꽃말: 축복받은 사람

오세아니아

북아일랜드 | Northern Ireland

2:1

🔵 **국기** 영국 국기를 공식 국기로 사용한다.

🔵 **국가** 1922년 아일랜드 자유 국법에 의하여 남아일랜드에서 분리, 영국 자치령으로 영국 연방을 구성하고 있다. 신교계 주민과 가톨릭계 주민 사이의 종교 분쟁이 끊이지 않는 곳이다. 농업이 주요 산업이며, 조선 공업이 발달하였다.

- **위치:** 영국 아일랜드 섬 북동부
- **수도:** 벨파스트(Belfast)
- **면적:** 14,120 ㎢
- **기후:** 온대 해양성 기후
- **인구:** 181만 명
- **민족:** 켈트인, 아일랜드인, 영국인
- **언어:** 영어, 아일랜드어, 게일어
- **종교:** 가톨릭교, 성공회
- **통화:** 파운드 스털링(Pound sterling)
- **1인당 GDP:** $19,603
- **정부 형태:** 입헌 군주제
- **주요 수출품:** 조선, 섬유, 식품·음료 가공, 의류

국화: 흰 클로버	
과명: 콩과	
학명: *Trifolium repense*	
영명: White Clover	
꽃말: 희생, 약속, 행운, 평화	

유럽

생피에르 미클롱 | Saint Pierre and Miquelon

3:2

🔵 **국기** 프랑스 국기를 공식 국기로 사용한다.

🔵 **국가** 생피에르 섬, 미클롱 섬 등 8개의 섬으로 구성되어 있다. 1814년 프랑스령으로 되었으며, 1985년 자치주로 지정되었다. 북아메리카에 있는 유일한 프랑스 해외 영토이며, 생피에르 섬에 인구의 90%가 거주하고 있다. 암석이 많고 기후도 좋지 않아 농업은 거의 불가능한 상태로 어업이 주된 산업이다.

- **위치:** 캐나다 동쪽 뉴 펀들랜드 남쪽
- **수도:** 생피에르(Saint Pierre)
- **면적:** 242㎢(경남 남해섬 크기)
- **기후:** 한대 해양성 기후
- **인구:** 6천 명
- **민족:** 프랑스계 백인(바스크인, 브르타뉴인, 노르만인), 프랑스계 캐나다인
- **언어:** 프랑스어
- **종교:** 로마가톨릭
- **통화:** 유로(Euro)
- **정부 형태:** 프랑스령(자치 공화국)
- **주요 수출품:** —

생피에르 미클롱

북아메리카

사하라 아랍 민주 공화국(서사하라) | Sahrawi Arab Democratic Republic

· 공식적 국기 채택일: 1976.02.07

2:1

● **국기** 검은색 · 흰색 · 초록색이 가로로 배열되고 깃대 쪽으로 빨간색 삼각형이 그려져 있다. 국기 중앙의 흰색 바탕에는 이슬람교의 상징인 빨간색 초승달과 별이 그려져 있다.

● **국가** 1975년 에스파냐가 영유권을 포기하여 1979년 이후 모로코와 모리타니가 분리하여 지배하다가 현재는 모로코가 지배하고 있다. 1976년 독립 해방 투쟁 조직인 '폴리사리오 전선'이 독립을 선언하고 무장 투쟁을 계속하여 모리타니는 영유권을 포기하였으나, 모로코는 전쟁을 계속하다 현재는 정전에 들어간 상태이다.

- **위치:** 아프리카 사하라 사막 지대 서북부 해안
- **수도:** 엘아이운(El Aaiun)
- **면적:** 266,000㎢(한반도의 1.3배)
- **기후:** 해양성 기후, 사막 기후
- **인구:** 56만 명
- **민족:** 무어족
- **언어:** 아랍어
- **종교:** 이슬람교
- **통화:** 모로코 디르함(Moroccan dirham)
- **1인당 GDP:** —
- **정부 형태:** 공화제
- **주요 수출품:** 인산염, 철광석, 석유, 수산물

서사하라의 수도 엘아이운

아프리카

세인트헬레나 | Saint Helena

· 공식적 국기 채택일: 1984.10.04

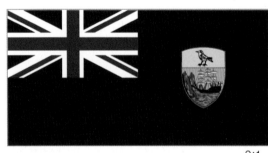

2:1

● **국기** 파란색 바탕 왼쪽 위에는 영국령을 나타내는 유니온잭, 오른쪽 중앙에는 방패 모양의 문장이 그려져 있다. 문장에는 바위로 된 해안과 돛대가 세 개인 범선, 그 위에는 세인트헬레나 물떼새가 그려져 있다.

● **국가** 영국 속령으로, 포르투갈령, 네덜란드령을 거쳐 1834년 영국령이 되었다. 수에즈 운하가 개통되기 전까지 대서양과 인도양을 연결하는 요충지였다. 작은 몇 개의 섬으로 구성되어 있는데, 그 중 세인트헬레나가 가장 크다. 화산섬으로서 해안에 벼랑이 많으며, 주요 산물로는 아마, 마초, 감자 등이 있다. 나폴레옹 1세가 유배되었다가 죽은 섬으로 유명하다.

- **위치:** 아프리카 앙골라 서쪽 대서양 상의 작은 섬
- **수도:** 제임스타운(Jamestown, 1,500명)
- **면적:** 122㎢(충남 안면도 크기)
- **기후:** 열대성 해양 기후
- **인구:** 7,754명
- **민족:** 아프리카계, 백인, 중국계
- **언어:** 영어
- **종교:** 영국 성공회
- **통화:** 세인트헬레나 파운드(Saint Helena pound)
- **1인당 GDP:** —
- **정부 형태:** 영국 자치령
- **주요 수출품:** 어류, 커피

나라꽃: 세인트 헬레나 흑단
과명: 아욱과
학명: *Trochetiopsis ebenus*
영명: Saint Helena Ebony
참고: 멸종위기종

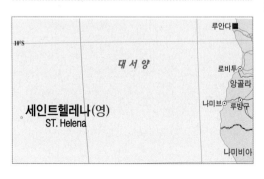

아프리카

스코틀랜드 | Scotland

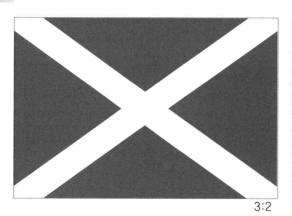

3:2

● **국기** 파란색 바탕에 X자 모양의 흰색 십자가 그려져 있다. 스코틀랜드를 수호하는 성 안드레아의 십자가로, 유니온잭이 만들어지기 이전의 국기이며, 지역을 대표할 때에 사용되고 있다.

● **국가** 10~11세기에 왕국이 성립되었으며, 1707년에 그레이트브리튼 왕국에 병합되었으나 별개의 자치법으로 통치되고 있다. 그레이트브리튼 섬 북부 산악 지방의 대부분을 차지하며, 중부는 비옥한 농토, 남부는 구릉지이다. 전통적인 모직물 공업이 세계적으로 유명하며 목축업, 조선, 제철, 기계 공업이 발달하였다.

- **위치:** 북대서양 그레이트브리튼 북부
- **수도:** 에든버러(Edinburgh)
- **면적:** 78,783㎢
- **기후:** 온대 해양성 기후
- **인구:** 511만 명
- **민족:** 켈트인, 기타
- **언어:** 영어, 스코틀랜드 게일어
- **종교:** 가톨릭교
- **통화:** 파운드 스털링(Pound sterling)
- **1인당 GDP:** $44,378
- **정부 형태:** 입헌 군주제
- **주요 수출품:** 석유

국화: 엉겅퀴
과명: 국화과
학명: *Cirsium maackii* Maximowicz
영명: Scotch Thistle
꽃말: 독립, 권위, 권리, 복수

유럽

아루바 섬 | Aruba Island

· 공식적 국기 채택일: 1976.03.18

3:2

● **국기** 하늘색 바탕 왼쪽 위에 흰색 테두리에 4개의 모서리를 가진 빨간색 별이 그려져 있고, 아래쪽에는 두 줄의 노란색 가로 줄무늬가 그려져 있다. 하늘색은 하늘과 바다, 가로 줄무늬는 관광과 공업, 노란색은 태양을 나타낸다. 별은 붉은 흙과 하얀 해변, 네 개의 모서리는 아루바의 주요 언어, 빨간색은 전쟁에서 흘린 피를 상징한다.

● **국가** 1816년 네덜란드령이 된 후 1954년 네덜란드령 앤틸리스의 일부에 소속되었으나, 1986년 탈퇴하여 네덜란드 자치령으로 분리되었다. 선인장이 많다.

- **위치:** 서인도 제도의 남쪽 끝, 베네수엘라 북서쪽 섬
- **수도:** 오라녜스타트(Oranjestad)
- **면적:** 180㎢(한국 거제도의 절반 정도)
- **기후:** 아열대 해양성 기후
- **인구:** 10만 3천 명
- **민족:** 흑인 원주민, 네덜란드인
- **언어:** 네덜란드어, 혼합 방언
- **종교:** 가톨릭계
- **통화:** 아루바 길더(Aruban Guilder)
- **1인당 GDP:** $25,354
- **정부 형태:** 입헌 군주제
- **주요 수출품:** 미술품, 기계, 전자 제품, 수송 장비

아루바 섬에 자라는 선인장

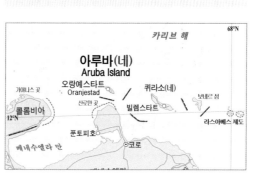

북아메리카

아메리칸사모아 | American Samoa

2:1

● **국기** 미국 성조기의 삼색 파란색, 흰색, 빨간색을 반영하였다. 깃대 쪽 끝 중앙을 꼭지점으로 하여 파란색 바탕 오른쪽에 빨간색 테를 두른 흰색 삼각형이 있으며, 삼각형 안에는 미국의 상징인 독수리가 그려져 있다. 독수리의 오른쪽 발톱은 채를 잡고, 왼쪽 발톱은 곤봉을 잡고 있다. 채는 사모아인 추장들의 힘을, 곤봉은 지혜를 상징한다.

● **국가** 미국 영토로, 남태평양 사모아 제도 동쪽에 있는 투투일라 · 아우누 · 로즈 섬, 마누아 제도의 타우 · 올로세가 · 오푸 섬, 스와인스 섬으로 구성되어 있다. 수도 파고파고에 한국 원양 어업 다랑어잡이 기지가 있다.

- **위치:** 남태평양 중부 사모아 제도 동쪽
- **수도:** 파고파고(Pago-pago, 57,900명)
- **면적:** 199㎢(한국 안면도의 약 2배)
- **기후:** 열대 해양성 기후
- **인구:** 5.5만 명
- **민족:** 폴리네시아인 89%, 통가인 4%, 백인, 기타
- **언어:** 폴리네시아어, 영어
- **종교:** 가톨릭 20%, 기독교 50%, 신교 기타 30%
- **통화:** 미국 달러(US Dollar)
- **1인당 GDP:** $8,000
- **정부 형태:** 자치령
- **주요 수출품:** 참치 통조림

나라꽃: 일랑일랑
과명: 포포나무과
학명: *Cananga ordorata*
영명: Ylang Ylang
원명: Moso'oi

오세아니아

앵귈라 | Anguila

2:1

● **국기** 파란색 바탕의 왼쪽 위에 영국 국기가 그려져 있고, 오른쪽 중앙에는 앵귈라를 상징하는 문장이 그려져 있다. 문장 안에는 세 마리의 돌고래가 그려져 있으며, 우정, 지혜, 역량을 의미한다.

● **국가** 1493년 콜럼버스가 발견하였다고 전해진다. 1650년 이후 영국의 지배를 받다가 1980년 영국의 직할 식민지로 전환되었다. 섬 이름은 좁고 긴 섬의 모양 때문에 에스파냐어로 장어를 뜻하는 'anguila'에서 유래하였다. 바닷가재가 주요 산물로, 수출의 대부분을 차지하고 있다.

- **위치:** 서인도 제도 소앤틸리스 섬 북쪽 끝
- **수도:** 더밸리(The Valley)
- **면적:** 96㎢(한국 충남 안면도 크기)
- **기후:** 아열대 해양성 기후
- **인구:** 1만 4천 명
- **민족:** 흑인 원주민, 영국인
- **언어:** 영어, 원주민어
- **종교:** 개신교 87%, 무속 신앙 6%, 가톨릭계 4%
- **통화:** 동 카리브 달러(East Caribbean Dollar)
- **1인당 GDP:** $20,048
- **정부 형태:** 영국 해외 영토
- **주요 산업:** 관광업, 금융업

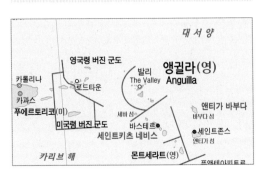

나라꽃: 델로닉스 레기아(봉황목)
과명: 콩과
학명: *Delonix regia*
영명: Royal Poinciana
꽃말: —

북아메리카

영국령 버진 군도 | British Virgin Islands

· 공식적 국기 채택일: 1960.11.15

2:1

- **위치**: 동부 카리브 해, 대안틸리스 제도 동쪽 끝
- **수도**: 로드타운(Road Town)
- **면적**: 151㎢(한국 강화도의 절반)
- **기후**: 아열대성 기후
- **인구**: 2만 8천 명
- **민족**: 흑인 82%, 백인 및 아시아계 소수
- **언어**: 영어
- **종교**: 개신교 84%, 가톨릭 10%, 기타 6%
- **통화**: 미국 달러(US Dollar)
- **1인당 GDP**: $32,375
- **정부 형태**: 영국의 속령
- **주요 수출품**: —

영국령 버진아일랜드의 수도 로드타운

🌐 **국기** 파란색 바탕 왼쪽 위에 영국 국기가 그려져 있고 오른쪽 가운데 문양이 있다. 문양에는 황금 램프를 들고 있는 흰 옷을 입은 여성과 그 주위에 11개의 황금 램프가 그려져 있는데, 콜럼버스가 버진아일랜드를 발견했을 때 성녀 우르술라와 1만 1천 명의 소녀의 순교 전설을 떠올려 이름을 지은 것과 관련이 있다.

🌐 **국가** 푸에르토리코 동남쪽 36여 개의 섬으로 이루어져 있고, 서부에 있는 40여 개의 섬들은 미국령이다. 1672년부터 영국령이 되었으며, 총독은 영국 여왕이 임명한다. 농업과 어업이 발달하였으나 관광 산업에 주로 의존하며, 금융업이 발달하여 세계적인 조세 피난처로도 유명하다.

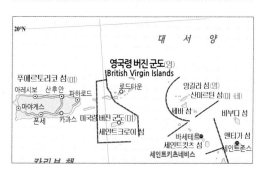

북아메리카

월리스 푸투나 제도 | Wallis and Futuna

· 공식적 국기 채택일: 1794.02.15

3:2

- **위치**: 남태평양 폴리네시아 서쪽 끝
- **수도**: 마타우투(Mata Utu, 570명)
- **면적**: 274㎢
- **기후**: 열대 해양성 기후
- **인구**: 1만 3천 명
- **민족**: 대부분 폴리네시아인
- **언어**: 프랑스어(공용어), 폴리네시아어
- **종교**: 가톨릭
- **통화**: 프랑(CFP Franc)
- **1인당 GDP**: —
- **정부 형태**: 프랑스의 속령
- **주요 산업**: 농업, 축산업, 어업

월리스 푸투나의 국제 민속 축제

🌐 **국기** 프랑스 국기를 공식 국기로 사용한다.

🌐 **국가** 월리스 · 푸투나 · 알로피 세 섬과 20여 개의 작은 섬으로 이루어져 있다. 1961년 프랑스령으로 승격되어 프랑스 정부가 임명한 관리가 지역 위원회의 자문을 받아 통치하며, 프랑스 상 · 하원에 각 1명씩 의원을 보낸다. 인구의 대부분이 코코넛, 바나나, 파인애플, 오렌지 등의 경작과 돼지, 염소 사육 등을 한다.

오세아니아

웨이크 섬 | Wake Island

3:2

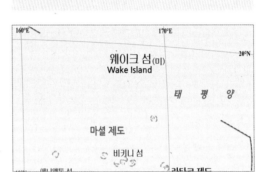

- **위치:** 북태평양 하와이 제도 서쪽 3,200 km 지점
- **수도:** —
- **면적:** 8 ㎢(한국 서울 여의도 크기)
- **기후:** 해양성 기후
- **인구:** 주둔군 관계자, 정부 요원 302명 정도
- **민족:** —
- **언어:** 영어
- **종교:** 가톨릭
- **통화:** 미국 달러(US Dollar)
- **1인당 GDP:** —
- **정부 형태:** 미국 자치령
- **주요 수출품:** —

웨이크 섬의 석호

● **국기** 미국 성조기의 파란색 · 빨간색 · 흰색을 반영하여 왼쪽에 파란색, 위에 흰색, 아래 빨간색이 서로 맞물리게 배열되어 있다. 파란색 바탕에는 노란색으로 태평양의 달과 5각별 3개가 있고, 웨이크 섬이라고 씌어 있다.

● **국가** 웨이크 · 필 · 윌크스의 세 환초로 이루어져 있으며, 1898년에 미국령이 되었다. 1930년 이래 미국 항공기 기착지, 군사 기지 구실을 해 오고, 태평양 횡단 항공로의 중계지가 있다. 제2차 세계 대전 초기 미군 기지였으나, 일본군이 점령하였다가 일본이 패망하면서 미국 공군 기지로 되었다.

오세아니아

웨일스 | Wales

5:3

- **위치:** 그레이트브리튼 섬의 서남부
- **수도:** 카디프(Cardiff)
- **면적:** 20,800 km²
- **기후:** 온대 해양성 기후
- **인구:** 306만 명
- **민족:** 웨일스인, 잉글랜드인
- **언어:** 영어, 웨일스어
- **종교:** 개신교, 가톨릭교
- **통화:** 파운드 스털링(Pound sterling)
- **1인당 GDP:** —
- **정부 형태:** 입헌 군주제
- **주요 수출품:** —

국화: 수선화
과명: 수선화과
학명: *Narcissus obvallaris*
영명: Daffodil
꽃말: 자애, 자존심, 신비

● **국기** 위에는 흰색, 아래는 초록색의 2등분 바탕에 빨간색 용이 그려져 있다. 흰색과 초록색 줄무늬는 잉글랜드를 지배했던 튜더 왕가의 상징이며, 붉은색 용은 로마인들이 용을 영국의 상징으로 삼은 것에서 유래한다. 1535년에 이미 잉글랜드에 합병되어 영국 국기에는 웨일스 기가 포함되어 있지 않다.

● **국가** 영국 남서부의 행정 구역으로, 그레이트브리튼 섬 중 스코틀랜드와 잉글랜드를 제외한 구릉 섬의 반도를 이루고 있다. 목축이 활발하며 남부는 탄전이 있고 철강, 방적 등 공업이 발달하였다.

유럽

잉글랜드 | England

5:3

- **위치**: 북대서양 그레이트브리튼 섬 남부
- **수도**: 런던(London, 817만 명)
- **면적**: 130,439㎢
- **기후**: 온대 해양성 기후
- **인구**: 5,076만 명
- **민족**: 앵글로 색슨족, 켈트족, 아일랜드인
- **언어**: 영어(공용어), 웨일스어
- **종교**: 영국 성공회, 가톨릭, 감리교, 침례교
- **통화**: 파운드 스털링(Pound Sterling)
- **1인당 GDP**: ―
- **정부 형태**: 입헌 군주제
- **주요 수출품**: 육류(쇠고기), 가공품

국화: 장미
과명: 장미과
학명: *Rosa hybrida*
영명: Rose
꽃말: 애정, 정절, 순결, 아름다움

🌐 **국기** 흰색 바탕에 빨간색 십자가 그려져 있다. 중세 십자군 원정 때부터 사용되었으며, 잉글랜드의 수호성인인 세인트 조지의 순교를 기념하여 제작되어 '세인트 조지의 십자기' 라고도 부른다.

🌐 **국가** 1707년 합법령으로 잉글랜드 · 스코틀랜드 · 북아일랜드 · 웨일스가 영국으로 통합하였다. 그레이트브리튼 섬의 반 이상을 차지하며, 영국을 구성하는 4개 지역 가운데 가장 중요한 지역이다. 영국 인구의 4/5 이상을 수용하고 있으며, 산업과 금융이 고도로 발달해 있다. 산업 혁명이 처음 일어난 곳으로 유명하다.

유럽

잠무카슈미르 | Jammu and Kashmir

3:2

- **위치**: 인도 북서부 카리코림 산맥 남쪽 내륙 산악
- **주도**: 여름–스리나가르(Srinagar), 겨울–잠무 (Jammu)
- **면적**: 100,569㎢(남한 면적 정도)
- **기후**: 대륙성 산악 기후
- **인구**: 1,200만 명
- **민족**: 카슈미르족
- **언어**: 영어 및 우르두어(공용어), 카슈미르어
- **종교**: 이슬람교 67%, 힌두교 30%
- **통화**: 인도 루피(Indian Rupee)
- **정부 형태**: 인도 속령
- **주요 산업**: 목축업

잠무카슈미르 라다크의 라마유루 사원

🌐 **국기** 빨간색 바탕에 왼쪽 아래로 흰 기둥 띠가 있고 오른쪽에는 문양이 있다. 빨간색 바탕은 노동, 오른쪽 문양은 농업을 대표하는 쟁기를 상징한다. 왼쪽의 줄무늬는 각각 잠무카슈미르 주를 구성하는 잠무 · 카슈미르 계곡 · 라다크를 의미한다.

🌐 **국가** 1947년 카슈미르 분쟁이 1949년 정전 협정으로 끝나면서 '잠무카슈미르 주' 라는 이름으로 인도에 귀속되었지만, 인도와 파키스탄 간에 영토 분쟁이 빈발하고 있다. 영토 대부분이 산악 지대로 임업, 목축업이 주요 산업이다. 산양의 털로 짠 캐시미어 직물이 특산물로 알려져 있다.

아시아

지브롤터 | Gibraltar

· 공식적 국기 채택일: 1982.11.08

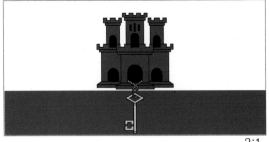

2:1

🌐 **국기** 기의 아랫부분 1/3은 빨간색, 윗부분 2/3 는 흰색 바탕이다. 흰색 바탕 중앙에는 세 개의 탑 으로 구성된 빨간색 2층 성곽이 그려져 있고, 빨간 색 바탕에는 금색 열쇠가 그려져 있다.

🌐 **국가** 대서양에서 지중해 해협을 진입하는 경우 반드시 거쳐야 하는 곳으로, 해상 교통 및 군사상 의 요충지이다. 연안 나라의 인구들이 모여 사는 다민족 지역이며, 1713년부터 영국이 지배하였다. 1964년부터 에스파냐의 영토 반환 요구가 계속되 고, 1969년에는 경제 봉쇄가 단행되기도 하였으 며, 1985년 에스파냐는 국경 봉쇄를 해제했다. 관 광업이 발달하고, 유럽에서 유일하게 바바리원숭 이가 서식하고 있다.

- **위치**: 에스파냐의 이베리아 반도 남단
- **수도**: 지브롤터(Gibraltar)
- **면적**: 6.5㎢(한국 연평도 크기)
- **기후**: 지중해 온대 해양성 기후
- **인구**: 2만 9천 명
- **민족**: 에스파냐, 이탈리아, 영국, 몰타계
- **언어**: 영어(공용어), 에스파냐어
- **종교**: 가톨릭 78%, 영국성공회 7%, 이슬람교 4%
- **통화**: 지브롤터 파운드(Gibraltar pound)
- **1인당 GDP**: $43,000
- **정부 형태**: 영국 자치령
- **주요 산업**: 선박, 관광, 군인 수송

나라꽃: 이베리스
과명: 십자화과
학명: *Iberis* L.
영명: Candytuft
용도: 약용

유럽

차고스 제도 | Chagos Archipelago

· 공식적 국기 채택일: 1990.11.08

2:1

🌐 **국기** 파란색과 흰색 물결무늬 바탕 왼쪽 위에 영국 국기가 그려져 있으며, 오른쪽에는 영국령 인도양 지역의 상징인 야자나무와 왕관이 그려져 있다.

🌐 **국가** 영국령 인도양 지역의 주요 섬들로, 디에 고 가르시아 섬을 비롯하여 에그몬트·이글·페 레스보·노스 솔로몬 등의 섬으로 이루어져 있으 며, 전체가 거대한 환초를 이루고 있다. 처음에는 프랑스령이었으나, 1814년에 영국령이 되었다. 디 에고 가르시아 섬에는 대규모 해군 및 공군 군사 기지가 있다.

- **위치**: 인도 반도 남쪽, 인도양 중앙부에 있는 섬들
- **수도**: 차고스(Chagos)
- **면적**: 78㎢(울릉도 크기)
- **기후**: 해양성 기후
- **인구**: 3천 명
- **민족**: 아프리카 흑인계
- **언어**: 차고스 토속어, 영어
- **종교**: 가톨릭계
- **통화**: 파운드 스털링(Pound sterling)
- **1인당 GDP**: —
- **정부 형태**: 영국령 인도양 지역
- **주요 수출품**: 코코넛 기름, 코프라, 수산물

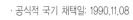

차고스 제도의 솔로몬 환초

아프리카

채널 제도 | Channel Islands

· 공식적 국기 채택일: 1979.06.12

5:3

🌐 **국기** 채널 제도 중의 저지 섬의 국기로, 흰색 바탕에 빨간색 띠가 대각선으로 이어져 있고 가운데 위쪽에 문양이 그려져 있다. 이곳 원산인 젖소 '저지종'의 유명함을 상징한다.

🌐 **국가** 올더니·사크·건지·저지 섬 등의 주요 섬 4개와 작은 여러 섬들, 암석, 암초로 이루어져 있다. 10~11세기에는 노르망디 공국 영토였다가 1204년 프랑스에 노르망디를 잃은 후 영국 영토가 되었다. 감자, 토마토, 과일, 채소, 낙농품이 주요 산물이며, 풍경이 아름다워 관광지로 유명하다.

- **위치**: 프랑스 노르망디 서쪽 영국 해협에 위치
- **수도**: 세인트 피터 포트(Saint Peter Port, 건지 섬)
  세인트 헬리어(Saint Helier, 저지 섬)
- **면적**: 195㎢(한국 거제도의 1/2)
- **기후**: 온대 해양성 기후
- **인구**: 16만 명
- **민족**: 노르만계 종족
- **언어**: 프랑스어, 영어
- **종교**: 가톨릭계
- **통화**: 파운드 스털링(Pound sterling)
- **1인당 GDP**: ―
- **정부 형태**: 영국 왕실 속령
- **주요 산업**: 농업, 관광업

건지 섬의 수도 세인트 피터 포트

유럽

케이맨 제도 | Cayman Islands

· 공식적 국기 채택일: 1958.05.14

2:1

🌐 **국기** 파란색 바탕 왼쪽 위에 영국 국기, 오른쪽 중앙에 케이맨 제도의 문장이 그려져 있다. 문장 방패 안의 노란색 사자는 영국을, 초록색 별은 케이맨 제도의 세 섬을, 방패 위의 초록색 거북은 항해 역사를, 매듭은 전통 짚 문화를, 파인애플은 자메이카를 뜻한다.

🌐 **국가** 1503년 크리스토퍼 콜럼버스가 발견하였으며, 영국령의 3개의 큰 섬으로 구성되어 있다. 연간 10만 명 이상의 관광객이 찾는다. 국제적 금융 거래의 중심지로 4만여 개 이상의 금융 업체가 활동하고 있으며, 조세 피난처로 알려져 있다.

- **위치**: 카리브 해, 서인도 제도 서부, 자메이카 북서쪽
- **수도**: 조지타운(George Town, 4천 명)
- **면적**: 259㎢(울릉도의 3.6배)
- **기후**: 고온 다습한 열대성 기후
- **인구**: 5만 8천 명
- **민족**: 혼혈 40%, 백인 20%, 흑인 20%, 기타 이주민
- **언어**: 영어(공용어), 에스파냐어
- **종교**: 가톨릭계
- **통화**: 케이맨 제도 달러(Cayman Islands Dollar)
- **1인당 GDP**: $41,776
- **정부 형태**: 총독(영국 여왕 임명), 의회, 집행위원회
- **주요 산업**: 상업, 금융, 관광업

국화: 야생 바나나난초
과명: 난초과
학명: *Schomburgkia thomsoniana*
영명: Wild Banana Orchid
꽃말: ―

북아메리카

135

쿡 제도 Cook Islands

· 공식적 국기 채택일: 1979.08.04

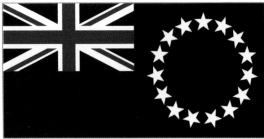

2:1

● **국기** 파란색 바탕 왼쪽 위에 유니언잭이 그려져 있고, 오른쪽 가운데 15개의 흰색 남십자성이 원을 이루고 있다. 유니언잭은 뉴질랜드 기에서 따왔으며, 별들은 쿡 제도의 섬을 나타낸다.

● **국가** 남태평양 폴리네시아 남서부 섬들로 구성되어 있다. 뉴질랜드 자치령으로 펜린, 마니히키 등 북부 군도와 라로통가, 망가이아 등의 남부 군도로 구성되어 있다. 1888년 영국의 보호령이 되었다가 1901년 뉴질랜드령이 되었고, 1965년에 자치 정부가 세워졌다. 관광과 진주 조개 양식업, 우표 판매 등이 주요 산업이다.

- **위치:** 남태평양 뉴질랜드 동북 방면 3000㎞ 지점
- **수도:** 아바루아(Avarua)
- **면적:** 236㎢(한국 남해섬 정도)
- **기후:** 열대 해양성 기후
- **인구:** 2만 1천 명
- **민족:** 폴리네시아인 80%, 기타 유럽인 8%
- **언어:** 영어, 폴리네시아어
- **종교:** 가톨릭계
- **통화:** 뉴질랜드 달러(New Zealand Dollar)
- **1인당 GDP:** $14,918
- **정부 형태:** 의원 내각제(단원제 의회)
- **주요 수출품:** 어류, 진주, 코프라, 파파야

쿡 제도(뉴)
Cook Islands

국화: 타히티 치자(티아레 꽃)
과명: 꼭두서니과
학명: *Gardenia tahitensis*
영명: Tahitian Gardenia(Tiaré flower)
용도: 향수, 약용

오세아니아

크리스마스 섬 Christmas Island

· 공식적 국기 채택일: 2002.01.26

2:1

● **국기** 왼쪽 위 모서리에서 오른쪽 아래 모서리로 이은 대각선 아래는 바다를 상징하는 파란색, 위로는 육지를 나타내는 초록색 바탕이다. 파란색 바탕에는 오스트레일리아의 남십자성, 중앙의 노란색 원 안에는 육지에 사는 동물, 오른쪽에는 갈매기 문양이 그려져 있다.

● **국가** 인도양의 작은 섬으로 오스트레일리아령에 속하며, 1888년 영국령이 되었다가 1958년 오스트레일리아로 주권이 넘어갔다. 인산염 채굴이 주요 산업이다. 섬의 63% 정도가 오스트레일리아 국립 공원으로 지정되어 있다.

- **위치:** 인도네시아 자바 섬 남쪽 360㎞ 해상
- **수도:** 플라잉 피시 코브(Flying Fish Cove)
- **면적:** 135㎢(한국 충남 안면도 크기)
- **기후:** 열대 해양성
- **인구:** 1,513명
- **민족:** 중국계, 유럽계, 말레이계
- **언어:** 영어, 중국어, 말레이어
- **종교:** 가톨릭, 이슬람교, 불교
- **통화:** 오스트레일리아 달러(Australian Dollar)
- **1인당 GDP:** ―
- **정부 형태:** 연방 입헌 군주제
- **주요 산업:** 광산업, 인산 추출

크리스마스 섬 수도 플라잉 피시 코브

크리스마스 섬(오)
Christmas Island

오세아니아

타이완 중화민국 | Republic of China

· 공식적 국기 채택일: 1928.12.17
· 한국과 국교 수교일: 1948.08.13 (중국과 수교로 단교 후 대표 기구 운용)

3:2

🌐 **국기** 빨간색 바탕 왼쪽 위 파란색 사각형 안에 12개의 빛을 내는 태양이 그려져 있다. 빨간색·파란색·흰색은 쑨원의 삼민주의 즉, 민족·민권·민생을 뜻한다. 태양의 12개의 빛은 하루 24시간을 2시간씩 12개로 나눈 것과 1년 12개월을 나타낸 것으로 끊임없는 정진을 뜻한다.

🌐 **국가** 1949년 중국 국민당의 장제스가 이전해 와 성립하였으나, 중화 인민 공화국(중국)이 타이완 섬과 부속 섬에 대한 영유권을 주장하고 있으며, 타이완은 국제 연합에서 탈퇴한 상태이다. 주요 수출품은 정보 통신 기술·전자 제품이다.

- **위치**: 동아시아, 중국 동남방 해상의 섬
- **수도**: 타이베이(Taipei, 265만 명)
- **면적**: 36,000㎢(한국의 약 1/3)
- **기후**: 아열대성(북부), 열대성(남부)
- **인구**: 2,333만 명
- **민족**: 타이완인 84%, 대륙인 14%, 원주민 2%
- **언어**: 중국어(공용어), 타이완어
- **종교**: 불교, 도교, 개신교, 가톨릭
- **통화**: 신 타이완 달러(New Taiwan Dollar)
- **1인당 GDP**: $21,572
- **정부 형태**: 입헌 민주 공화제
- **주요 수출품**: 기계, 의류, 반도체, 통신 기기

국화: 매화
과명: 장미과
학명: *Prunus mume*
영명: Japanese Apricot
꽃말: 부귀, 성실

아시아

터크스 케이커스 제도 | Turks Caicos Islands

· 공식적 국기 채택일: 1968.11.07

2:1

🌐 **국기** 파란색 바탕 왼쪽 위에 영국 국기가 있고, 오른쪽에 제도를 상징하는 방패 모양 문양이 그려져 있다. 방패에는 소라와 바닷가재, 선인장이 그려져 있다.

🌐 **국가** 1760년 영국령이 되었고, 1874년 자메이카 속령이 되었다가 1962년 자메이카 독립으로 다시 영국 영토가 되었다. 대서양상 바하마 제도 남동쪽 그랜드터크스 섬을 중심으로 40개 이상의 섬들로 형성되었으며, 그중 8개의 섬 이외에는 무인도이다. 솔트케이 섬에서는 천일염이 생산되고 어업이 발달하였으며, 고등어, 소라, 새우, 바닷가재, 대마 등이 생산되고 식량은 수입에 의존하고 있다. 관광과 조세 피난처로 유명하다.

- **위치**: 서인도 제도 북쪽, 바하마 제도 남동쪽 끝
- **수도**: 코번타운(Cockburn Town, 2,500명)
- **면적**: 948㎢
- **기후**: 덥고 건조하며 태풍이 잦음.
- **인구**: 3만 3천 명
- **민족**: 대부분 아프리카계 흑인
- **언어**: 영어
- **종교**: 개신교, 가톨릭 등
- **통화**: 미국 달러(US Dollar)
- **1인당 GDP**: $29,100
- **정부 형태**: 영국의 해외 영토
- **주요 수출품**: 새우, 조개

국화: 터크 머리 선인장
과명: 기둥선인장아과
학명: *Melocactus intortus*
영명: Turk's-head-cactus
꽃말: ―

북아메리카

토켈라우 제도 | Tokelau Islands

· 공식적 국기 채택일: 2009.09.07

2:1

🌐 **국기** 파란색 바탕에 노란색 배가 그려져 있고, 왼쪽에는 4개의 5각별이 그려져 있다. 노란색 배는 폴리네시아인의 전통적인 금색 카누를, 별은 남십자자리를 의미한다.

🌐 **국가** 1765년 이후 영국령이었으나, 1949년 뉴질랜드령으로 전환되었다. 작은 섬으로, 수도가 있는 아타푸와 누쿠노누, 파카오푸의 3개 섬으로 구성되어 있다. 주요 산물로는 코프라가 있으며, 모든 전력을 태양광 발전으로 생산하여 사용하고 있다.

- **위치**: 태평양 남부 폴리네시아 서쪽, 사모아 북쪽
- **수도**: 아타푸(Atapu)
- **면적**: 10 ㎢
- **기후**: 열대성 해양 기후
- **인구**: 1천 명
- **민족**: 대부분 폴리네시아인
- **언어**: 토켈라우어, 영어, 사모아어
- **종교**: 기독교
- **통화**: 뉴질랜드 달러(New Zealand Dollar)
- **1인당 GDP**: ―
- **정부 형태**: 뉴질랜드의 해외 영토
- **주요 수출품**: 코프라

토켈라우 제도의 파카오푸 환초

오세아니아

팔레스타인 | Palestine

· 공식적 국기 채택일: 1988.11.15
· 장관급 방문 외교일: 2005.06.25
(한국의 경제 원조국)

2:1

🌐 **국기** 아랍을 대표하는 검은색·흰색·초록색이 가로로 배열되어 있고, 깃대 쪽으로 빨간색 삼각형이 그려져 있다. 잠정 자치 정부를 발족시킨 팔레스타인 해방 기구(PLO)의 기이다. 초록색은 비옥한 토지, 빨간색은 인민의 땅, 흰색은 순결, 검은색은 암흑과 싸우는 의지를 뜻한다.

🌐 **국가** 이스라엘을 중심으로 한 지중해의 동해안의 일대이며, 대체로 이스라엘 영토와 팔레스타인 자치 정부 구역인 요르단 강 서안 지구와 가자 지구 일대를 가리킨다. 팔레스타인 자치 정부는 1988년에 독립을 선언하고, 2011년 유네스코 회원국으로 인정받았으며 2012년에는 국제 연합 비회원 옵서버 국가 지위를 획득하였다.

- **위치**: 아라비아 반도 북부, 지중해 동해안 일대
- **수도**: 라말라(Ramallah, 임시 행정 수도)
- **면적**: 6,170 ㎢(요르단 강 서안 5,800 ㎢, 가자 지구 365 ㎢)
- **기후**: 지중해성 기후
- **인구**: 432만 명
- **민족**: 팔레스타인인
- **언어**: 아랍어, 영어
- **종교**: 이슬람교(수니파), 유대교, 기독교, 기타
- **통화**: 신 이스라엘 세켈(New Israeli Shekel)
- **1인당 GDP**: $3,093
- **정부 형태**: 자치 정부
- **주요 수출품**: 올리브, 과일, 채소, 석회암

국화: 팔레스타인 양귀비
과명: 양귀비과
학명: *Papaver rhoeas*
영명: Palestinian Poppy
꽃말: 위로

아시아

· 공식적 국기 채택일: 1948.05.23

페로 제도 | Faroe Islands

11:8

🌐 **국기** 흰색 바탕에 파란색 테를 두른 빨간색 십자가가 그려져 있다. 덴마크 '단네브로' 기 모양으로 노르웨이, 아이슬란드 국기와 색 배치를 제외하면 비슷한 형태이다.

🌐 **국가** 북대서양에 있는 22개의 화산섬으로 이루어져 있으며, 5개 섬은 무인도이다. 1380년부터 덴마크의 지배를 받아 왔지만, 1948년 자치를 인정받아 독자적인 화폐를 사용하고 있다. 고래 사냥으로 유명하며, 어업이 경제의 근간을 이룬다. 어획 및 수산물 가공업이 발달해 있다.

- **위치:** 북대서양, 영국과 아이슬란드 사이에 있는 섬
- **수도:** 토르스하운(Thorshavn)
- **면적:** 1,399㎢(한국 제주도의 4/5)
- **기후:** 해양성 기후, 난류의 영향으로 온화함.
- **인구:** 5만 명
- **민족:** 페로인 92%, 덴마크인 6%
- **언어:** 덴마크어(공용어), 페로어(모국어)
- **종교:** 덴마크 루터복음교 80% 이상
- **통화:** 페로 크로네(Faroese Krone)
- **1인당 GDP:** —
- **정부 형태:** 덴마크 자치령
- **주요 수출품:** 냉동어, 마른 명태

국화: 동의나물
과명: 미나리아재비과
학명: *Caltha palustris*
영명: Marsh Marigold
꽃말: 다가올 행복

유럽

· 공식적 국기 채택일: 1948.09.29

포클랜드 제도 | Falkland Islands

2:1

🌐 **국기** 파란색 바탕 왼쪽 위에 유니온잭, 오른쪽에는 포클랜드 제도를 상징하는 문장이 있다. 문장 위쪽에는 포클랜드 제도의 목양업을 상징하는 양이 그려져 있으며, 아래에는 포클랜드 제도를 발견한 영국의 탐험가 존 데이비스의 디자이어호가 그려져 있다.

🌐 **국가** 동서 포클랜드 섬 2개를 비롯하여 약 200여 개의 섬으로 이루어져 있다. 1832년 영국이 고래잡이 기지로 선언하며 영국령이 되었고, 장기간 아르헨티나가 주권을 주장하였으나, 1982년 전쟁에서 영국이 승리하여 영국이 영토권을 가지고 있다. 전통적인 핵심 산업인 목양업을 비롯하여 어업, 관광업, 자원 탐사 등이 주요 산업이다.

- **위치:** 대서양 남서부, 마젤란 해협 동쪽에 있는 섬들
- **수도:** 동포클랜드 섬의 스탠리(Stanley)
- **면적:** 12,173㎢(한국 전라남도 정도)
- **기후:** 온대 해양성 기후
- **인구:** 3천 명
- **민족:** 대부분 영국계 백인, 기타
- **언어:** 영어
- **종교:** 기독교 66%, 무교 32%
- **통화:** 포클랜드 제도 파운드(Falkland Islands Pound)
- **1인당 GDP:** $55,400
- **정부 형태:** 영국 자치령
- **주요 수출품:** 양모, 가죽, 고기, 수산물

국화: 창백한 처녀
과명: 붓꽃과
학명: *Olsynium filifolium*
영명: Pale Maiden
꽃말: —

남아메리카

푸에르토리코 | Puerto Rico

3:2

- **위치:** 서인도 제도의 대앤틸리스 제도 동쪽 끝
- **수도:** 산후안(San Juan, 39만 명)
- **면적:** 8,870㎢(한국 충청남도 크기)
- **기후:** 카리브 해 난류 영향으로 쾌적한 기후
- **인구:** 368만 명
- **민족:** 백인 81%, 흑인 8%, 혼혈인
- **언어:** 에스파냐어, 영어
- **종교:** 가톨릭 85%, 개신교
- **통화:** US Dollar(미국 달러)
- **1인당 GDP:** $28,529
- **정부 형태:** 미국 해외 영토
- **주요 수출품:** 화학, 전자, 의류, 음료, 의료 장비

국화: 푸에르토리코 히비스커스(마가)
과명: 아욱과
학명: *Thespesia grandiflora*
영명: Maga Flower
꽃말: 신성함.

● **국기** 빨간색과 흰색으로 이루어진 다섯 개의 가로줄 무늬 바탕에 깃대 쪽으로 흰색 별이 있는 파란색 삼각형이 있다. 빨간색은 피, 흰색은 승리와 평화, 파란색은 하늘과 바다, 흰색 별은 나라를 뜻한다.

● **국가** 미국 자치령으로, 푸에르토리코 본 섬과 수많은 작은 섬들로 구성되어 있다. 미국의 51번째 주로 편입시키는 운동을 전개하고 있다. 사탕수수를 재배하는 농업이 주요 산업이었으나, 1950년부터 공업화에 성공하여 비교적 높은 성장을 하고 있다.

북아메리카

프랑스령 기아나 | French Guiana

· 공식적 국기 채택일: 1794.02.15

3:2

수도 카옌의 박물관

- **위치:** 남아메리카 동북부 해안, 브라질 접경
- **수도:** 카옌(Cayenne, 5만 명)
- **면적:** 86,504㎢
- **기후:** 열대성, 무역풍
- **인구:** 24만 명
- **민족:** 크리올 혼혈인, 카리브 인디언
- **언어:** 프랑스어, 크리올어, 흑인은 타키타키어
- **종교:** 로마 가톨릭 90%
- **통화:** 유로(Euro)
- **정부 형태:** 프랑스 해외령
- **주요 수출품:** 보크사이트, 알루미늄, 알루미나, 새우, 생선, 쌀, 목재

● **국기** 프랑스 국기를 공식 국기로 사용한다.

● **국가** 남아메리카에 남아 있는 유럽 국가의 최후의 식민지로 1667년 이후 프랑스령이 되었다. 인구 절반 이상이 수도 카옌에 거주하고 있으며, 임업과 수산업, 금광업이 주요 산업으로 비교적 국민 소득이 높은 편이다. 북쪽 쿠루에는 ESA(유럽 우주 기관)의 로켓 발사 기지 기아나 우주 센터가 있으며, 영화 '빠삐용'의 무대가 된 프랑스 본토의 죄수를 수용했던 교도소가 위치하고 있다.

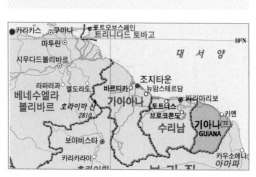

남아메리카

프랑스령 폴리네시아 | French Polynesia

· 공식적 국기 채택일: 1794.02.15

3:2

- **위치:** 남태평양 중부
- **수도:** 파페에테(Papeete, 2만 3천 명)
- **면적:** 4,000㎢
- **기후:** 해양성 열대 기후
- **인구:** 27만 7천 명
- **민족:** 폴리네시아인, 유럽인, 아시아인
- **언어:** 프랑스어, 폴리네시아어
- **종교:** 가톨릭
- **통화:** CFP 프랑(CFP Franc)
- **1인당 GDP:** $22,000
- **정부 형태:** 자치 공화국
- **주요 수출품:** 코프라, 바닐라, 커피, 새우, 굴

🌐 **국기** 프랑스 국기를 공식 국기로 사용한다.

🌐 **국가** 프랑스의 해외 영토로, 3,000여 개의 섬으로 구성되어 있다. 그중 타히티 섬이 가장 큰 섬이다. 농업, 수산업이 주요 산업이다.

국화:	타히티 치자(티아레 꽃)
과명:	꼭두서니과
학명:	*Gardenia taitensis*
영명:	Tiaré Flower
용도:	향수, 약용

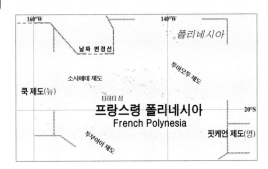

오세아니아

핏케언 제도 | Pitcairn Islands

· 공식적 국기 채택일: 1984.04.02

2:1

핏케언 섬

- **위치:** 태평양 남동부 타히티 섬 남동쪽
- **수도:** 애덤스타운(Adamstown)
- **면적:** 47㎢(한국 연평도 크기)
- **기후:** 아열대 해양성 기후
- **인구:** 48명
- **민족:** 영국인, 폴리네시아인, 칠레인, 혼혈
- **언어:** 영어, 핏케언어(노퍽어의 일종)
- **종교:** 가톨릭
- **통화:** 뉴질랜드 달러(New Zealand dollar)
- **1인당 GDP:** —
- **정부 형태:** 영국 해외 영토
- **주요 수출품:** 우표

🌐 **국기** 바다를 상징하는 파란색 바탕 왼쪽 위에는 영국 국기, 오른쪽 중앙에는 핏케언 제도의 문장이 그려져 있다. 문장에는 농업과 어업을 나타내는 식물과 어획하는 모습, 아래는 해양국을 나타내는 문양이 그려져 있다.

🌐 **국가** 폴리네시아 동쪽에 있는 영국령의 작은 섬으로, 세계에서 가장 인구가 적은 속령이다. 1790년 영국 군함 바운티호에서 반란을 일으킨 사람들이 도주해서 살던 섬으로, 1808년 그 후손들에 의해서 발견되었다고 한다. 1898년 영국령이 되었으며, 핏케언 섬을 포함해서 모두 4개의 섬으로 구성되어 있다. 주민들 대부분이 어업, 농업에 종사하며 감자, 사탕수수, 오렌지 등을 재배한다.

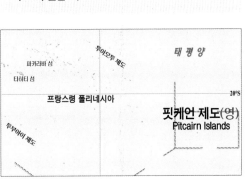

오세아니아

141

홍콩

중화 인민 공화국 홍콩 특별 행정구
Hong Kong Special Administrative Region of People's Republic of China

· 공식적 국기 채택일: 1997.07.01

3:2

- **위치**: 중국의 동남단 해안
- **수도**: 빅토리아 시티(Victoria City)
- **면적**: 1,092㎢(서울의 약 1.8배)
- **기후**: 아열대성 몬순 기후
- **인구**: 720만 명
- **민족**: 중국인 95%, 기타 5%
- **언어**: 중국어(광둥어), 영어
- **종교**: 기독교, 불교, 도교, 기타
- **통화**: 홍콩 달러(Hong Kong Dollar)
- **1인당 GDP**: $38,123
- **정부 형태**: 특별 행정구
- **주요 수출품**: 기계류, 섬유, 의류, 완구, 식료품

국화: 바우히니아
과명: 콩과
학명: *Bauhinia blakeana*
영명: Hong Kong Orchid Tree
꽃말: 더불어 함께

🔵 **국기** 빨간색 바탕 가운데 흰색 바우히니아가 있고, 다섯 개의 꽃잎 안에는 빨간색 꽃술과 별이 그려져 있다. 빨간색과 흰색은 일국양제를 의미하며, 바우히니아는 홍콩을 상징하는 꽃이다. 다섯 개의 별은 홍콩이 중국에 속해 있음을 의미한다.

🔵 **국가** 중국 명칭은 샹강이며, 아편 전쟁으로 155년간 영국의 식민지였다가, 1997년 중국에 반환되면서 외교·국방을 제외하고 50년간 현 체제를 유지하는 특별 행정구가 되었다. 현대 아시아 금융 센터 역할을 하고 있으며, 무역이 발달해 있다.

아시아

홍콩의 빅토리아 베이

142

부록

국기의 이해와 상식

국기와 깃대의 구성

깃봉: 국기의 깃봉은 아랫부분에 꽃받침 다섯 편이 있는 둥근 무궁화 봉오리 모양으로 하며, 그 색은 황금색으로 한다. 깃봉의 지름은 국기 깃면 세로 길이의 1/10로 한다.

깃면

깃대: 국기의 깃대는 견고한 재질로 만들어야 하며, 색은 흰색과 은백색, 연두색 또는 이와 유사한 색으로 한다.

국기의 역사

국기의 기원은 인간이 집단 생활을 시작한 고대 국가의 여러 부족이나 집단의 표지로 사용한 깃발을 시작으로 멀리 고대 이집트나 중국의 주나라까지 거슬러 올라갑니다.

근대로 접어들어 여러 나라의 국기는 중세의 기사들이 사용한 문장과 기장 즉, 십자기 등에서 그 기원을 알 수 있습니다. 종교 전쟁에서 기독교를 믿는 각국의 기사들은 그들 공통의 표지로 기독교의 상징인 십자가를 공통의 문장으로 선정하였습니다. 깃발뿐만 아니라 투구와 군복에

까지 십자를 부착하였고, 십자의 빛깔과 모양으로 출신지와 신원을 구별하기도 하였으며, 그 후 십자기는 국적을 나타내는 하나의 상징으로 발전하게 되었습니다. 15세기에 이르러서는 신대륙 발견과 탐험이 성황을 이룬 이후 수세기 동안 유럽의 여러 선진 나라가 앞다투어 식민지 개척에 나서서 얻은 식민지에 자기 나라의 상징인 국기를 꽂음으로써 그들의 영토임을 주장하였으며, 이렇게 함으로써 국기는 한 나라의 주권을 상징하는 표지로 발전하게 되었습니다.

근대 이전까지의 국기는 국가 지배층의 권위를 상징하

는 수단에 그쳤으므로 일반 국민에게는 국기 게양이 허용되지 않았으며, 깃발의 사용이 금지되기도 하였습니다. 그 후 국기가 모든 국민의 것으로 일반화된 것은 프랑스 혁명 이후부터이며, 하나의 깃발이 진정한 의미의 국기로서 국가를 상징하게 된 것도 프랑스 혁명 때 사용된 3색기 이후입니다. 프랑스 혁명을 계기로 속속 등장한 서구의 근대 시민 국가들에서는 자유, 평등, 박애를 상징하는 프랑스의 3색기를 본떠서 그들이 좋아하는 색깔만을 선택, 국기를 제작하여 사용하였으며, 오늘날 유럽 여러 나라의 국기들은 이때에 제정된 것을 수정한 것이 대부분입니다. 그리고 약 90여 개 나라가 국기를 헌법에 명문화하기도 하였습니다.

국기의 유형

국기는 각 나라의 역사와 사회 제도, 국가의 이상을 나타낸 나라의 상징이므로 세계 여러 나라의 국기는 저마다 다양한 개성을 가지고 있습니다. 그런가 하면 서로 비슷한 색깔과 디자인을 사용하기도 합니다.

●국기의 색깔

세계 여러 나라의 국기에는 빨간색, 파란색, 초록색, 노란색, 흰색, 검은색 등 비교적 뚜렷이 눈에 띄는 색깔이 사용되고 있으며, 색깔에 담긴 뜻도 다양합니다.

■아프리카의 상징 −초록색, 노란색, 빨간색

아프리카에서 가장 오래된 독립국인 에티오피아의 국기에 초록색, 노란색, 빨간색이 사용된 후 다른 많은 아프리카 제국에서도 이 3색을 사용하게 되었다.

■이슬람교의 상징 −초록색

사우디아라비아, 이란, 모리타니 등 이슬람교가 번성한 나라는 거의가 초록색을 바탕으로 하거나 일부를 사용하기도 한다.

■ 공산(사회)주의 상징−빨간색

세계에서 최초로 사회주의 혁명을 일으킨 소련 국기가 붉은 기였으므로, 공산(사회)주의를 이상으로 하는 대부분의 인민 공화국이 붉은색을 썼으나, 공산 사회주의의

붕괴로 현재 그 수가 점점 줄어들고 있다.

●국기의 형식

국기의 디자인은 터키나 일본처럼 빨간색, 흰색 2색으로 단순하게 구성되어 알기 쉬운 것부터 복잡한 문장을 넣은 것까지 다양하지만, 다음과 같은 공통 형식이 있습니다.

■작은 칸이 있는 국기

아메리카 합중국의 성조기가 대표적인 것으로, 깃대 쪽 위에 작은 칸을 설치한 것이다.

■3색을 사용한 3색 국기

프랑스 국기가 대표적인 것으로, 왼쪽, 가운데, 오른쪽으로 나눈 세로 3색기와 독일, 네덜란드의 국기처럼 상·중·하로 나눈 가로 3색기가 있다. 또 3색기의 중앙 등에 문장을 넣은 국기도 있다.

■기독교를 상징하는 십자기

기독교의 십자가를 도안한 것으로, 북유럽 국가에 많다. 영국 국기인 유니온 잭도 십자가에서 따온 것이다.

■이슬람교를 상징하는 초승달을 사용한 국기

초승달과 별은 이슬람교의 상징으로, 터키의 초승달 기를 비롯하여 많은 이슬람교 나라에서 사용되고 있다.

■별 그림을 사용한 국기

별은 이슬람교, 공산(사회)주의, 또는 주(지방) 등을 나타내는 상징으로 사용되고 있다. 또 오세아니아의 나라들에서는 남십자성을 택하여 남반구에 위치함을 나타내기도 한다.

■태양 그림을 사용한 국기

몇 개 나라에서 태양을 택하고 있는데, 일본이나 방글라데시처럼 빨갛게 나타낸 것과, 필리핀이나 아르헨티나처럼 노랗게 나타낸 것도 있다.

■기타 공통 형식

깃대 쪽에 삼각형을 넣은 것, 대각선으로 경계를 가른 것, 또 사자나 독수리 등의 강한 동물을 권위의 상징으로 하거나, 나라의 새나 나무 등을 넣은 국기, 국장을 넣은 국기 등의 공통 형식도 볼 수 있다.

■ 국기 형식의 예

작은 칸이 있는 국기(사모아)

3색기(프랑스)

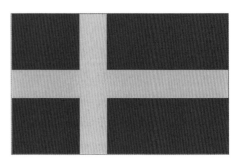

십자가를 사용한 국기(스웨덴)

초승달을 사용한 국기(터키)

별 그림을 사용한 국기(미크로네시아)

태양 그림을 사용한 국기(아르헨티나)

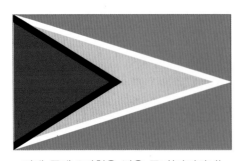

깃대 쪽에 3각형을 넣은 국기(가이아나)

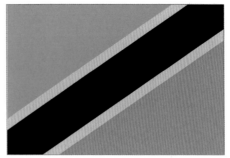

대각선을 넣은 국기(탄자니아)

동물 그림을 사용한 국기(우간다/관학)

식물 그림을 사용한 국기(레바논/삼나무)

국장을 넣은 국기(벨리즈)

■ 비슷한 국기

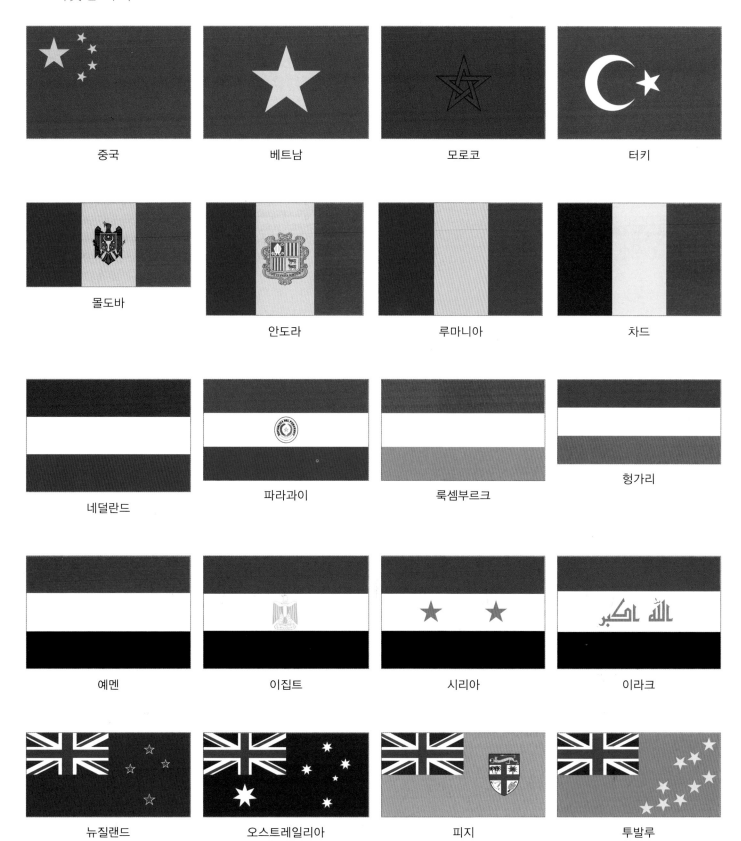

| 중국 | 베트남 | 모로코 | 터키 |

| 몰도바 | 안도라 | 루마니아 | 차드 |

| 네덜란드 | 파라과이 | 룩셈부르크 | 헝가리 |

| 예멘 | 이집트 | 시리아 | 이라크 |

| 뉴질랜드 | 오스트레일리아 | 피지 | 투발루 |

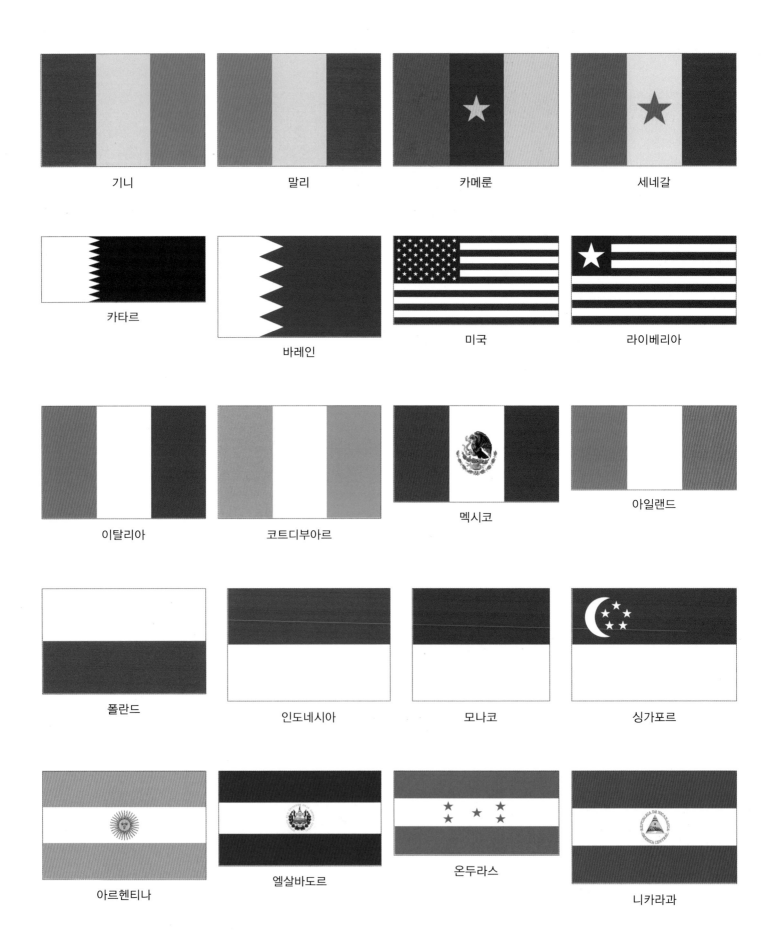

기니

말리

카메룬

세네갈

카타르

바레인

미국

라이베리아

이탈리아

코트디부아르

멕시코

아일랜드

폴란드

인도네시아

모나코

싱가포르

아르헨티나

엘살바도르

온두라스

니카라과

국제 단체의 기

●국제 연합기(UN기)

1947년 10월 20일 제2회 국제 연합 총회 결의로 제정되었다. 밝은 푸른색 바탕 중앙에 흰색 올리브 가지가 북극에서 본 세계 지도를 둘러싼 모양이다. 올리브 가지는 평화의 상징으로, 국제 연합의 세계 질서와 평화를 상징한다. 한국은 1991년 국제 연합에 가입하였으며, 국제 연합기는 각 나라의 국기와 함께 게양할 때 보다 우선하여 게양하는 규칙이 있다. 본부는 미국의 뉴욕 시에 있다.

●유럽 연합기(EU기)

유럽 연합(EU)과 유럽 평의회(CoE)의 공식적인 깃발이자 상징이다. 파란색 바탕에 12개의 노란 별이 원형으로 배치되어 있다. 유럽 연합은 1993년 11월 1일 발효한 마스트리흐트 조약을 배경으로 유럽 공동체 27개국이 결성한 기구로, 회원국의 정치적 통합과 집단 방위를 목표로 한다. 본부는 벨기에의 브뤼셀 시에 있다.

●국제 올림픽 위원회 기

1913년 근대 올림픽 시조 피에르 쿠베르탱의 제안으로 제정, 1920년 8월 14일 벨기에 대회부터 사용되었다. 흰색 바탕에 파란색·노란색·검은색·초록색·빨간색의 5색 원이 서로 연결된 오륜기로, 5개의 색은 5대륙을, 5개의 원은 나라 간의 친목과 융화를 상징한다.

●국제 적십자기

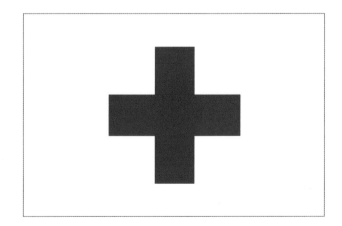

흰색 바탕 중앙에 적색의 십자가 있다. 국제 적십자는 전시에 희생자를 보호할 목적으로 만들었는데, 스위스의 인도주의자 앙리 뒤낭의 주창으로 스위스 국기를 모델로 1863년 국제 적십자 위원회에서 채택되었다. 한국은 1955년 9월 28일 국제 적십자사의 회원국이 되었다.

꽃 정보와 상식

꽃말의 유래

꽃말은 꽃의 특징에 따라 상징적인 의미를 부여한 것으로, 국가별로 꽃말에 담긴 뜻이 달라지기도 합니다.

나라꽃은 18세기 중엽부터 왕실의 문장이나 훈장, 각 표지로 널리 쓰이거나 국가의 상징이나 전통 문화 또는 화폐의 표상으로 널리 쓰이게 된 꽃이 자연스럽게 정해지게 된 것입니다. 꽃말의 기원은 꽃과 관련된 신화나 전설, 식물의 모양, 색깔, 향기, 성질 등에 담긴 이미지, 고사(古事), 일화, 민속 등의 내력과 고시문(古詩文), 구비(口碑) 등의 글로서도 전래되어 왔는데, 대체로 학명, 개화 시기, 색깔, 모양, 성질 등에서 유래되었습니다.

꽃말이 유래된 유형을 살펴보기로 합니다.

■ 꽃 모양에서 유래된 것
- 금어초 : 화통을 손으로 누르면 꽃 끝이 빠끔빠끔하는 금붕어 입 같아서 '수다쟁이'
- 꽃 베고니아 : 잎의 형태가 좌우 대칭으로 어긋나 있어 '짝사랑'
- 팬지 : 꽃의 형태가 사색하고 있는 사람 같아서 '사색'
- 칼세올라리아 : 꽃이 지갑 모양으로 생겨서 '그대에게 나의 재산을 바치노라'

■ 꽃의 성질에서 유래된 것
- 봉선화 : 꼬투리를 건드리면 씨앗을 퉁겨 내기 때문에 '나를 건드리지 마세요'
- 스타티스 : 꽃이 말라도 형태가 변하지 않기 때문에 '영원한 사랑'
- 맨드라미 : 꽃이 시들어도 형태가 변하지 않아 '시들지 않는 사랑'
- 천일홍 : 꽃이 말라도 형태가 변하지 않아 '변하지 않는 사랑'

■ 꽃의 색채에서 유래된 것
- 샐비어 : 붉은 꽃 때문에 '나의 마음은 불타고 있다'
- 포인세티아 : 잎의 붉은색 때문에 '나의 마음은 불타고 있다'
- 노란색 장미 : 노란색 때문에 '질투' '깨진 사랑'

- 히아신스 : 보라색 꽃 때문에 '비애'

■ 꽃의 개화 시기에서 유래된 것
- 개나리 : 봄에 빨리 피기 때문에 '희망'
- 라일락 : 봄에 피기 때문에 '청춘' '첫사랑'
- 달맞이꽃 : 밤에 피기 때문에 '밤의 요정'
- 과꽃 : 가을에 피기 때문에 '추상'

■ 꽃에 얽힌 설화 및 신화에서 유래된 것
- 아네모네 : 그리스 신화에 나오는 애절한 사랑 이야기 때문에 '사랑의 괴로움'
- 물망초 : 사랑하는 연인의 슬픈 이야기에서 유래되어 '나를 잊지 마세요'
- 히아신스 : 그리스 신화에서 민첩한 운동 신경을 가진 히아킨토스와 관련이 있어서 '스포츠'

특별한 날의 꽃

■ 발렌타인 데이
2월 14일. 전설상의 순교자 성 발렌티누스가 순교한 날이자 겨울잠에서 깨어난 새의 암·수컷이 서로 짝짓기를 하는 날인데, 14세기부터 연인들의 축제일로 기념하게 되었다. 선물로는 초콜릿이 많이 이용되는데, 이것은 18세기 엽색가 카사노바가 사랑을 유발시키는 미약으로 초콜릿을 선전하는 것이 계기가 되어 사랑을 상징하는 대표적인 선물로 되었다고 한다. 빨강과 하트는 발렌타인데이의 상징이다. 여성이 남성에게 사랑을 고백하는 날로, 유럽에서는 연인들이 붉은 빛의 장미나 세인트폴리아 같은 꽃을 사랑으로 주고받는 전통이 있다.

■ 화이트 데이
3월 14일. 남성이 사랑을 고백하는 날로, 발렌타인 데이 때와는 달리 꽃을 받는 사람은 여성이다. 여성들은 꽃을 받는 것에 익숙하고 또 꽃 선물을 즐거워하므로 선물에 꽃다발을 곁들인다든가 꽃바구니에 사탕을 곁들여 선물한다. 꽃은 빨간 장미, 분홍 카네이션, 빨간 튤립이 사랑의 고백이라는 꽃말을 갖고 있기 때문에 적당하다.

■ 세인트 패트릭스 데이
3월 17일. 성 패트릭의 사망을 기리는 날로, 아일랜드 최대의 축제일이다. 세인트 패트릭은 아일랜드에 복음을 전파한 성인으로, 가톨릭에서 추앙받는 인물이다. 복음을 전파한 성 패트릭을 기념하면서 고마웠던 분들에게 책을 선물한다. 단 책의 속표지에는 지난 여름에 채취하여 정성껏 말린 네잎클로버 잎을 붙인다. 초록색과 네잎클로버는 세인트 패트릭스 데이의 상징이다. 연인에게는 '행운'을 뜻하는 네잎클로버 잎을 책과 함께 선물한다.

■ 연인의 날
매달 14일. 이성 친구와 특별한 이벤트를 갖는 날이다. 매달마다 의미는 다르지만 사랑의 밀사인 장미꽃을 선물하면 좋다.

■ 어버이날
5월 8일. 어버이에게 감사하는 날이다. 안나 쟈비스라는 여인이 어머니의 추모식에 카네이션을 바친 것이 계기가 되어 1914년 미국 의회에서 매년 5월 둘째 일요일을 '어머니 날'로 공인한 후 세계 각국으로 전파되었다.
우리나라에서는 1925년에 5월 8일을 어머니날로 정해 왔으나 1973년부터 어버이날로 변경하여 현재에 이르고 있다. 꽃 선물은 전해지고 있는 풍습대로 건강한 어버이에게는 빨간색 카네이션을, 돌아가신 어버이에게는 흰색 카네이션을 선물한다. 그러나 어버이가 좋아하는 꽃을 선물하는 것이 가장 좋다.

■ 성년의 날
5월 셋째주 월요일. 20세가 되면 법률적으로 성년이 되고 선거권을 가지며, 사회적으로는 자신의 행동에 책임을 지게 되는 시기이다. 꽃 선물로는 어른으로서 출발을 알리는 날이기 때문에 남성에게는 남성적인 아름다움을 갖는 거베라를, 여성에게는 완성된 아름다움을 자랑하는 장미꽃 20송이를 선물하는 것이 좋다. 한편, 성년의 날을 맞은 사람은 성인이 되기까지 길러 주신 부모님에게 감사하는 마음을 꽃에 담아 보내는 것도 기쁨을 더하는 일이 될 것이다.

■ 칠월칠석
음력 7월 초이렛날 밤. 이날은 은하 동쪽에 있는 견우성과 서쪽에 있는 직녀성이 오작교에서 한 해에 한 번씩 만난다고 하여 연인들은 이날 견우와 직녀가 되어 다리에서 만나 사랑을 확인해야만 사랑이 깨지지 않는다고 한다. 다리는 양쪽을 이어 주는 매개체이므로 다리에서 만나 액땜을 해야만 헤어지는 것을 막는다고 한다. 꽃 선물로는 달리아나 장미 꽃바구니가 좋다.

■ 할로윈 데이

성자의 날(11월 1일) 바로 전날(10월의 마지막 날)이다. 귀신 복장을 하거나 할로윈의 상징인 호박등을 달고 다니는 풍습이 있다. 우리나라에서는 10월의 마지막 날 밤을 의미하기도 한다. 가을의 쓸쓸함이 겨울의 고독함으로 뒤바뀌기 전 무렵의 날인 만큼 연인들은 겨울 채비를 끝낼 수 있도록 도와준 서로에게 감사한다. 칵테일 한 잔과 비스킷 그리고 '난 행복해'를 나타낼 수 있는 꽃을 선물하여 무사히 겨울을 날 수 있도록 기원한다.

■ 크리스마스

12월 25일. 그리스도의 성탄절 파티는 전날 밤 크리스마스 이브에 행한다. 크리스마스 색인 빨강은 사랑과 희생을, 초록은 희망과 신앙을, 기독교의 상징 색인 흰색은 순결을 나타낸다. 기독교인이 아니더라도 이날은 장식할 꽃을 자유롭게 골라 선물한다. 포인세티아, 극락조화, 칼라, 장미 등은 크리스마스에 선물하기 좋은 꽃이다.

■ 일상생활

축하나 애도 등 특별한 날에 꽃을 사용하는 것은 전통적인 일이지만, 최근에는 일상생활 속에서도 꽃 선물을 주고받는 경우가 많게 되었다. 사랑의 고백이나 친근한 감정, 예의나 가벼운 이별의 슬픈 기분을 나타낼 때 등 여러 가지 상황 속에서 선물하게 되는데, 이 경우는 말 대신 꽃으로 의사를 표현하는 만큼 꽃말을 참조하여 꽃을 선택하고 선물한다.

■ 생일

누구라도 매년 맞이하는 단 하루의 특별한 날이다. 태어난 날을 기념하면서 지나온 1년을 되돌아봄과 동시에 새로운 마음가짐을 하게 되는 날이다. 이런 날, 축하해 주는 사람으로부터 받는 꽃 선물은 생애를 살아가면서 잊지 못할 추억으로 남을 수도 있을 것이다. 연인이나 부부 사이라면 나이 수만큼의 빨간 장미로 만든 꽃다발이나 꽃바구니 선물이 좋다. 연인 사이가 아닌 경우에는 몇 가지 꽃을 섞거나 꽃말 등을 고려하여 꽃을 선물한다.

■ 출산

새 생명의 탄생은 인생 최대의 축하일이다. 우리 전통 풍습에는 출산과 관련하여 3, 7날 맞이라는 것이 있다. 출생 후 21일이 되는 날을 말하는데, 이날을 맞아 사람들이 드나들지 말라고 표시했던 금줄을 거두고 친척들이나 이웃에게 갓난아이의 첫뵈임을 시켰다. 이것은 출생 후 20여일이 지나야 산모와 어린이가 비교적 정상적인 상태에 놓이는 것을 뜻한다. 선물은 '축하'와 '수고하셨습니다'의 의미를 담은 귀여운 꽃바구니가 좋다. 꽃은 향기가 강하지 않은 것으로 스프레이 카네이션, 미니장미, 안개초, 꽃도라지, 후리지아, 분홍색 또는 베이지색의 미니거베라 등이 적합하다.

■ 결혼 기념일

결혼 기념일은 한 쌍의 남녀가 결혼을 한 후 특별히 정해진 주년에 부부가 함께 건재하고 있음을 축하하는 날이다. 원래는 기독교의 풍습인데, 요즘은 대부분의 부부들이 결혼한 날의 엄숙한 기분을 되살려 앞으로의 생활 설계를 다시 세운다. 또 매년 부부가 결혼하던 당시의 신선한 기분에 싸여 여행을 하거나 오붓한 시간을 가지는 경우가 많다. 결혼 기념일에 관한 명칭에는 함께하는 날이 많아짐에 따라 그 관계도 견고해진다고 하여 점점 강도가 센 이름을 사용한다. 결혼 60주년은 다이아몬드-금강혼식이라 하고, 결혼 50주년은 금혼식, 45주년은 홍옥혼식, 35주년은 산호혼식, 30주년은 진주혼식, 25주년은 은혼식, 20주년은 도혼식, 15주년은 동혼식, 12주년은 마혼식, 10주년은 석혼식, 7주년은 꽃을 비유하여 화혼식이라고 한다. 또 결혼 1주년은 종이 한 장 넘긴 지혼식, 2주년은 짚을 잡은 고혼식, 3주년은 과일 맺는 과혼식, 4주년은 혁혼식, 5주년은 나무가 자란 목혼식이라고 하여 기념하기도 한다.

결혼 1년째는 선물에 장미 1송이, 2년째는 선물에 장미 2송이씩을 곁들여 선물하면 좋다.

■ 공연

보통 공연 날에는 꽃이 많이 들어오지만 장기 공연 시에는 도중에 꽃이 없어지게 되는 경우도 있다. 따라서 공연 기간에 맞추어 몇 회로 나누어 보내는 것이 좋다. 그리고 공연 진행자의 의도를 파악하여 그에 어울리는 꽃 선물도 크게 도움이 될 것이다.

■ 음악회

보통 야간에 개최되는 행사이므로 화려한 것이 좋다. 극락조화, 해바라기, 거베라 등을 주역으로 한 대형의 꽃다발이 좋은데, 꽃다발은 가능한 포장을 하지 않은 것(특히 움직일 때 소리가 나거나 반사가 되는 포장지를 사용하지 않은 것)으로서 녹색의 잎을 첨부하고, 폭이 넓은 빨강 또는 분홍색의 리본을 나비 모양으로 묶거나 가는 리본을 늘어지게 만든다.

■ 발표회

열심히 노력한 성과를 모든 분들에게 발표하는 날이다. 발표자는 긴장하여 아무 말도 못하는 경우도 있다. 이럴 때 친구나 가족으로부터 받은 꽃다발은 용기를 북돋아 줄 것이다. 축하의 마음과 지금까지의 노력에 대한 성원을 담은 꽃다발을 선물한다.

■ 전시회, 전람회

자칫하면 꽃 선물이 작품의 감상 분위기를 해치므로 작품 옆에 꽃을 둘 때는 한 송이 정도로 충분하다. 그러나 전시 공간이 넓고 초청을 받았을 때는 수고했다는 마음을 대신하여 꽃바구니 선물을 한다면 전시회가 끝날 때까지 축하의 분위기를 이어 줄 것이다.

■ 병문안

병문안용 꽃은 환자의 기분이 되어 꽃을 선택한다. 환자로서는 받은 꽃을 매일 보고 있기 때문에 활짝 핀 꽃보다는 점점 피는 것을 볼 수 있는 것으로서 수명이 길고 계절 감을 느낄 수 있는 꽃이 좋다. 꽃 색깔은 건강을 부추기게 화려한 빨간색 꽃이 좋겠다고 생각하기 쉬우나 피를 연상시키므로 주의하고, 백색 꽃이나 노란색 꽃은 근조용 꽃을 연상시키므로 피한다. 또 향기가 강한 꽃도 피한다. 꽃 수는 4개나 13개를 피한다. 4는 죽음을 연상시키고 13은 서양에서 불길한 숫자이다. 만약 아무리 해도 4개가 되면 그중의 한 송이를 다른 색으로 바꾸고, 13개라면 6개와 7개로 꽃의 종류를 달리한다. 병원에서 오랫동안 요양 치료를 하고 있는 사람에게는 점점 성장하는 화분 식물이 좋다. 그리고 병문안 카드에 '이 화분은 나를 대신하여 당신의 건강이 회복되는 것을 기원하고 있습니다. 언제나 당신을 돌봐 줄 것입니다.'라는 카드를 첨부하면 좋은 꽃 선물이 될 것이다.

■ 방문

방문 목적에 따라 다르다. 상대방이 좋아하는 꽃을 안다면 그 꽃 위주로 가져가는 것이 좋다. 난류나 관엽 식물은 꽃이 필 때마다 혹은 손질하면서 볼 때마다 그 날을 생각할 수 있고 오랜 기간 동안 즐길 수 있다는 점에서 좋다.

■ 개업, 승진 등의 축하

일대 사업의 시작 또는 성취는 기념할 만한 축하이다. 축하의 분위기를 살릴 수 있도록 하기 위해서 평상시 선물할 때보다 크고 화려한 꽃 선물이 좋다. 개업 시에는 화환, 관엽 식물, 난류가 많이 이용되고 있으나, 놓을 공간 등을 고려하여 부피가 그다지 크지 않은 꽃바구니나 난류가 좋다. 또 계속적인 발전을 기원하는 의미에서 생명력이 강하고 성장력이 좋은 관엽 식물도 좋다.

꽃과 실내 장식

■ 현관

문을 열고 들어서면 가장 먼저 맞이하는 주택의 얼굴이다. 출입하기가 거추장스러우면 안 되므로 청결하고 산뜻한 분위기로 연출하여 꾸며야 한다. 색상은 밝은 것이 좋으며, 선이 부드러운 형태의 식물을 선택하는 것이 바람직하다. 키가 작은 관엽 식물과 작은 화분을 행거나 벽걸이를 활용하면 효율적이다.

■ 거실

온 가족이 함께 모여 즐기는 곳이며 손님을 접대하는 곳으로, 식물의 연출과 관리가 까다로운 곳이다. 잎을 보고 관상하는 관엽 식물로는 관음죽, 야자류, 종려죽, 꽃을 보고 즐기는 화목 식물로는 군자란, 파레높시스, 덴파레, 심비디움을 일주일에 한 번 정도 장소를 바꾸면서 놓고 관상하면 좋다.

또 식물의 연출과 관리가 까다로운 곳이므로 운반이 쉬운 벤자민, 관음죽, 종려죽이나 소품 식물을 모아 기르면 좋다. 소품 식물을 이용할 경우 미니골드크리스트와 사이프러스, 심비디움, 군자란, 덴파레 등으로 연출하면 잘 어울린다.

■ 방

프라이버시가 지켜져야 하는 공간이므로 사용하는 사람의 취향에 알맞은 식물을 선택하여 장식하여야 한다. 실내에 적합하고 아늑한 분위기를 줄 수 있는 연약한 식물이나 이국적인 시원함을 줄 수 있는 식물로 장식해 보는 것도 좋은 방법이 될 수 있다. 노인의 방에는 동양란이나 남천, 대나무를, 안방에는 아이비, 시서스, 아잘레아, 마지나타를, 어린이 방에는 어린이가 손쉽게 키울 수 있는 구근류, 향이 있는 허브를 택하는 것이 좋다.

■ 주방

따뜻한 곳으로서 식물이 자라는 데 적합하지만 이동 활동이 많은 공간이므로 너무 크고 강한 식물은 불편을 준다. 따라서 작고 청결한 느낌을 주는 식물을 선택하는 것이 좋다. 자그마한 소품으로 보스톤, 스파트필름, 아디안텀, 아스파라거스, 조란을 활용하여 싱그러움을 연출하면 좋다. 주의할 점은 음식을 하는 주방이니 꽃가루가 떨어지는 식물은 피해야 한다.

■ 욕실

화분을 놓을 곳이 마땅치 않은 곳이 바로 욕실이다. 또한 온도가 높고 습기가 많은 곳이므로 초화 화분이나 습기를 많이 요구하는 아디안텀, 필로덴드론, 달개비, 싱고니움, 와네끼, 사이프러스, 스킨답서스 등이 적합하다. 이밖에 창가나 벽면을 이용하여 집 안 전체를 화사하게 꾸밀 수도 있다. 창가에는 꽃이 피는 페튜니아, 스타프필름, 포인세티아, 아잘레아, 안시리움, 꽃베고니아 등이 잘 어울리고, 벽면에는 원예용 행거나 행잉 바스켓을 이용하여 연출하면 좋다. 아이비, 싱고니움, 스킨답서스, 시서스 등이 이용하기 좋은 종류이다.

■ 베란다

물 주기가 편리하고 햇빛이 잘 들어 식물을 이용하여 실내 정원을 꾸미기에는 이만큼 좋은 장소가 없다. 가족이 거실에 앉아 가장 가까이에서 자연을 느낄 수 있는 곳이므로 가족의 취향에 맞는 식물을 선정하여 심고, 이때 첨경물, 조각, 조명이 함께 있으면 더욱 좋다. 소형 분수를 설치하고, 기온이 내려가는 밤에는 보온의 효과와 함께 낭만적인 분위기를 연출하는 조명이 필요하다. 바닥의 처리는 자갈과 호박돌 또는 바크를 깔아 연출하면 더욱 멋스럽다. 식물은 소품보다는 관엽 중에서 떡갈잎 고무나무, 알로카리아를 심으면 좋다.

탄생 시기별 꽃과 성격

1월 1일~1월 10일   용담
인간성이 좋음- 어릴 때는 병치레가 잦지만 성장할수록 건강해져서 스포츠계에서 활약하게 되기도 한다. 인간성이 좋기로 정평이 나 있어 일에 관해서는 성실하게 자신의 지위를 다져 나간다. 특히 전문적인 분야에서 능력을 발휘할 가능성이 높다. 일반적으로 절약가에 속하며, 위급할 때를 위해 미리 대비해 두는 형이다. 다만 사람을 가리는 편이어서 적을 만들지도 모르는 형이다.

1월 11일~1월 20일   엉겅퀴
독특한 매력의 소유자- 공부나 일에는 의욕적으로 열중하는 반면, 가슴 깊은 곳에는 자신만의 공상적인 취미 세계를 간직하고 있는 형이다. 독립심과 인내력이 강한 편이다.

1월 21일~1월 31일   밀짚국화
지적이고 판단력이 뛰어남- 위트가 풍부하고 시기적절하게 유머를 구사할 수 있는 만큼 사교계에서 잘 어울리는 형이다. 그러나 본질적으로는 타인에게 그다지 친절한 타입이 아니며, 주위에 사람이 많이 모여들어도 쉽게 친구가 되지 못하는 형이다.

2월 1일~2월 10일   기생목(겨우살이)
두뇌 회전이 빨라 논리적임- 호기심이 강하고 두뇌 회전이 빨라서 논리적으로 일을 진행시킬 수 있는 형이다. 시골보다는 도시에 사는 것이 어울리며, 주위에 늘 친구를 두고 싶어한다. 무척 사교적으로 보이지만 사실은 사람을 많이 가리는 편이다. 무슨 일에나 처음에는 의욕적으로 덤벼들지만 대인 관계가 번거로워지면 쉽게 포기해 버리는 형이다.

2월 11일~2월 20일   코스모스
매력적이고 사교적임- 감수성이 풍부하고 예술적인 재질도 있으므로 개성적인 삶을 살게 되는 형이다. 전반적인 운세는 기복이 심하지만 행복하고 재미있는 시기가 많은 편이다.

2월 21일~2월 29일   미모사
미에 대한 동경심이 강함- 서정성이 풍부하고 인생을 여유 있게 살아가고 싶어한다. 다만 감정이 불안하고 뚜렷한 목표를 정하지 못하기 때문에 무심히 시간을 낭비해 버릴지도 모른다. 또 남을 잘 믿는 성격으로서 악인을 만나면 모든 것을 빼앗길 가능성이 있으니 제3자의 조언을 무시하지 말아야 한다.

3월 1일~3월 10일   양귀비
꼼꼼한 성격의 소유자- 인정이 많기 때문에 사람들이 좋아하는 형이다. 다만 고립되어 있으면 운세가 기울 가능성이 있으니 적극적으로 사람들과 어울릴 것. 믿던 사람에게 배반 당하는 경우가 많지만 그때마다 다른 사람이 나타나 도움을 준다.

3월 11일~3월 20일   백합
차분한 성격의 소유자- 어딘가 신비롭고 성숙한 분위기를 풍기는 차분하고 우아한 성격의 소유자. 그러나 섬세하고 상처 입기 쉬운 형으로, 일단 마음의 문을 닫아 버리면 좀처럼 원상 복귀하지 못한다.

3월 21일~3월 31일   바곳(부자, 오두)
극단적인 성격의 소유자- 화산과 같은 열정과 결기를 소유한 반면, 주위 사람들에게서 없어서는 안 될 유능한 인물이다. 순간의 판단력이 좋아 여러 사람의 앞에 서기도 하며, 그 독특한 카리스마는 여러 사람을 매료시키게 되는 형이다. 한 번 사랑에 빠지면 순식간에 불이 붙어 그 사람의 모든 것을 소유하여야 직성이 풀리며, 그 사람을 자신의 마음대로 휘두르든지 그 사람에 복종하든지 극단적으로 사랑에 임하는 형이다.

4월 1일~4월 10일   제라늄
적극적인 성격의 소유자- 매우 적극적이고 하고 싶은 일은 반드시 해 내는 밝은 성격의 소유자이다. 남의 비위를 맞추거나 아첨하는 성격이 아니기 때문에 인간 관계가 반드시 원만하다고는 할 수 없지만, 친한 사람에게는 신의를 굳게 지키는 형이다. 사회에 나간 후에는 화려하고 눈에 띄기 쉬운 일로 성공할 가능성이 높다.

4월 11일~4월 20일   자양화(수국)
매사에 열중하기 쉬움- 무슨 일이나 열중하기 쉬운 형이다. 고집이 센 편이며, 일단 사랑에 빠지면 열중한다. 사람이 좋아서 감언이설에 속아 넘어가는 경우도 있지만, 불쾌한 일은 곧 잊어버리는 성격이므로 스트레스를 받지 않는 편이다.

4월 21일~4월 30일   달리아
목표를 성취하는 형- 성실한 삶을 살도록 운명지어져 있다. 화려한 과시는 서툴지만 천성적으로 오감이 발달되어 있으므로 10대에서 20대에 걸쳐 감성을 연마하면 예술, 요리, 의상 방면에서 성공할 가능성이 높다. 또한 일에 관해서는 성실하고 인내심이 강하기 때문에 목표를 정하면 반드시 성취하는 형이다.

5월 1일~5월 10일   은방울꽃
부드러운 마음씨의 소유자- 부드러운 마음씨의 소유자로서 남을 위해 모든 노력을 아끼지 않는 형이다. 친구의 수는 적지만 정말 좋은 친구가 있어서 위급할 때 힘이 되어 준다. 천성적으로 아름다움에 대한 공경심이 강하여 항상 아름다운 환경 속에서 살고 싶어 한다. 재능을 일찍 발견하며, 인류 예술가가 될 수 있는 형이다.

5월 11일~5월 20일   미나리아재비
의지가 강한 형- 어렸을 때는 온순한 편이지만 점차 뚜렷한 의견을 갖게 되면서 10대 후반에는 이미 진로를 결정하기도 한다. 원래 좋고 싫음의 기호가 뚜렷하기 때문에 학교 다닐 때도 과목마다 성적 차가 심할 수 있다. 사회에 나가면 전문적인 분야에서 성공할 확률이 높은 만큼 일찍 기술을 익혀 두는 것이 좋다.

5월 21일~5월 31일   마가렛
목표성취 욕구가 강한 형- 마가렛의 이미지처럼 순정적이고 부드러운 면을 지니고 있다. 활동적으로 일하거나 공부에 열중하기보다는 자신만의 시간을 소중히 하면서 다정한 친구와 여유롭게 대화하는 분위기를 좋아한다. 남이 보기에는 한없이 태평한 듯하지만 인내심이 강하고 목표를 정하면 반드시 도달하려는 욕구가 있는 사람이기도 하다.

6월 1일~6월 11일   도라지
항상 정의의 편에 서는 형- 도라지 꽃처럼 밝고 화끈한 성격의 소유자로서, 약한 사람을 잘 돌봐 준다. 따라서 손아래 사람들이 잘 따르는 편이고 정에는 약하지만 부정한 것을 보면 참지 못하는 성격이므로, 일부 사람에게선 융통성이 없다는 평판을 듣는 형이다.

6월 12일~6월 21일   데이지
매사에 민첩하게 대응- 두뇌 회전이 빠르고 무슨 일이나 민첩하게 대응할 수 있는 능력의 소유자이다. 호기심도 왕성하기 때문에 소위 만물박사라는 칭호가 따라다닌다. 사람을 깜짝 놀라게 하기를 좋아해서 기발한 장난을 연구해 내기도 하는 형이다.

6월 22일~7월 1일   튤립
센스가 발달- 성격은 약간 까다로운 편이다. 남달리 센스가 발달했으며 멋내기를 좋아한다. 두뇌 회전이 빠르므로 어학 공부를 일찍 시작하면 유리하다. 이국에서 살게 될 가능성도 있고, 좋고 싫음의 구별이 지나칠 만큼 뚜렷하다. 좋아하는 사람에게는 온갖 정성을 다하고 필요하다면 자기 희생도 서슴지 않는다.

7월 2일~7월 12일   수련
강한 의지력의 소유자-어려서부터 애교가 풍부하여 주위 사람들의 귀여움을 독차지할 형이다. 애교 때문에 미덥지 못하게 보는 사람도 있지만, 사실은 자신의 계획을 반드시 실천해 나가는 의지력을 가지고 있다.

7월 13일~7월 23일　제비꽃

매사에 신중한 형- 대담한 행동을 하는 경우가 극히 드문 형이다. 즉 자기 자신을 소중히 보호하는 편. 성격에 그늘이 있다거나 소극적이라기보다는 매사에 신중한 타입이라고 할 수 있다. 공부나 일에 임하는 태도는 성실하지만 일등을 차지하는 경우가 거의 없고 이등에 만족하는 경향이 있다.

7월 24일~8월 2일　찔레꽃

화려한 분위기를 선호- 화려한 분위기를 좋아하며 가능하다면 스스로 모든 사람들의 우상이 되고 싶어 한다. 멋에 대한 감각이 뛰어나고 다소 화려하게 치장하는 편이다. 사회에서는 오랫동안 경력을 쌓아야 하는 직종보다는 대등하게 대우를 받을 수 있는 직업이 어울리는 형이다.

8월 3일~8월 12일　해바라기

상대방을 믿는 마음이 필요- 화려한 것을 좋아하는 형으로, 많은 사람의 인기를 한몸에 받을 만한 요소가 충분하다. 특별히 노력하지 않아도 주위에는 사람들이 늘 모여든다. 성공하고 싶다는 강한 욕망을 갖고 있으며, 실제로 스포츠나 예술, 기획 방면에서 성공을 거둘 가능성이 높다. 다만 가끔씩 고독에 빠지는데, 그것은 마음속에 깊이 타인을 믿지 못하는 면이 있기 때문이다.

8월 13일~8월 23일　장미

리더십이 풍부함- 자긍심이 대단하며 독립심이 강하고 리더십이 풍부하다. 다소 독선적인 면도 있지만 정의를 사랑하고 자신에게 의지해 오는 사람을 잘 보살펴 주기 때문에 어느덧 모임의 중심 인물이 되는 경우가 흔히 있다. 표면에 나서지 않고 그늘에서 노력하는 일이 결코 어울리지 않으므로 사회에 나가면 시대의 첨단을 걷는 화려한 직업을 선택하는 편이 바람직한 형이다.

8월 24일~9월 2일　나리

사려 깊은 성격- 신경이 예민한 형. 남이 무슨 생각을 하고 있는지 세심하게 헤아려서 적절히 대응해 주기 때문에 파티의 주도자로 적격이다. 사려 깊은 성격과 날카로운 두뇌 회전을 잘 살리면 의사, 비서, 디자이너, 기획 담당자 등의 직종에서 성공할 수 있는 형이다.

9월 3일~9월 12일　카네이션

지나치게 솔직함- 사교적이고 교제술이 뛰어나다. 다만 지나치게 솔직해서 남의 결점이나 약점까지 지적함으로써 상대방에게 상처를 입힐 가능성도 높다. 또한 쓸데없는 고집이 있어서 자신의 잘못을 좀처럼 인정하지 않으려 한다. 남의 의견에 좀 더 귀 기울일 줄 안다면 훨씬 매력적이고 원만한 형으로 보일 것이다.

9월 13일~9월 22일　과꽃

무한한 애정을 쏟는 형- 가족이나 친구에게 무한한 애정을 쏟는 형. 겉으로는 조용해 보여도 마음속에 넘치는 정열을 담고 있으며, 외로움을 타는 편이다.

9월 23일~10월 3일　히스

의리가 두터움- 용모에 자신이 있고 다분히 조숙한 편. 성격적으로 의리가 두터워서 남의 비밀을 절대로 누설하지 않는다. 다만 쓸데없는 걱정이 많은 편이다.

10월 4일~10월 13일　동백꽃

안정된 성격의 소유자- 여유롭고 안정된 성격을 가졌지만 여기에 이기적이고 남에게 지기 싫어하는 성격이 합해지면 지나치게 이상만을 추구하는 형이 될 수도 있다. 항상 조용한 음악이 흐르는 분위기를 좋아하지만 결코 혼자 있고 싶어 하지는 않는다.

10월 14일~10월 23일　라일락

신의를 중요시하는 성격- 완벽한 매너를 갖추고 있으며 약속이나 신의를 저버리지 않는 성격의 소유자이다. 상대방의 감정을 파악한 다음 거기에 자신을 맞출 수 있기 때문에 성공할 확률이 높다. 단지 품위가 없거나 초라한 사람을 경멸하는 경향이 있어 그 때문에 상대방의 소중한 부분을 못 보고 지나칠 가능성이 있다.

10월 24일~11월 2일　프리지아

활화산 같은 정열의 소유자- 예기치 못한 불상사에도 냉정을 지킬 수 있는 반면, 내면에는 활화산 같은 열정을 품고 있다. 개성이 강해서 남들과는 다른 것을 좋아하고 항상 주목받고 싶어하는데, 그렇게 되기 위해 노력을 아끼지 않는 면도 있다. 다만 남을 이겨야 한다는 경쟁심 때문에 여기저기 적을 만들기도 한다.

11월 3일~11월 12일　난

독점심이 강한 야심가- 겉보기에는 온순한 듯하지만 사실은 독점욕이 강한 야심가이다. 기회가 오면 재빨리 잡는 능력이 뛰어나고 인기 운도 높기 때문에 연예계에서 성공할 가능성이 있다. 다만 성격적으로는 스스로 원만한 일이 아니면 관여하지 않는 고집스런 면이 있다. 직관이 발달해 있는 점도 특징이다.

11월 13일~11월 22일　작약(모란)

밝고 사교적인 형- 밝고 사교적인 반면에 질투심이 강하다. 하지만 대개는 매력적이고 정이 많을 뿐만 아니라, 연인의 마음을 자상하게 헤아려 준다.

11월 23일~12월 2일　글라디올러스

독창성이 뛰어나 매사에 적극적임- 자유로운 기질과 폭넓은 탐구심의 소유자. 독창성이 뛰어나고 적극적으로 자신의 인생을 개척해 나가려고 한다. 인기 운도 있어서 많은 사람의 연모를 받지만 다소 변덕스러운 성격 때문에 오해를 사기도 하는 형이다.

12월 3일~12월 12일　민들레

천성적으로 정직함- 개방적이고 인정이 많은 형이다. 천성적으로 정직해서 거짓말을 하는 일이 가장 고역이고, 이성적으로 판단하고 행동하므로 일상의 사사로운 일에 그다지 집착하지 않는 면이 있는데, 바로 그런 점 때문에 주위 사람들 사이에서 인기가 높다.

12월 13일~12월 22일　연꽃

항상 밝은 마음의 소유자- 어떤 환경에서도 밝은 웃음을 잃지 않음으로써 모든 사람들의 귀여움을 받는 형이다. 비합리적인 인습을 싫어해서 가끔 엉뚱한 행동도 하지만, 그 때문에 적을 만드는 일은 없다. 감정의 기복이 심한 것이 흠이라 할 수 있다.

12월 23일~12월 31일　에델바이스(솜다리)

인내력과 책임감이 뛰어남- 말수가 적어서 꼭 필요할 때만 입을 열지만, 전문적인 일에 대한 자질이 뛰어나며 의욕도 충분하다. 자신감이 강하기 때문에 남을 부러워하거나 시기하지도 않는다. 다만 강한 자존심이 오해를 부를 염려가 있으니 주의할 일이다.

날짜별 탄생화와 꽃말

1월의 탄생화와 꽃말

1일 : 스노드롭(Snow Drop) : 희망

2일 : 수선화〈노랑〉(Narcissus) : 사랑에 답하여

3일 : 사프란(Spring Crocus) : 후회없는 청춘

4일 : 히아신스(Hyacinth) : 영원한 사랑

5일 : 설앵초(Hepatica) : 인내

6일 : 제비꽃〈흰색〉(Violet) : 순진무구한 사랑

7일 : 튤립(Tulipa) : 실연

8일 : 제비꽃〈보랏빛〉(Violet) : 진실한 사랑

9일 : 제비꽃〈노랑〉(Violet) : 수줍은 사랑

10일 : 회양목(Box-Tree) : 참고 견뎌냄, 인내

11일 : 측백나무(Arbor-Vitae) : 견고한 우정

12일 : 향기알리섬(Sweet Alyssum) : 빼어난 미모

13일 : 수선화(Narcissus) : 신비, 고결, 자애

14일 : 시클라멘(Cyclamen) : 내성적 성격

15일 : 가시나무(Thorn) : 엄격

16일 : 히아신스〈노랑〉(Hyacinth) : 승부, 용기

17일 : 수영(Rumex) : 애정

18일 : 어저귀(Indian Mallow) : 억측

19일 : 소나무(Pine) : 불로장생

20일 : 미나리아재비(Butter Cup) : 천진난만

21일 : 담쟁이덩굴(Ivy) : 우정

22일 : 이끼(Moss) : 모성애

23일 : 부들(Bullrusb) : 순종

24일 : 사프란(Saffron-Crocus) : 절도의 미

25일 : 점나도나물(Cerastium) : 순진

26일 : 미모사(Humble Plant) : 민감, 섬세

27일 : 마가목(Sorbus) : 조심, 신중

28일 : 검은 포플라(Black poplar) : 용기

29일 : 이끼(Moss) : 모성애

30일 : 매쉬 메리골드(Mash Marigold) : 반드시 올 행복

31일 : 사프란〈노랑〉(Spring-Crocus) : 청춘의 환희

* 1월 주요국의 탄생화: 한국(매화), 일본(수선화), 중국(매화), 미국(카네이션), 프랑스(은방울꽃), 유럽 지역(천인초)

* 1월의 탄생석: 가넷(Garnet) – 절개, 지조, 한결같이 변하지 않는 우애, 정숙을 뜻함.

2월의 탄생화와 꽃말

1일 : 앵초(Primrose) : 젊은 시절의 고뇌

2일 : 모과나무(Chaendmeles) : 평범

3일 : 황새냉이(Cardamine) : 그대에게 바침

4일 : 앵초〈빨강〉(Primrose) : 아름다움

5일 : 양치(Fern) : 사랑스러움

6일 : 바위솔(Horse-Leek) : 가사에 근면함

7일 : 물망초(Forget-me-not) : 나를 잊지 마세요

8일 : 범의귀(Saxifrage) : 절실한 사랑

9일 : 은매화(Myrtle) : 사랑의 속삭임

10일 : 서향나무(Winter Daphne) : 꿈속의 사랑

11일 : 서양박하(Balm) : 동정

12일 : 쥐꼬리망초(Justicia Procumbes) : 가련미

13일 : 갈풀(Canary Grass) : 끈기

14일 : 카모밀레(Chamomile) : 강인함

15일 : 삼나무(Cedar) : 웅대

16일 : 월계수(Victor's Laurel) : 명예, 우정, 추억

17일 : 야생화(Wild Flower) : 친숙한 자연

18일 : 미나리아재비(Butter Cup) : 천진난만

19일 : 떡갈나무(Oak) : 붙임성 좋음, 영원한 사랑

20일 : 칼미아(Kalmia) : 커다란 희망

21일 : 네모필라(California Blue-bell) : 애국심

22일 : 무궁화(Rose of Sharon) : 섬세한 아름다움

23일 : 살구꽃(Prunus) : 처녀의 부끄러움

24일 : 빙카(Periwinkle) : 즐거운 추억

25일 : 사향장미(Musk Rose) : 변덕스러운 사랑

26일 : 아도니스(Adonis) : 회상, 영원한 행복

27일 : 아라비아의 별(Star of Arabia) : 순수

28일 : 보리(Straw) : 단결, 번영, 보편

29일 : 아르메리아(Armeria) : 온순, 동정, 가련

* 2월 주요국의 탄생화: 한국(수선화), 일본(바이올렛), 중국(살구꽃), 미국(프리뮬러), 프랑스(히아신스), 유럽 지역(프림로즈)
* 2월의 탄생석: 자수정 - 성심, 성실, 진정으로 정직한 마음을 뜻함.

3월의 탄생화와 꽃말

1일 : 수선화 (Narcissus) : 고결, 신비, 자존
2일 : 미나리아재비(Butter Cup) : 천진난만
3일 : 자운영(Astraglus) : 관대한 사랑
4일 : 나무딸기(Raspberry) : 애정
5일 : 수레국화(Corn Flower) : 가냘픔, 미모
6일 : 데이지(Daisy) : 평화, 희망
7일 : 황새냉이(Cardamine) : 그리움
8일 : 밤꽃(Castanea) : 진심
9일 : 낙엽송(Larch) : 대담, 용기
10일 : 느릅나무(Hackberry) : 고귀함, 위엄, 존경
11일 : 씀바귀(lxeris) : 순박함
12일 : 수양버들(Weeping Willow) : 사랑의 슬픔
13일 : 산옥잠화(Day lily) : 사랑의 망각
14일 : 아몬드(Almond) : 기대, 희망, 진실한 사랑
15일 : 독당근(Conium Macutatum) : 죽음을 불사
16일 : 박하(Mint) : 온정, 미덕
17일 : 콩꽃(Beans) : 반드시 올 행복
18일 : 아스파라거스(Asparagus) : 한결같은 마음
19일 : 치자나무(Cape Jasmine) : 청정, 청결
20일 : 튤립〈보라색〉(Tulipa) : 영원한 사랑
21일 : 벚꽃난(Honey-Plant) : 인생의 출발
22일 : 당아욱(Mallow) : 은혜, 어머니의 사랑
23일 : 글라디올러스(Gladiolus) : 밀회
24일 : 금영화(California-Poppy) : 희망
25일 : 덩굴성 식물(Climbing Plant) : 아름다움
26일 : 앵초〈흰색〉(Primrose) : 첫사랑

27일 : 칼세올라리아(Calceolaria) : 도움
28일 : 꽃아카시아나무(Robinia Hispida) : 품위
29일 : 우엉(Arctium) : 괴롭히지 말아요
30일 : 금작화(Broom) : 청초, 겸손, 박애
31일 : 흑종초(Nigella Damascena) : 꿈길의 여정

* 3월 주요국의 탄생화: 한국(동백), 일본(튤립), 중국(복숭아꽃), 미국(바이올렛), 프랑스(아리세이드), 유럽 지역(바이올렛)
* 3월의 탄생석: 아쿠아마린(Aquamarine) - 용기와 배짱, 신념을 뜻함.

4월의 탄생화와 꽃말

1일 : 아몬드 (Almond) : 기대, 희망
2일 : 아네모네(Wind Flower) : 기대, 인내, 고독
3일 : 나팔수선화(Daffodil) : 존경
4일 : 아네모네〈빨강〉(Wind flower) : 그대를 사랑해
5일 : 무화과(Fig-Tree) : 풍부
6일 : 아도니스(Adonis) : 영원한 행복, 회상
7일 : 공작고사리(Adiantum) : 신명
8일 : 금작화(Broom) : 겸손, 청초, 박애
9일 : 벚나무(Cherry) : 아름다운 정신
10일 : 빙카(Periwinkle) : 즐거운 추억
11일 : 꽃고비(Blemonium Coeruleum) : 와 주세요
12일 : 복사꽃(Peach) : 사랑의 노예, 희망
13일 : 페르시아 국화(Golden Wave) : 경쟁심
14일 : 나팔꽃〈흰색〉(Morning-Glory) : 넘치는 기쁨
15일 : 펜오키드(Fen Orchid) : 훌륭함
16일 : 튤립(Tulipa) : 사랑의 고백, 명성
17일 : 독일창포(German Iris) : 멋진 결혼
18일 : 자운영(Astragalus) : 감화
19일 : 참제비고깔(Larkspur) : 청명, 자유
20일 : 배나무(Pear) : 온화한 애정
21일 : 수양버들(Weeping Willow) : 사랑의 슬픔
22일 : 과꽃(China Aster) : 믿음직한 사랑

23일 : 도라지(Balloom-Flower) : 변치 않는 사랑
24일 : 제라늄(Geranium) : 결심, 애정, 우정
25일 : 중국 패모(Gritillaria Thundergii) : 위엄
26일 : 논냉이(Cardamine Iyrata) : 불타는 애정
27일 : 수련(Water lily) : 신비
28일 : 앵초〈빨강〉(Primrose) : 자연의 아름다움
29일 : 동백나무(Camellia) : 매력
30일 : 금사슬나무(Golden-Chain) : 슬픈 아름다움

* 4월 주요국의 탄생화: 한국(백합), 일본(카네이션), 중국(장미), 미국(백합), 프랑스(아카시아), 유럽 지역(데이지)
* 4월의 탄생석: 다이아몬드 - 순진, 정절, 순수, 신뢰를 뜻함.

5월의 탄생화와 꽃말

1일 : 카우슬립 앵초(Cowslip Primrose) : 젊은 시절의 슬픔
2일 : 미나리아재비(Butter Cup) : 천진난만
3일 : 민들레(Dandelion) : 사랑의 신, 무분별
4일 : 딸기(Strawberry) : 존중과 애정
5일 : 은방울꽃(Maylily) : 섬세, 순결
6일 : 비단향나무꽃(Stock) : 영원한 아름다움
7일 : 딸기(Strawberry) : 존중과 애정
8일 : 수련(Water lily) : 신비
9일 : 겹벚꽃(Prunus) : 정숙, 단아함
10일 : 꽃창포(Flag Iris) : 우아함, 좋은 소식
11일 : 사과(Apple) : 유혹
12일 : 라일락(Lilac) : 첫사랑, 젊은 날의 추억
13일 : 산사나무(Hawthorn) : 유일한 사랑
14일 : 매발톱꽃(Columbine) : 승리의 맹세
15일 : 물망초(Forget-me-not) : 나를 잊지 마세요
16일 : 조팝나물(Hieracium) : 선언
17일 : 튤립〈노랑〉(Tulipa) : 사랑의 표시, 헛된 사랑
18일 : 옥슬립 앵초(Oxlip Primrose) : 첫사랑
19일 : 아리스타타(Aristata) : 아름다움의 소유자

20일 : 괭이밥(Wood Sorrel) : 빛나는 마음, 기쁨
21일 : 참제비고깔〈담홍색〉(Larkspur) : 자유, 청명
22일 : 귀고리꽃(Ear Drops) : 열렬한 마음
23일 : 잎눈(Leaf Buds) : 첫사랑의 추억
24일 : 헬리오토로프(Heliotorope) : 사랑이여 영원하라
25일 : 삼색제비꽃(Pansy) : 순애
26일 : 올리브나무(Olive) : 평화, 지혜
27일 : 데이지(Daisy) : 평화, 희망
28일 : 박하(Mint) : 온정, 미덕, 덕
29일 : 토끼풀(Clover) : 약속, 쾌활
30일 : 라일락〈보랏빛〉(Lilac) : 사랑이 싹트다
31일 : 무릇(Scilla) : 강한 자제력

* 5월 주요국의 탄생화: 한국(카네이션), 일본(봉오리장미), 중국(석류), 미국(은방울꽃), 프랑스(라일락), 유럽 지역(산사나무)
* 5월의 탄생석: 에메랄드(Emerald) - 심취한 사랑, 사랑의 성취, 충만한 사랑과 행운을 뜻함.

6월의 탄생화와 꽃말

1일 : 장미(Madien Blush Rose) : 내 마음 아는 그대
2일 : 매발톱꽃〈빨강〉(Columbine) : 승리의 맹세
3일 : 아마(Plax) : 감사
4일 : 장미(Damaskrose) : 아름다운 얼굴
5일 : 메리골드(Marigold) : 가련한 애정, 질투
6일 : 노랑붓꽃(Yellow Water Flag) : 믿는 자의 행복
7일 : 슈미트티아나(Schmidtiana) : 사모하는 마음
8일 : 재스민(Jasmine) : 사랑스러움, 당신은 나의 것
9일 : 스위트피(Sweet Pea) : 우아한 추억
10일 : 수염패랭이꽃(Sweet William) : 의협심
11일 : 중국패모(Fritillaria Thundergii) : 위엄
12일 : 레제다오도라타(Reseda Odorata) : 매력
13일 : 디기탈리스(Fox Glove) : 열매, 가슴속의 생각
14일 : 뚜껑별꽃(Anagallis) : 추상
15일 : 카네이션(Carnation) : 정열

16일 : 튜베로즈(Tube rose) : 위험한 쾌락
17일 : 토끼풀(Clover) : 약속, 쾌활
18일 : 백리향(Thyme) : 용기
19일 : 장미(Sweet Brier) : 사랑
20일 : 꼬리풀(Speedwell) : 달성
21일 : 달맞이꽃(Evening Primrose) : 기다림
22일 : 가막살나무(Vihurnum) : 죽음보다 강한 사랑
23일 : 접시꽃(Holly Hock) : 열렬한 사랑
24일 : 버베나(Garden Verbena) : 가족의 평화
25일 : 나팔꽃(Morning glory) : 덧없는 사랑
26일 : 라일락〈흰색〉(Lilac) : 아름다운 맹세
27일 : 시계꽃(Passion Flower) : 성스러운 사랑
28일 : 제라늄(Geranium) : 결심
29일 : 제라늄〈빨강〉(Geranium) : 그대로 인한 사랑
30일 : 인동(Honey Suckle) : 사랑의 인연

* 6월 주요국의 탄생화: 한국(창포), 일본(가데니아), 중국(연꽃), 미국(장미), 프랑스(장미), 유럽 지역(튤립)
* 6월의 탄생석: 진주(Pearl) - 건강, 장수, 부를 뜻함.

7월의 탄생화와 꽃말

1일 : 단양쑥부쟁이(Fig Marigold) : 공훈
2일 : 금어초(Snap Dragon) : 욕망, 오만, 수다쟁이
3일 : 양귀비〈흰색〉(Papaver) : 망각
4일 : 자목련(Lily Magnolia) : 자연의 사랑
5일 : 라벤더(Lavendar) : 침묵
6일 : 해바라기(Sun Flower) : 애모, 동경
7일 : 서양까치밥나무(Goose Berry) : 예상
8일 : 버드푸트(Birdfoot) : 다시 만날 날까지
9일 : 아이비제라늄(Ivyleaved Geranium) : 진실한 애정
10일 : 초롱꽃(Canterbery Bell) : 충실, 정의, 감사
11일 : 아스포델(Asphodel) : 나는 당신의 것
12일 : 좁은잎배풍동(Solanum) : 참을 수 없어
13일 : 잡초의 꽃(Flower of Grass) : 실제적인 사람
14일 : 플록스(Phlox) : 온화

15일 : 들장미(Austrian Briar Rose) : 사랑스러움
16일 : 비단향꽃무(Stock) : 영원한 아름다움
17일 : 장미〈흰색〉(White rose) : 존경
18일 : 이끼장미(Moss Rose) : 가련함
19일 : 백부자(Aconite) : 아름답게 빛나다
20일 : 가지(Egg Plant) : 진실
21일 : 장미〈노랑〉(Yellow Rose) : 아름다움
22일 : 패랭이꽃(Superb pink) : 사모
23일 : 장미(York & Lancaster Rose) : 아름다움
24일 : 연령초(Trillum) : 그윽한 마음
25일 : 말오줌나무(Elder-Tree) : 열심
26일 : 향쑥(Wornwood) : 평화
27일 : 제라늄(Geranium) : 진실한 애정
28일 : 패랭이꽃(Dianthos Superbus) : 사모
29일 : 선인장(Cactus) : 불타는 마음
30일 : 서양종 보리수(Line Tree, Linden) : 부부애
31일 : 호박(Pumpkin) : 해독, 광대함

* 7월 주요국의 탄생화: 한국(연꽃), 일본(글라디올러스), 중국(해당화), 미국(스으트피), 프랑스(물망초), 유럽 지역(수련)
* 7월의 탄생석: 루비(Ruby) - 흡족한 마음, 만족한 사랑과 정열을 뜻함.

8월의 탄생화와 꽃말

1일 : 양귀비〈빨강〉(Papaver) : 위로
2일 : 수레국화(Corn Flower) : 가냘픔, 미모
3일 : 수박풀(Flower of an Hour) : 아름다운 자태
4일 : 옥수수(Corn) : 보배로운 재물
5일 : 에리카(Heath) : 고독
6일 : 능소화(Trumpet Flower) : 명예
7일 : 석류나무꽃(Pomagranate) : 원숙한 아름다움
8일 : 진달래(Azalea) : 첫사랑, 사랑의 희열
9일 : 시스터스(Cistus) : 인기
10일 : 이끼(Moss) : 모성애

11일 : 무늬제라늄〈빨강〉(Geranium Zonal) : 위안

12일 : 협죽도(Oleander) : 위험, 주의

13일 : 골든 로드(Golden Rod) : 경계

14일 : 저먼더(Wall Germander) : 경애

15일 : 해바라기(Sun Flower) : 동경, 의지, 숭배, 기다림

16일 : 타마린드(Tamarindus) : 사치

17일 : 튤립나무(Tulip-Tree) : 전원의 행복

18일 : 접시꽃(Holly Hock) : 열렬한 사랑

19일 : 로사캠피온(Rosa Campion) : 성실

20일 : 프리지아(Freesia) : 순결, 고운 마음

21일 : 짚신나물(Agrimony) : 감사

22일 : 스피리아(Sprirea) : 노력

23일 : 서양종 보리수(Lime Tree, Linden) : 부부애

24일 : 금잔화(Calendula) : 이별의 슬픔

25일 : 안스리움(Flamingo Flower) : 번민, 순박한 마음

26일 : 하이포시스오리어(Hypoxis Aurea) : 빛을 찾다

27일 : 고비(Osumunda) : 몽상

28일 : 에린지움(Eryngium) : 비밀스러운 애정

29일 : 꽃담배(Flowering Tabacco Plant) : 외롭지 않아요

30일 : 저먼더(Wall Germander) : 경애

31일 : 토끼풀(Clover) : 약속, 쾌활

* 8월 주요국의 탄생화: 한국(글라디올러스), 일본(달리아), 중국(물푸레나무), 미국(글라디올러스), 프랑스(해바라기), 유럽 지역(포피)

* 8월의 탄생석: 페리도트(Peridot) - 하나님의 은총, 부부간의 화목·건강을 뜻함.

9월의 탄생화와 꽃말

1일 : 호랑이꽃(Tiger Flower) : 나를 사랑해 주세요

2일 : 멕시칸아이비(Cobaea) : 변화

3일 : 마가렛(Marguerite) : 진실한 사랑

4일 : 뱀무(Guem) : 만족된 사랑

5일 : 느릅나무(Elm) : 신뢰

6일 : 한련화(Nasturtium) : 애국심

7일 : 오렌지(Orange) : 새색시의 기쁨

8일 : 갓(Mustard) : 무관심

9일 : 갓개미취(Michaelmas Daisy) : 추억

10일 : 과꽃〈흰색〉(China Aster) : 믿는 마음

11일 : 알로에(Aloe) : 영원한 건강

12일 : 클레마티스(Clematis) : 마음의 아름다움

13일 : 버드나무(Weeping Willow) : 솔직, 자유

14일 : 마르멜로(Quince) : 유혹

15일 : 달리아(Dahlia) : 정열, 감사, 화려함

16일 : 용담(Gentina) : 애수

17일 : 에리카(Heath) : 고독

18일 : 엉겅퀴(Thistle) : 독립

19일 : 사초(Carex) : 자중

20일 : 로즈메리(Rosemary) : 정절, 절조

21일 : 사프란(Autumn Crocus) : 절도의 미

22일 : 퀘이킹 그라스(Quaking Grass) : 흥분

23일 : 주목(Yew Tree) : 고상함, 비애

24일 : 오렌지(Orange) : 새색시의 기쁨

25일 : 메귀리(Animated Oat) : 음악을 좋아함

26일 : 감(Date Plum) : 경외, 자애, 소박

27일 : 떡갈나무(Oak) : 영원한 사랑

28일 : 색비름(Love-Lies a Bleeding) : 애정

29일 : 사과 (Apple) : 유혹, 순결

30일 : 삼나무(Cedar) : 웅대

* 9월 주요국의 탄생화: 한국(달리아), 일본(용담초), 중국(국화), 미국(나팔꽃), 프랑스(달리아), 유럽 지역(수레국화)

* 9월의 탄생석: 사파이어(Sapphire) - 현명한 지혜, 건강과 화평을 뜻함.

10월의 탄생화와 꽃말

1일 : 국화〈빨강〉(Chrysanthemum) : 사랑

2일 : 살구(Apricot) : 아가씨의 수줍음

3일 : 단풍나무(Maple) : 자제

4일 : 홉(Common Hop) : 순진무구

5일 : 종려나무(Windmill Palm) : 승리

6일 : 개암나무(Hazel) : 화해

7일 : 전나무(Fir) : 고상함

8일 : 파슬리(Parsley) : 승리

9일 : 회향(Fennel) : 극찬

10일 : 멜론(Melon) : 포식

11일 : 부처꽃(Lythrum) : 사랑의 슬픔

12일 : 월귤(Bilberry) : 반항심

13일 : 조팝나무(Spirea) : 단정한 사랑, 노력

14일 : 국화〈흰색〉(Chrysanthemum) : 진실

15일 : 스위트바질(Sweet Basil) : 좋은 희망

16일 : 이끼장미(Moss Rose) : 순진무구

17일 : 포도(Grape) : 신뢰

18일 : 넌출월귤(Cranberry) : 마음의 고통을 위로

19일 : 봉선화〈빨강〉(Balsam) : 날 건드리지 마세요

20일 : 마(Indian Hemp) : 운명

21일 : 엉겅퀴(Thistle) : 독립

22일 : 벗풀(Arrow-Head) : 신뢰

23일 : 흰독말풀(Thom Apple) : 경애

24일 : 매화(Prunus Mume) : 고결한 마음, 인내

25일 : 단풍나무(Aceracede) : 자제

26일 : 수영(Rumex) : 애정

27일 : 들장미(Briar Rose) : 사랑스러움, 고독한 사랑

28일 : 무궁화(Rose of Sharon) : 섬세한 아름다움

29일 : 해당화(Crab Apple) : 이끄시는 대로

30일 : 로벨리아(Lobelia) : 악의

31일 : 칼라(Calla) : 열혈

* 10월 주요국의 탄생화: 한국(코스모스), 일본(코스모스), 중국(부용), 미국(달리아), 프랑스(카네이션), 유럽 지역(가알라르디아)
* 10월의 탄생석: 오팔(Opal)과 토르마린(Tourmaline) – 희망, 신뢰, 성실한 믿음, 안락, 행복을 뜻함.

11월의 탄생화와 꽃말

1일 : 서양모과(Medlar) : 유일한 사랑

2일 : 루피너스(Lupinus) : 모성애

3일 : 브리오니아(Bryonia) : 거절

4일 : 골고사리(Hart's-Tongue Feen) : 진실의 위안

5일 : 단양쑥부쟁이(Fig Marigold) : 공훈

6일 : 등골나물(Agrimony Eupatoire) : 주저

7일 : 메리골드(Marigold) : 이별의 슬픔

8일 : 가는동자꽃(Lychnis Flos-Cuculi) : 기지

9일 : 몰약(Myrrh) : 진실

10일 : 부용(Hibiscus Mutabilis) : 섬세한 아름다움

11일 : 흰동백(Camellia) : 비밀스런 사랑

12일 : 레몬(Lemon) : 진심으로 사모함

13일 : 레몬버베나(Lemon Verbena) : 인내

14일 : 소나무(Pine) : 불로장생

15일 : 황금싸리(Crown vetch) : 겸손

16일 : 크리스마스로즈(Christmas Rose) : 추억

17일 : 머위(Sweet-Scented Tussilage) : 공평

18일 : 산나리(Hill Lily) : 순결

19일 : 범의귀(Aaron's Beard) : 비밀, 절실한 사랑

20일 : 뷰글라스(Bugloss) : 진실

21일 : 초롱꽃(Campanula) : 감사, 성실

22일 : 매자나무(Berberis) : 까다로움

23일 : 양치(Fern) : 사랑스러움, 성실

24일 : 가막살나무(Viburnum) : 죽음보다 강한 사랑

25일 : 개옻나무(Rhus Continus) : 현명

26일 : 서양톱풀(Yarrow) : 지도력

27일 : 붉나무(Phus) : 신앙

28일 : 과꽃(China Aster) : 믿음직한 사랑, 추억

29일 : 바카리스(Baccharis) : 개척

30일 : 낙엽(Dry Grasses) : 새봄을 기다림

* 11월 주요국의 탄생화: 한국(국화), 일본(국화), 중국(동백), 미국(국화), 프랑스(헤리오드로즈), 유럽 지역(국화)
* 11월의 탄생석: 토파즈(Topaz) – 충실한 정절, 진정한

의지의 우정을 뜻함.

12월의 탄생화와 꽃말

1일 : 쑥국화(Tansy) : 평화

2일 : 이끼(Moss) : 모성애

3일 : 라벤더(Lavendar) : 기대, 침묵

4일 : 수영(Rumex) : 애정, 친근한 정

5일 : 엠브로시아(Ambrosia) : 행복한 연애

6일 : 바위취(Saxifraga) : 절실한 사랑

7일 : 양치(Fern) : 사랑스러움, 성실

8일 : 갈대(Reed) : 순종, 친절, 지혜

9일 : 국화(Chrysanthemum) : 고결

10일 : 동백〈빨강〉(Camellia) : 고결한 이성

11일 : 단양쑥부쟁이(Fig Marigold) : 공훈

12일 : 목화(Cotton Plant) : 우수

13일 : 국화〈자홍색〉(Chrysanthemum) : 사랑

14일 : 소나무(Pine) : 불로장생, 용감

15일 : 서향(Winter Daphne) : 불멸, 영광

16일 : 오리나무(Alder) : 장엄

17일 : 벚꽃난(Honey-Plant) : 동감, 인생의 출발

18일 : 세이지(Sage) : 가정의 덕

19일 : 스노플레이크(Snow Flake) : 아름다움

20일 : 파인애플(Pineapple) : 완전무결

21일 : 박하(Mint) : 온정, 미덕, 덕

22일 : 백일홍(Zinnia) : 행복

23일 : 플라타너스(Platanus) : 천재

24일 : 겨우살이(Loranthaceac) : 강한 인내심

25일 : 서양호랑가시나무(Holly) : 선견지명

26일 : 크리스마스로즈(Christmas Rose) : 추억

27일 : 매화(Prunus Mume) : 고결한 마음

28일 : 석류(Pomegranate) : 원숙한 아름다움

29일 : 꽈리(Winter Cherry) : 자연미

30일 : 납매(Carolina Allspice) : 자애

31일 : 노송나무(Chamaecyparis) : 불멸

* 12월 주요국의 탄생화: 한국(심비디움), 일본(카틀레야), 중국(동백), 미국(홀더), 프랑스(카틀레야), 유럽 지역(홀더)

* 12월의 탄생석: 터키석(Turquoise) - 번영과 성공, 발전을 뜻함.

꽃말 찾아보기

난	청초한 아름다움	더덕	성실, 감사
남오미자	재회	덴드로비움	자만심이 강한 미인
남천	전화위복, 좋은 가정	덴파레	매혹
납매	자애	도꼬마리	고집, 애교
난초	열렬, 순수, 청초	도라지	영원히 변치 않는 사랑
냉이	나의 모든 것을 바칩니다	동백(빨강)	고결한 이성
너도밤나무	번영	동백나무	매력
넓은잎옥잠화	고요	동의나물	다가올 행복
네프로네피스	보호	동심초	온순
노간주나무	친절, 자유	둥글레	고귀한 봉사
노란백합	유쾌	들국화	장애물, 상쾌
노랑붓꽃	믿는 자의 행복	들장미	고독한 사랑, 사랑스러움
노루귀	믿음, 신뢰, 인내	등골나물	주저
노송나무	불멸	등나무	사랑에 취함, 환영
뉴사이란	참신함	등심붓꽃	풍부, 기쁜 소식
느릅나무	신뢰	디기탈리스	열애, 가슴 속의 생각
느티나무	운명	딸기	존중과 애정
능소화	명예	떡갈나무	붙임성 좋음, 영원한 사랑
		떡쑥	절실함

ㄷ

다마스크 장미	신선함
단양쑥부쟁이	애국심, 공훈
단풍나무	자제
달리아	정열, 감사, 화려함
달맞이꽃	기다림
닭의장풀	그리움, 즐거움
담배	기분
담자리꽃나무	그 사랑에 눈을 떼지 마
담쟁이덩굴	우정
당근	죽음을 무릅씀
당아욱	자애, 어머니의 사랑, 은혜
당종려	승리
대나무	지조, 인내, 절개
대왕송	부귀
대추야자	부활, 승리, 영예, 전승
데이지	평화, 희망

ㄹ

라넌쿨라스	화사한 매력, 광택
라벤더	기대, 침묵, 정절
라스티	정의, 자유
라일락	첫사랑, 젊은 날의 추억
라파게리아	자랑, 고결한 사랑
락스퍼	정의, 자유
란타나	엄숙, 근엄
레몬	진심으로 사모함
레어 난초	우아한 여성, 당신은 아름다워
렉스베고니아	부조화, 짝사랑
로단테	영속, 영원한 사랑
로벨리아	악의
로즈메리	정절, 절조
루나리아	정직
루드베키아	영원한 행복, 공평

루피너스	모성애	물망초	나를 잊지 마세요
루핀	탐욕, 영원한 행복	물봉선화	나를 건드리지 마세요
리아트리스	고집쟁이, 고결	물옥잠	변하기 쉬운 사랑
리카스테 난	즐거움, 익살꾼, 요정	미나리	성의, 고결
		미나리아재비	천진난만, 절친한 만남

ㅁ

		미니장미	끝없는 사랑
마가렛	진실한 사랑, 예언	미모사	민감, 섬세, 부끄러움
마가목	조심, 신중	미역취	경계함, 예방함
마로니에	천분, 천재	미스티 블루	청초한 사랑
마취목	희생	민들레	사랑의 신, 무분별
마타리	미인, 잴 수 없는 사랑	민트	다시 한번 사랑하고 싶습니다
마호가니	고결, 순수, 합심	밀감	친애
만년청	상속, 모성애	밀짚꽃	항상 기억하라
만병초	위엄, 정중	밀토니아	슬픔은 없다
말리재스민	행복, 친절, 사랑의 맹세		
매화	고결한 마음, 부귀, 성실		

ㅂ

맨드라미	건강, 타오르는 사랑		
메꽃	속박, 충성, 수줍음	바꽃	복수
매발톱꽃	승리의 맹세, 어리석음	바우히니아	더불어 함께
머위	공평	바위취	절실한 사랑
메리골드	이별의 슬픔	바이올렛	영원한 우정, 사랑
명자나무	평범, 조숙, 겸손	바카리스	개척
모과나무	정열, 평범	박달나무	견고
모란	인내, 화려, 부귀, 성실	박쥐란	교묘함, 괴이함
목련	숭고함, 우애, 자연의 사랑	박태기나무	불신, 의혹, 배신
목서	겸손	박하	온정, 미덕, 덕
목향	인정	발베르기아	만족
목화	우수	밤나무	포근한 사랑, 공평, 정의
몬스테라	괴기	밤안개	고운 마음
몬자 블랑카	즐거움, 요정	방울꽃	만족
무궁화	은근, 끈기, 일편단심, 섬세한 아름	배꽃	연모, 정과 사랑
다움		배롱나무	웅변
무릇	강한 자제력	배추꽃	쾌활
무스카리	실망, 실의	백목련	자연의 사랑, 은혜
무화과	풍부	백양나무	시간
문주란	청순함, 청렴함	백일홍	행복, 인연, 순결
		백합	순결, 결백

백합(흰색)	달콤함, 순결
백합(노랑)	유쾌, 결백
버드나무	태평세월, 자유, 솔직
버베나	가족의 평화
버섯	유혹
범의귀	비밀, 절실한 사랑
벚꽃	정신의 아름다움, 순결, 결박
벚풀	고결함
베고니아	정중, 친절, 짝사랑
벼	풍요, 여유
별꽃	밀회
보루네오 재스민	우아, 온화, 행복
보리	번영, 보편, 단결
보리수나무	결혼, 부부의 사랑
보스니아 백합	내리 사랑
보춘화	소박한 마음
복사 꽃	사랑의 노예, 희망
복수초	영원한 사랑
봉선화	나를 건드리지 마세요, 해결
뽕나무꽃	지혜, 함께 죽자
부겐빌레아	정열, 환상, 영원한 사랑
부들	순종
부발디아	당신의 포로
부용	섬세한 아름다움
부처꽃	사랑의 슬픔
분꽃	수줍음, 소심
불꽃나무	정열, 격정, 열정
불꽃 릴리	빛남, 영광
붉은만병초	사랑의 즐거움
붉은토끼풀	행운, 평화
붓꽃	사랑의 메시지, 신비로운 사랑
붕가 라야	당신을 믿습니다
뿔남천	격한 감정
브리오니아	거절
비파	현명
빙카	즐거운 추억

ㅅ

사과나무	성공, 유혹
사라수	강견한, 부부의 사랑, 결혼
사르비아	불타는 마음, 정열
사보렌	온정, 열정, 존경
사철나무	변함없음
사철베고니아	짝사랑
사철채송화	나태함
사초	자중
사프란	절도의 미
산나리	순결
산당화	겸손, 단조
산사나무	유일한 사랑
산세베리아	관용
산수유	지속, 불변
산앵두	오로지 한 사랑
살구꽃	처녀의 부끄러움, 의혹
삼나무	웅대
삼색제비꽃	순애
삼지구엽초	당신을 붙잡아 둠
상사화	이룰 수 없는 사랑
상수리나무	번영
색동호박	나의 마음은 아름답다
색비름	애정
샐비어	지혜, 정성, 정열
생강	헛됨
샤스타데이지	만사의 인내
서어나무	아름다운 장식
서향	불멸, 영광
석류	원숙한 아름다움
석류나무	우둔한 바보
석산	슬펐던 기억
설앵초	인내
선인장	불타는 마음, 위대, 정열
세인트폴리아	작은 사랑

169

센트레아	행복, 섬세, 유쾌	아르메리아	동정, 가련, 온순
소나무	불로장생, 용감	아마릴리스	눈부신 아름다움
소철	강한 사랑, 속세 비법	아몬드	기대, 희망, 진실한 사랑
송악	신뢰, 우정	아스터	추억, 믿는 사랑
쇠뜨기	향상심	아스파라거스	한결같은 마음
수구화	천국, 약속	아스포델	나는 당신의 것
수국	변덕, 고집, 바람둥이	아이리스	사랑의 메시지
수련	신비	아이리스(보라색)	기쁜 소식
수레국화	가냘픔, 미모	아이리스(노랑색)	슬픈 소식
수박꽃	큰 마음	아이리스(흰색)	사랑
수선화	고결, 자애, 신비, 자존	아이비	행운이 함께하는 사랑
수수	결실, 알찬, 끈기	아잘레아	첫사랑, 사랑의 기쁨
수양버들	사랑의 슬픔	아주까리	단정한 사랑
수영	애정, 친근한 정	아카시아	단결, 은밀한 사랑, 우정
스노드롭	희망	아칸더스	기교, 복수, 절교
스노플레이크	아름다움	안개꽃	간절한 기쁨, 밝고 맑은 마음
스위트바질	좋은 희망	안스리움	번뇌, 순박한 마음
스위트피	다정함, 기쁨, 가련, 작별	알리섬	미모, 미인
스톡크	믿어주세요, 영원한 아름다움	알리움	무한한 슬픔
스타티스	영구불변의 사랑	애기동백	겸손, 이상적인 사랑
스프레이국화	잊을 수 없는 사람	애기메꽃	얽메이다
씀바귀	순박함	애기풀	숨어 사는
시계꽃	성스러운 사랑, 믿음	애크메아	만족
시네라리아	쾌활, 항상 즐거움	앰 브로시아	행복한 연애
시클라멘	수줍음, 내성적, 질투	앵초	젊은 시절의 고뇌
싸리나무	상념, 사색	야자나무	부활, 승리, 영예
		양귀비(흰색)	망각

ㅇ

		양귀비(빨강)	위로
아가판더스	사랑의 전달	양귀비(자주)	사치, 환상, 망각
아게라텀	신뢰	양란	단합, 협력
아나나스	만족, 미래를 즐긴다	양치	사랑스러움, 성실
아네모네	비밀의 사랑, 기대, 인내, 고독	얼레지	첫사랑, 질투
아도니스	회상, 영원한 행복	엉겅퀴	독립, 권위, 권리
아디안툼	천진난만, 순결함	에델바이스	중요한 추억, 소중한 옛 기억
아디언람	애교 있는 사랑	에리드로스	친절, 짝사랑, 열정
아라비안 재스민	행복, 친절, 우아	에리스리나	열정, 희생, 봉사

에리카	고독
연산홍	첫사랑
연꽃	웅변, 청정, 순결
연령초	열심, 그윽한 마음
연미붓꽃	대사, 사자
염주	은혜
영춘화	희망
오렌지	순결, 새색시의 기쁨
오미자	재회
오이풀	변화
오크라	번영
옥수수	보배로운 재물
옥스아이데이지	희망, 평화
옥잠화	침착, 조용한 사랑
온시디움	순박한 마음
올리브나무	평화, 지혜
왕벚나무	정신의 아름다움, 미모, 순결
용담	애수
용설란	섬세함, 우아함
우엉	괴롭히지 말아요
운향	덕과 자비
원추리	선고, 교태를 부림
월계수	우정, 추억, 명예
위성류	범죄
유자나무	기쁜 소식
유카꽃	성스러운, 고귀함
유칼립투스	옛 추억
유포르비아	박애
으름덩굴	재능
은방울꽃	순결, 섬세, 행복이 깃들다
은사철	지혜
은행	장수
일일초	즐거운 추억
이끼	모성애
인동	사랑의 인연

ㅈ

자귀나무	환희
자금우	내일의 행복
자두나무	성의, 성실, 충실, 순박
자양화	변덕쟁이
자운영	감화
자작나무	당신을 기다립니다
자카란다	화사한 행복
작살나무	총명
작약	수줍음, 수치
장미	애정, 아름다움, 순결
장미(노랑)	우정, 아름다움, 질투
장미(분홍)	사랑의 맹세, 행복한 사랑
장미(빨강)	정절, 열렬한 사랑
장미(진홍)	수줍음, 질투, 비애
장미(흰색)	존경, 순결, 순수한 사랑
장미(흑색)	당신은 영원히 나의 것
장미(청색)	이룰 수 없는 사랑
재스민	사랑스러움, 행복, 친절
적송	선비의 지조
전나무	고상함
점나도나물	순진
접시꽃	열렬한 사랑
제라늄	결심
제비붓꽃	행운의 사자
제비꽃	성실, 절실한 사랑, 겸손
제피란더스	청초한 사랑
조롱박	넓게 부푼 마음
조름나물	평정, 고요, 선언
조팝나무	단정한 사랑, 노력
종려나무	승리, 부활
주목	고상함, 비애
중국붓꽃	존경, 좋은 소식
쥐꼬리망초	가련미
쥐오줌풀	친절

죽절초	가련함	카틀레야	당신은 아름다워, 우아한 여성
지니아	멀리 떠난 친구 생각	칸나	행복한 종말, 존경, 쾌활
진달래	첫사랑, 사랑의 희열	칸투아	화합, 희망
진저	당신을 믿습니다	칼라	환희, 청결, 순결
찔레꽃	온화	칼루나 불가리스	보호성
		칼미아	커다란 희망

ㅊ

차나무	추억	칼세올라리아	도움, 그대에게 나의 재산을
참깨	기대	칼라디움	즐거움
참나리	순결, 깨끗한 마음	캄파눌라	변함없다, 감사함
참나무	번영	커피나무	협동, 합심
참억새	세력, 활력	코스모스	소녀의 순정, 애정, 진심
참제비고깔	청명, 자유	코코수야자	부활, 전승, 국부
창포	할 말이 있어요	콜레우스	절망적인 사랑
채꽃	이루어질 수 없는 사랑	콜키쿰	아, 옛날이여
채송화	순진, 천진난만, 가련함	쿠페아	세심한 사랑
천리향	편애	크레마티스	마음의 아름다움
천문종	불변	크레오메	불안정, 인연을 맺음
천인국	단결, 협력	크로커스	기쁨, 환희, 비난 말아요
천일홍	불후, 불변, 변하지 않는 사랑	크로톤	요염, 절색, 품위
철쭉	사랑의 즐거움	크리스마스로즈	추억
초롱꽃	감사, 성실	큰가시연꽃	행운
측백나무	견고한 우정	큰달맞이꽃	말없는 사랑
층층나무	인내하다	클레마티스	마음의 아름다움
치자나무	청정, 순결, 행복, 청결	클로버	약속, 행운, 평화, 명랑한 마음
칡	사랑의 한숨	키르탄더스	고운 여인

ㅋ

카네이션	순정, 사랑, 감사, 모정
카네이션(흰색)	사랑합니다
카네이션(노랑)	후회, 변색
카네이션(분홍)	여자의 사랑, 거절
카네이션(빨강)	가여운 사랑, 열렬히 사랑합니다
카라디움	기쁨, 환희
카모밀레	강인함
카사블랑카	웅대한 사랑

ㅌ

타래붓꽃	나를 인정해 주오
타베비아	환희, 기쁨
털머위	다시 발견한 사랑
탱자	추억
토끼풀	약속, 행복, 나를 사랑해 주오
톱날꽃	충실, 숨은 공적
톱풀	전투, 용감, 숨은 공덕
튜베로즈	위험한 쾌락
튜터 장미	애정, 아름다움, 정절

튤립	명예, 명성, 사랑의 고백
튤립(노랑)	헛된 사랑, 사랑의 표시
튤립(보라색)	영원한 사랑, 사랑의 고백
튤립(흰색)	실연
트리토마	그것을 믿을 수 없다

ㅍ

파나마초	승리, 명예
파인애플	완전무결
파꽃	인내
파초	기다림, 탈속
파피루스	정직한 사랑
팔손이나무	비밀, 기만, 분별, 분간
팜파스그라스	웅대, 자랑스럽다
패랭이꽃	사모, 의협심
팬지	사색, 나를 생각해 주오
펜스테몬	은혜에 감사해요
펜오키드	훌륭함
편도나무	무분별, 주책 없음
편백	변하지 않는 사랑
평지꽃	봄 소식
페튜니아	당신과 있으면 마음이 편해짐
포도	신뢰
포인세티아	축복, 축하, 박애
포플라	용기, 비탄, 애석
푸에르토리코 히비스커스	신성
풍란	참다운 매력
프로테아	고운 마음, 순결
프리뮬라	희망, 번영, 부귀, 자만
프리지어	순결, 고운 마음, 맑은 향
프림포즈	번영
플라타너스	천재
플록스	온화
플루메리아	희생, 존경
플루메리아 아쿠미나타	축복받은 사람
피토니아	청순

피토라카	숨지 말아요, 영원히

ㅎ

하늘나리	변치 않는 귀여움
하와이무궁화	당신을 믿어요, 신선한 사랑
한란	귀부인, 미인
한련화	애국심
할미꽃	충성, 슬픈 추억, 사랑의 배신
함박꽃	수줍음
해당화	이끄시는 대로
해바라기	애모, 의지, 기다림
해오라기난초	꿈 속에서도 당신을 생각함
행운목	행운, 행복
향나무	영원한 향기, 아름다움
헬리오트로프	헌신, 사랑이여 영원하라
헬리크리즘	슬픔은 없다
협죽도	주의, 위험, 심각한 우정
호두	지성
호랑고비	유혹, 숨겨진 사랑
호랑가시나무	가정의 행복, 평화, 영원히 빛남
호박	해독, 광대함
호접란	행복이 오다
홀아비꽃대	숨겨진 아름다움
홍두화	열정, 희생, 봉사
화초토마토	완성의 미
황금싸리	겸손
황매화	기품, 숭고, 기다려 주오
황새냉이	그대에게 바침, 그리움
회양목	인내, 참고 견뎌냄
회화나무	영원, 견고한, 영구한
후추나무	끈기, 지성
흑종초	꿈길의 애정
히비스커스	섬세한 아름다움, 미묘한
히아신스	비애, 영원한 사랑
히스	고독, 쓸쓸함
흰앵초	첫사랑

사진 자료

세계의 국기와 나라꽃

1판 1쇄 인쇄 | 2015년 3월 10일
1판 2쇄 발행 | 2015년 11월 25일

엮은이 | 이상근
펴낸이 | 양진오
펴낸곳 | ㈜교학사

책임편집 | 황정순
교정 | 하유미 · 최유미 · 강혜정
디자인 | 교학사 디자인부
제작 | 이재환
원색분해 · 인쇄 | (주)교학사
제본 | 국일문화사

출판 등록 | 1962년 6월 26일 (제18-7호)
주소 | 서울특별시 마포대로 14길 4 (공덕동)
전화 | 편집부 02)312-6685 707-5202, 영업부 02)707-5147
팩스 | 편집부 02)365-1310, 영업부 02)707-5160
홈페이지 | http://www.kyohak.co.kr

값 20,000원
ISBN 978-89-09-19113-5 63900

세계 전도

밀러 도법 축척 1 : 95,000,000

남극대륙